MannsBilder

Paul M. Zulehner (Hrsg.)

MannsBilder

Ein Jahrzehnt Männerentwicklung

Schwabenverlag

Im Auftrag des Bundesministeriums
für soziale Sicherheit und Generationen
herausgegeben von Paul M. Zulehner

BUNDESMINISTERIUM FÜR SOZIALE SICHERHEIT
GENERATIONEN UND KONSUMENTENSCHUTZ

Erarbeitet am Ludwig-Boltzmann-Institut für Werteforschung:
Solidarität und Religion.

Bibliografische Information der Deutschen Bibliothek
Die Deutsche Bibliothek verzeichnet diese Publikation in der Deutschen Nationalbiografie;
detaillierte bibliografische Daten sind im Internet über <http://dnb.ddb.de> abrufbar.

www.schwabenverlag.de

Satz: Mediendesign Joachim Letsch, Esslingen
Umschlaggestaltung: Finken & Bumiller, Stuttgart
Umschlagmotiv: © Francesco Clemente, LXXXI
Herstellung: Koninklijke Wöhrmann B. V. Zutphen, Niederlande
Printed in Netherlands

ISBN 3-7966-1134-6

INHALT

Vorworte 9

TEIL I
PAUL M. ZULEHNER: DIE STUDIE

Emanzipation – eine Einführung 12
Frauenemanzipation 12
Männeremanzipation 12
Bewusstsein und Strukturen 13
Phänomenologie 14
Aufbau der Studie 15

Männer-Typologie 17
Überkommen-traditionelle Aspekte 18
Zeitgenössisch-moderne Anteile 18
Entwicklung zwischen 1992 und 2002 23
Modernisierungsdruck 26
Soziale Landkarte der Männertypen 28
Landkarten der vier Männertypen 28
Geschlechtertyp und Parteipräferenz 31
Im Überblick 32

Männliche Lebenswelten 34
Ideal und Wirklichkeit 34

Berufswelt 40
Männliche Berufsorientierung 40
ArbeitskollegIn wird bevorzugt 42
Wenn Arbeitsplätze knapp werden 47
Veränderungen in den letzten zehn Jahren 52
Berufstätigkeit von Frauen 54
Zugewinn 55
Rechtfertigung 55
Verbindung 56
Stützung 57
Facetten 57

Familienwelt 60
Partnerschaft und Familie 60
Lebensform – Kinderzahl 61
Wer wofür in der Partnerschaft zuständig ist 64
Aufgaben von Mann und Frau in der Kindererziehung 71
Verteilung der Haushalts- und Familientätigkeiten 73
Tätigkeiten mit Kindern 81
Karenz 88

Berufswelt – Familienwelt 94
Freiheitsgrade im Privatleben und im Erwerbsleben 95
Konkurrenz 97
Stützung 98
Gebündelte Informationen 99
Berufstypen 102
Familientypen 103
Balancen 105

Innenwelt 107
Gesundheit 107
Gesundheitszustand 108
Gesund leben 109
Alkohol- und Nikotinkonsum 110
Gesundheit und Arbeit 113
Umgang mit Erkrankungen 114
Vorsorgeuntersuchung 115
Männer und ihre Gesundheit – ein Überblick 116
Sexualität 119
Umgang mit Problemen 125
Gewalt 128
Autoritarismus und Macht/Gewalt 131
Gefühle 136
Umgang mit Leid und Tod 139
Todesbilder – Jenseitshoffnung 141
Religion 143
Lebenssinn 150

Schieflagen – oder: Was ist ein Mann, was eine Frau 153
Schieflage 1: Rolle der Männer in der familialen Lebenswelt 155
Schieflage 2: Was Väter mit Kindern tun 160
Schieflage 3: Haushaltstätigkeiten 165
Schieflage 4: Männliche und weibliche Eigenschaften 169

Deutungsversuch 177
Nicht Männer versus Frauen, sondern Traditionelle versus Moderne 177
Forschungsbedarf 179

Verzeichnis der Abbildungen und Tabellen 180

TEIL II
KOMMENTARE

Männerarbeit

Markus Hofer
Grundlagen der Männerarbeit 186

Markus Hofer/ Manfred Twrznik
Die Männertypen 189

Richard Schneebauer/ Manfred Twrznik
Innenwelt 191

Albert A. Feldkircher
Beziehungsfähigkeit der Männer 194

Erich Lehner
Die Institution Schule im Spannungsfeld zwischen der Reproduktion traditioneller oder Produktion zukunftsweisender Männlichkeiten 198

Hans-Joachim Lenz
Gewalt gegen Männer – eine grundlegende Herausforderung für Männerforschung 209

Männerpolitik

Johannes Berchtold
Männerpolitik als unverzichtbarer Bestandteil einer ganzheitlichen Geschlechterpolitik 221

Erich Lehner
Frauen-, Männer-, Geschlechterpolitik oder:
Wer braucht Männerpolitik? 225

Christine Bauer-Jelinek
Forderung an eine zeitgemäße Geschlechterpolitik 236

Markus Hofer
Projekt Väterfreundliche Betriebe 238

Helmut Pree
Ein Blick auf Männer und Frauen aus Sicht des
(zu dieser Rolle verurteilten) Berufsmannes 240

Frauenblick

Luise Gubitzer/Christa Schnabl
„Frauenblick". Ein Kommentar zur Studie MÄNNER 2002© 247
Einleitung: Frauen – Von „drinnen" nach „draußen" 247
„Drinnen" und „draußen": Stellung und Wertigkeit 250
Der Spagat zwischen „drinnen" und „draußen" 255
Optionen zur Vereinbarkeit von „drinnen" und „draußen 256
Ausblick: Männerpolitik – Frauenpolitik 261

Autorinnen und Autoren 264

Der Fragebogen 269

VORWORTE

Sehr geehrte Damen und Herren!

Mit der vorliegenden Männerstudie hat das Bundesministerium für soziale Sicherheit und Generationen erstmals die Möglichkeit einer Längsschnittperspektive hinsichtlich des Wandels männlicher Ausdrucksformen und männlicher Selbstinterpretation wahrgenommen. Im Vergleich zu der vom damaligen Bundesministerium für Jugend und Familie 1994 herausgegebenen Studie kann die Weiterentwicklung der Rolle des Mannes in Österreich analysiert und zugleich die Frage nach der Unterscheidung männlicher und weiblicher Handlungsmuster und Interessen neu gestellt werden.

In die Männerstudie bzw. Erhebung des Jahres 2002 sind neue Fragen aufgenommen worden, welche für die Politik von großem Interesse sind. 61 Prozent der befragten Frauen und Männer sind der Meinung, dass Familienarbeit ebenso bezahlt werden sollte wie Erwerbsarbeit und für 40 Prozent ist es keine Lösung, dass nur ein Elternteil der Erwerbstätigkeit nachgeht. Denn: „Wir können es uns finanziell nicht leisten, wenn nur ein Elternteil arbeitet und der andere beim Kind/bei den Kindern bleibt." Eine Bestätigung also für die Notwendigkeit der Einführung des Kinderbetreuungsgeldes durch die österreichische Bundesregierung.

Die vorliegende Studie ist ein Beitrag zu Österreichs Vorreiterrolle in der ganzheitlichen Geschlechterpolitik. Wir sind Frauen als auch Männern gegenüber verpflichtet, ihre Sorgen und Anliegen zu verstehen, aufzugreifen und einer Problemlösung zuzuführen.

Ihr

Vizekanzler Herbert Haupt

Bundesminister für soziale Sicherheit, Generationen und Konsumentenschutz

Geschätzte Leserinnen und Leser!

Gender-Mainstreaming als Strategie zur Erreichung der Chancengleichheit der Geschlechter ist ein wesentlicher Teil des Regierungsprogrammes der österreichischen Bundesregierung. Zwar haben sich männliche Identität und männliches Rollenverständnis auch in der Vergangenheit weiterentwickelt – man denke nur an die eigenen Väter und Großväter im Vergleich zu heute – aber die bewusste und aktive Einbeziehung von Männerthemen und männerpolitischen Diskursen in den geschlechterpolitischen Dialog gibt es erst seit kurzer Zeit.

77 Prozent der befragten Männer (und 72 Prozent der befragten Frauen) sind nach der vorliegenden Studie der Ansicht, dass Kinder das Leben von Männern bereichern. Das lässt erkennen, dass die österreichischen Männer auch ihre Vaterrolle – in welch konkreter Form auch immer – bewusster erleben, als vielfach angenommen wird. Die Studie bietet eine Vielfalt an Themen, die den Leserinnen und Lesern über den vorhandenen Deutungsversuch hinaus eine Herausforderung sein kann, eigene Positionen zu hinterfragen bzw. sich selbst verstärkt an geschlechtergerechter Politik zu beteiligen.

Ihre

Ursula Haubner

Staatssekretärin für Familie, Generationen und Konsumentenschutz

TEIL I

DIE STUDIE

EMANZIPATION - EINE EINFÜHRUNG

Frauenemanzipation

Frauenemanzipation hat eine lange und bewegte Geschichte. Frauenbewegung und Frauenrechtsbewegung haben große Erfolge errungen. Es gibt – anders als noch vor 100 oder 200 Jahren – dank ihres Einsatzes heute mehr Gerechtigkeit zwischen den Geschlechtern im öffentlichen Bereich, mehr Bemühen um Partnerschaft im personbezogenen Lebensfeld. Noch sind nicht alle Ziele erreicht. Aber die Erfolge können sich sehen lassen.

Diese emanzipatorische Bewegung unter Frauen stößt nur bei einem ganz kleinen Teil der Frauen, wohl aber bei einem größeren Teil der Männer auf Ablehnung. Dass Frauenemanzipation *„eine notwendige und gute Entwicklung“* sei, dem stimmt 2002 lediglich ein Drittel der Männer (33%), dafür aber mehr als die Hälfte der Frauen (56%) zu. Unter den Männern haben sich 12% der Meinung enthalten, 35% wählten das Mittelfeld zwischen ja und nein, 20% lehnen die Aussage ab – bei den Frauen haben lediglich 9% eine ablehnende Bewertung.

Männeremanzipation

Nun gibt es seit wenigen Jahrzehnten, aus Amerika nach Europa gelangt, eine emanzipatorische Männerbewegung. Diese formte sich nicht im Widerstand gegen die laufende Frauenemanzipation. Vielmehr wurde einer männlichen Vorhut klar, dass inmitten der von Männern geschaffenen und dominierten Kultur Männer nicht nur Täter, sondern auch Opfer[1] sind. Zu viel männliches Lebensland bleibe unbebaut. Mehr Leben könne ins Männerleben kommen. 37% der 2002 befragten Männer halten eine solche Männeremanzipation für *„eine notwendige und gute Entwicklung“*. 45% der Männer platzierten sich ins unentschiedene Mittelfeld. Nur 15% lehnen eine solche Entwicklung ab. Die Werte der weiblichen Kontrollgruppe liegen jetzt, anders als bei der Einschätzung der Frauenemanzipation, niedriger als jene der Männer: 30% stimmten ihr zu (bei der Frauenemanzipation sind es 56%), 43% liegen im Mittelfeld, 25% lehnen die Aussage ab.

---

[1] Hollstein, Walter: „Machen Sie Platz mein Herr!“: Teilen statt Herrschen, Reinbeck 1993. – Der Kampf der Geschlechter: Frauen und Männer im Streit um Liebe und Macht und wie sie sich verständigen können, hg. v. Walter Hollstein, München 1995. – Hollstein, Walter: Männerdämmerung: von Tätern, Opfern, Schurken und Helden, Göttingen 1999.

Abbildung 1: Emanzipationsbewegungen

„Frauenemanzipation ist eine notwendige und gute Entwicklung."
„Männeremanzipation ist eine notwendige und gute Entwicklung."

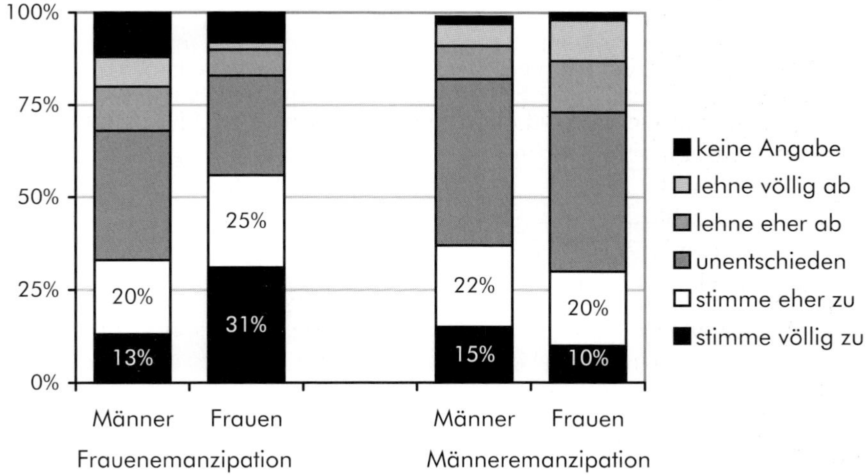

MÄNNER – FRAUEN 2002©

Bewusstsein und Strukturen

Auch die männeremanzipatorische Bewegung hat eine person- und eine politikbezogene Seite.

1. Verändern soll sich in ihrem Verlauf das Bewusstsein von Männern, das eigene Lebensgefühl, die Lebensstilisierung. Es kann zu anderen Prioritäten im männlichen Lebensablauf kommen, zu neuen Themen – das wäre ein Vorgang, den die biblische Tradition „Umkehr" nennt. Für persönliche Veränderungsprozesse eignen sich Männernetzwerke, Männergruppen. Solche sind in den letzten Jahrzehnten auch entstanden. In ihnen unterziehen sich Männer der keineswegs leichten Aufgabe, ihr Leben durchzuarbeiten und neu auszurichten. Dies wird aber von veränderungswilligen Männern in Kauf genommen, weil für sie „mehr Leben im Männerleben" eine verlockende Aussicht ist.

Wir haben Männer danach gefragt, wie sie zu solchen Gruppen stehen. Eine verschwindende Minderheit von 3% der Männer (bei den Frauen 5%) macht in einer solchen Gruppe bereits mit, weitere 7% können es sich vorstellen mitzumachen (bei den Frauen 10%). 15% haben die Position „ja, vielleicht" gewählt (bei den Frauen 18%). Die Bereitschaft, sich an männerentwicklerischen Gruppen und Vorgängen zu beteiligen, ist somit gering. Spiegelt sich hier eine geringe Veränderungsbereitschaft wider? Oder ändern sich Männer anders als in Gruppen Gleichgesinnter?

Tabelle 1: Männer- und Frauengruppen

Manche Männer (Frauen) treffen sich regelmäßig in Gruppen und männer(frauen)-spezifischen Seminaren, um sich über ihre Erfahrungen, Probleme in der Ehe bzw. Partnerschaft, im Beruf und in der Freizeit auszutauschen. Dabei überlegen sie auch, wie sie sich und ihr Leben verändern könnten. Wäre es für Sie vorstellbar, in einer solchen Gruppe mitzutun?

	Männer	Frauen
Ich mache schon in einer solchen Gruppe mit.	3%	5%
Ja, sicher kann ich mir das vorstellen.	7%	10%
Ja, vielleicht.	15%	18%

MÄNNER – FRAUEN 2002©

2. Die andere Seite emanzipatorischer Männerentwicklung ist Männerpolitik. Hier geht es darum, strukturell jene Voraussetzungen zu schaffen, welche eine Veränderung von Männern zumindest nicht behindern, im besseren Fall aber begünstigen. So gibt es – wie noch zu zeigen sein wird – unter den Männern immer mehr, die nicht nur Berufsmänner sein wollen, sondern einen qualitativ anderen Platz in der Familienwelt suchen, eine andere Beziehungskultur wünschen und in neuer Weise mit ihren Kindern leben wollen. Das setzt aber – seitenverkehrt zu frauenpolitischen Anliegen – eine Vereinbarkeit von Erwerbswelt und Familienwelt auch für Männer voraus. Werden dafür nicht entsprechende Voraussetzungen struktureller Art geschaffen (wie beispielsweise entsprechende Arbeitszeitmodelle auch für Männer), dann kann sich der Wunsch zumindest eines Teils der Männer nach einer neuen Qualität ihres Männerlebens nicht entfalten.

Die vorliegende Studie erarbeitet Grundlagen sowohl für Männerarbeit wie für eine (neue) Männerpolitik. Versucht wird eine Art Phänomenologie männlichen Lebens heute.

Phänomenologie

Eine solche Phänomenologie, mit sozialwissenschaftlichen Methoden erarbeitet, hat empfindliche Grenzen. Denn zunächst werden ja „nur“ Einstellungen erhoben. Ob und wie sehr aber Einstellungen das faktische Handeln einer Person prägen, welche „situative Valenz“ sie also besitzen, das ist eine nur schwer klärbare Frage. Manches, was sich zeigt, wird weniger das wiedergeben, was der Einzelne wirklich denkt und lebt, sondern kann lediglich eine sozial erwünschte, aber folgenlose personfremde Antwort darstellen.

Dennoch: Hat es nicht längerfristig auch eine Bedeutung, dass bestimmte Einstellungen kulturell erwünscht, andere wiederum unmöglich geworden sind? Könnte es nicht sein, dass dem neuen Bewusstsein allmählich auch ein neues Sein folgt, um Marx vom Kopf wieder auf die Füße zu stellen?

Aufbau der Studie

Der Aufbau der hier vorgelegten Phänomenologie von Männerleben heute ist elementar und einfach.

1. Das Herzstück bildet eine vierteilige Männertypologie, der analog eine Typologie unter Frauen entspricht.

- Diese Typologie deckt auf, dass Mann nicht gleich Mann ist. Die Unterschiede zwischen Männern sind beträchtlich, in dem wie sie sich als Mann verstehen und wie sie ihr Männerleben inszenieren.
- Setzt man die Männertypologie mit der Frauentypologie in Verbindung, dann wird sichtbar, dass die jeweiligen Typen unter Männern und Frauen einander ähnlicher sind und sich deshalb wohl besser verstehen werden als die Typen innerhalb eines Geschlechts, jenem der Männer oder jenem der Frauen.

2. Sodann werden drei Lebensfelder von Männern ausgeleuchtet, die allerdings nicht auf der gleichen Ebene liegen.

- Zunächst auf einer ähnlichen Ebene liegen die Berufswelt und in Spannung zu dieser die Familienwelt. Es gilt zu zeigen, welche Präsenz Männer (und Frauen) in diesen zwei Lebenswelten haben und wie sie ihr Verhältnis zu diesen ausbalancieren: Wie sie es faktisch machen und wie sie es gerne machen würden. Es wird sich auch zeigen, dass es sich bei diesem Balanceakt nicht nur um eine schwere Herausforderung handelt (weil vielfach strukturelle Voraussetzungen fehlen), sondern zugleich auch die Chance sich eröffnet, dass beide Bereiche einander stützen.
- Als drittes Lebensfeld, das gleichsam auf einer anderen Ebene im „Hintergrund" liegt, wird die Innenwelt der Männer (und Frauen) ausgeleuchtet. Hier analysieren wir eine Reihe von wichtigen Aspekten des Männerlebens. Stichworte sind: Gesundheit, Sexualität, Umgang mit Problemen, Gewalt, Umgang mit Leid und Tod, Religion.

3. Schließlich greifen wir eine Frage auf, die in der laufenden Diskussion um die Geschlechterrollen immer wichtiger wird: Was macht letztlich einen Mann, eine Frau aus?

- Ausgegangen wird ja, zumal in sozialwissenschaftlich angelegten Forschungen, davon, dass Geschlechterrollen kulturell „gemacht", erfunden sind und als solche ständiger Veränderbarkeit unterliegen – wobei Veränderungen dann und von jenen betrieben werden, welche sich durch sie einen besseren Zugang zu Lebenschancen und mehr Gerechtigkeit zwischen den Geschlechtern erwarten.

- Umgekehrt werden gegen solche ständige (Re-)Konstruierbarkeit der Geschlechterrollen jene auftreten, welche von den bestehenden Verhältnissen Vorteile ernten und diese erhalten möchten. Dazu eignet es sich natürlich zu betonen, dass höchstens nur Teile der Geschlechterrollen „erfindbar“ sind, während andere Teile (vielleicht die grundlegenden) vorfindbar sind.

Kurzum, die Frage, was macht Mann und Frau aus, wird dann begleitet von der Teilfrage: Was an den Geschlechterrollen ist vorfindbar und was ist erfindbar?

Unsere Forschung – vor allem der Vergleich der Daten von 1992[2] mit jenen von 2002, aber auch der Vergleich zwischen Traditionellen und Modernen – wird uns selbst vor diese Frage treiben. Denn es werden einige „Schieflagen“ aufgedeckt, die ein Antwortgefälle zwischen Männern und Frauen auch dann zeigen, wenn die Rollen insgesamt sich modernisieren.

---

2 Zulehner, Paul M./Slama, Andrea: Österreichs Männer unterwegs zum neuen Mann? Wie Österreichs Männer sich selbst sehen und wie die Frauen sie einschätzen. Erweiterter Forschungsbericht, bearbeitet im Rahmen des Ludwig Boltzmann-Instituts für Werteforschung. Österreichisches Bundesministerium für Jugend und Familie, Wien 1994.

MÄNNER-TYPOLOGIE

Jeder Mensch entfaltet sich im Lauf seines Lebens in sehr individueller Weise. Er ist nicht nur genetisch ein Sonderfall, sondern auch biografisch. Selbst biologisch identische Menschen – eineiige Zwillinge oder geklonte Menschen, sollte es diese leider eines Tages aufgrund medizinischer Technik geben – werden sich biografisch zu Originalen entfalten.

Natürlich geschieht diese persönliche Entwicklung stets in Auseinandersetzung mit anderen: mit signifikanten Personen im eigenen Lebensumkreis, der Mutter, dem Vater, anderen Bezugspersonen, die im Lauf der Lebensgeschichte in eine Biografie einwachsen. Dazu kommt gleichsam als die eingeatmete Luft jene Kultur, in der einer lebt. In modernen Gesellschaften ist diese Kultur pluralistisch, vielstimmig, wobei die Stimmen keineswegs harmonisch zusammenspielen.

Die einzelne Person tendiert so zur biografischen Originalität auf der einen Seite. Zugleich gibt es aber kulturelle Bereiche, die Menschen in ähnliche Richtungen prägen: Gruppen, kulturelle Subgruppen und Milieus (von denen es heißt, dass sie sich immer mehr auflösen), mediale Einflüsse, der Einfluss der dominanten Warenkultur.

Sozialwissenschaftliche Forschung deckt aber nicht nur Unterschiede zwischen den Menschen auf, sondern zumindest ebenso viele Ähnlichkeiten. So ist es möglich, Personen, die in eine Umfrage einbezogen werden, nach ihren Antworten zu gruppieren. Dabei bilden sich (entlang der Ähnlichkeit von Mittelwerten) Personentrauben (cluster), die sich in der Deutung als Typen verstehen lassen. Dieses Verfahren setzen wir auch in der vorliegenden Studie ein, um Typen von Männern (und entsprechend von Frauen) voneinander abzugrenzen.

Dazu ziehen wir eine Reihe von Einzelaussagen heran, die bereits in einer qualitativen Vorstudie 1992 getestet und die dann in den repräsentativen Studien 1992 und 1998 mit gutem Erfolg verwendet worden waren.

- Ein erstes Bündel[3] der verwendeten Einzelaussagen beinhaltet eher überkommen-traditionelle Vorstellungen der Geschlechter
- ein zweites Bündel dagegen eher zeitgenössisch-moderne.

[3] Diese Bündelung basiert auf einer Faktorenanalyse, welche für alle einbezogenen elf Items zwei Faktoren ergeben hat.

Überkommen-traditionelle Aspekte

Das traditionelle Bild eines Mannes, einer Frau ergibt sich aus den eher überkommenen Merkmalen: Die Frau ist (ausschließlich) Familienfrau – sie will das auch sein und schätzt das Hausfrauendasein als ebenso befriedigend wie Berufsarbeit ein. Zu ihrer Selbstverwirklichung braucht sie ein Kind. Dem entsprechen die Vorstellungen vom Mann als Berufsmann mit dem Ziel, die familiale Lebenswelt (Mutter, Kinder) finanziell zu erhalten. Das sind die in der Umfrage eingesetzten entsprechenden Items:

- Ein Kleinkind wird wahrscheinlich darunter leiden, wenn die Mutter berufstätig ist.
- Die Frau soll für den Haushalt und die Kinder da sein, der Mann ist für den Beruf und für die finanzielle Versorgung zuständig.
- Der Beruf ist gut, aber was die meisten Frauen wirklich wollen, ist ein Heim und Kinder.
- Wenn ein Mann und eine Frau sich begegnen, soll der Mann den ersten Schritt tun.
- Männer können einer Frau ruhig das Gefühl geben, sie würde bestimmen, zuletzt passiert doch das, was er will.
- Eine Frau muss ein Kind haben, um ein erfülltes Leben zu haben.
- Hausfrau zu sein ist für eine Frau genauso befriedigend wie eine Berufstätigkeit.

Zeitgenössisch-moderne Anteile

Zeitgenössisch-moderne Anteile hingegen weisen in die Richtung einer neuen Form von Partnerschaftlichkeit; es geht um die gemeinsame finanzielle Sicherung der familialen Lebenseinheit und die gemeinsame Sorge um Kinder. Als Voraussetzung dafür gilt die Berufstätigkeit der Frau als unbestritten – Frauenemanzipation wird positiv besetzt:

- Frauenemanzipation ist eine notwendige und gute Entwicklung.
- Am besten ist es, wenn der Mann und die Frau beide ihre Erwerbsarbeit einschränken und sich beide gleich um Haushalt und Kinder kümmern.
- Eine berufstätige Frau kann ihrem Kind genauso viel Wärme und Sicherheit geben wie eine Mutter, die nicht arbeitet.
- Beide, Mann und Frau, sollten zum Haushaltseinkommen beitragen.

Tabelle 2: Aussagen zum Männer- und Frauenbild

	was Mann will	was Frau will	ALLE
Ein Kleinkind wird wahrscheinlich darunter leiden, wenn die Mutter berufstätig ist.	64%	59%	62%
Beide, Mann und Frau, sollten zum Haushaltseinkommen beitragen.	59%	66%	63%
Am besten ist es, wenn der Mann und die Frau beide halbtags erwerbstätig sind und sich beide gleich um Haushalt und Kinder kümmern.	44%	53%	49%
Eine berufstätige Frau kann ihrem Kind genauso viel Wärme und Sicherheit geben wie eine Mutter, die nicht arbeitet.	44%	54%	49%
Frauenemanzipation ist eine sehr notwendige und gute Entwicklung.	38%	61%	50%
Der Beruf ist gut, aber was die meisten Frauen wirklich wollen, ist ein Heim und Kinder.	36%	28%	32%
Die Frau soll für den Haushalt und die Kinder da sein, der Mann ist für den Beruf und für die finanzielle Versorgung zuständig.	32%	28%	30%
Männer können einer Frau ruhig das Gefühl geben, sie würde bestimmen, zuletzt passiert doch das, was er will.	27%	18%	22%
Eine Frau muss ein Kind haben, um ein erfülltes Leben zu haben.	26%	29%	28%
Wenn ein Mann und eine Frau sich begegnen, soll der Mann den ersten Schritt tun.	26%	31%	29%
Hausfrau zu sein ist für eine Frau genauso befriedigend wie eine Berufstätigkeit.	25%	33%	29%

MÄNNER – FRAUEN 2002©
Antwortmöglichkeiten 1 = stimme voll zu und 2 = stimme zu auf fünfteiliger Skala (unter Berücksichtigung der fehlenden Angaben).

Auf der Basis solcher Ansichten über Mann und Frau wurden mit Hilfe einer Clusteranalyse vier Grundtypen herausgearbeitet. Als empirische Grundlage wurden bei diesem statistischen Verfahren nicht nur die Daten der Studie 2002 verwendet, sondern auch jene aus dem Jahre 1992. Durch diese Vorgehensweise sollten die gefundenen Typen auch zwischen beiden Erhebungen vergleichbar werden.

Abbildung 2: Clusteranalyse mit vier Grundtpyen

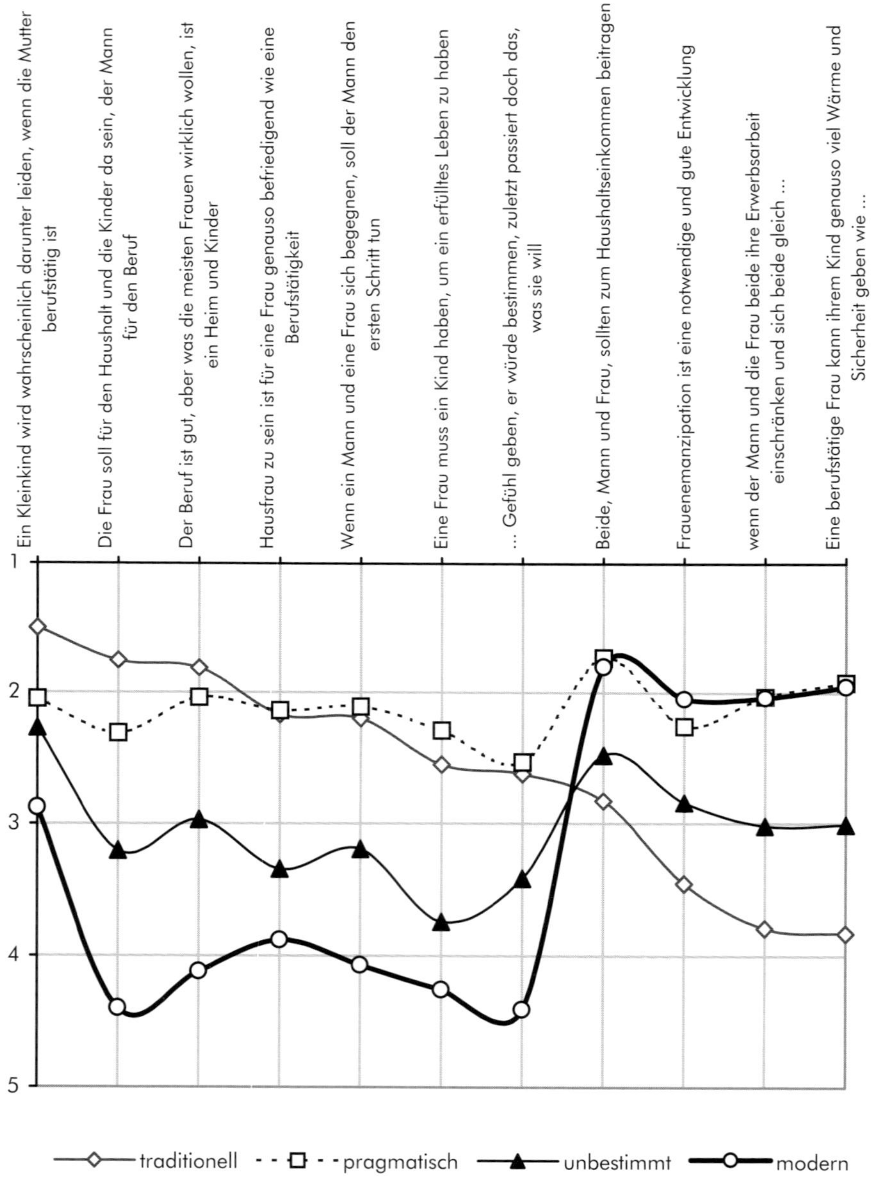

MÄNNER – FRAUEN 1992/2002©

Verschieden sind die vier Typen in der Art und Weise, wie sie überkommen-traditionelle mit zeitgenössisch-modernen Elementen kombinieren.

- Der traditionelle Typ stimmt den überkommen-traditionellen Aspekten des Männer- und eines entsprechenden Frauenbildes stark zu. Zeitgemäße Aspekte hingegen finden kaum Zustimmung. Wir bezeichnen Personen dieses Typs kurz gefasst als *die Traditionellen.* Als Männertyp repräsentiert er den *herkömmlichen Familienernährer.*
- Ihm gegenüber steht der moderne Typ. Die traditionellen Anteile sind ihm eher fremd, die zeitgenössischen hingegen zustimmungsfähig. Seine Kurzbezeichnung: *die Modernen.* Als Mann ist dieser Typ ein *zeitangepasster (Lebens-)Partner.*
- Ein dritter Typ steht mehr den Traditionellen nahe; auch er stimmt, wenngleich etwas zurückgenommen, den überkommenen Aspekten des Bildes von Mann und Frau zu. Zugleich aber – und das unterscheidet diesen Typ vom traditionellen – kann er auch mit modernen Aspekten etwas anfangen. Alte wie neue Aspekte werden pragmatisch kombiniert: Vertreter dieses Typs nennen wir die *pragmatischen Balancierer*, kurz die *Pragmatischen.*
- Der vierte Typ, den wir herausgearbeitet haben, hat eher niedrige traditionelle Werte, aber auch die zeitgenössisch geschätzten Werte finden nur verhaltene Zustimmung. Das macht Personen dieses Typs zu *Unbestimmten.* Diese Unbestimmtheit kann viele Ursachen haben: Die Themen der Geschlechterrollen interessieren nicht oder ein Mann befindet sich auf der Suche, ist unsicher. Solche Männer ließen sich daher auch *die formbaren Sucher* nennen.

Die Unterschiede zwischen den vier errechneten Typen (Clustern) sind beträchtlich. Wir zeigen die Unterschiede zwischen ihnen an den Prozentwerten bei den jeweiligen Einzelitems:

Tabelle 3: Die vier Männertypen

	traditionell	pragmatisch	unbestimmt	modern	alle Männer
interpretierende Benennung des Typs	herkömmlicher Familienernährer	pragmatischer Balancierer	formbarer Sucher	zeitgemäßer (Lebens-) Partner	
					traditionelle Anteile
Ein Kleinkind wird wahrscheinlich darunter leiden, wenn die Mutter berufstätig ist.	92%	60%	64%	50%	67%
Die Frau soll für den Haushalt und die Kinder da sein, der Mann ist für den Beruf und für die finanzielle Versorgung zuständig.	89%	56%	11%	0%	37%
Der Beruf ist gut, aber was die meisten Frauen wirklich wollen, ist ein Heim und Kinder.	68%	74%	14%	9%	39%
Hausfrau zu sein ist für eine Frau genauso befriedigend wie eine Berufstätigkeit.	55%	51%	8%	6%	28%
Eine Frau muss ein Kind haben, um ein erfülltes Leben zu haben.	54%	67%	9%	9%	32%
Wenn ein Mann und eine Frau sich begegnen, soll der Mann den ersten Schritt tun.	51%	62%	16%	6%	33%
Männer können einer Frau ruhig das Gefühl geben, sie würde bestimmen, zuletzt passiert doch das, was er will.	51%	55%	20%	3%	32%
					moderne Anteile
Am besten ist es, wenn der Mann und die Frau beide ihre Erwerbsarbeit einschränken und sich beide gleich um Haushalt und Kinder kümmern.	11%	74%	27%	56%	40%

Beide, Mann und Frau, sollten zum Haushaltseinkommen beitragen.	24%	84%	44%	72%	55%
Frauenemanzipation ist eine notwendige und gute Entwicklung.	9%	61%	32%	72%	41%
Eine berufstätige Frau kann ihrem Kind genauso viel Wärme und Sicherheit geben wie eine Mutter, die nicht arbeitet.	5%	71%	22%	84%	41%

MÄNNER 2002©
Antwortmöglichkeiten 1 = stimme voll zu und 2 = stimme zu auf fünfteiliger Skala (ohne fehlende Angaben).

Entwicklung zwischen 1992 und 2002

Wir können nunmehr die Ergebnisse der Typenbildung vergleichen: zwischen 1992 und 2002 und hier wieder zwischen Männern und Frauen.

Die Analysen zeigen eine Verschiebung von den traditionellen zu den modernen Typen und zwar sowohl bei Männern wie noch mehr bei Frauen. Bei den Männern sind im Jahre 2002 7% weniger als 1992 traditionell, 9% mehr modern; bei den Frauen 10% weniger traditionell, 17% mehr modern. Beide Geschlechter befinden sich in ihrem Selbstbild in einer Entwicklung: Frauen sind aber offensichtlich von dieser Veränderung der Geschlechterrollen stärker erfasst als die Männer. Offen bleiben muss hier, wie diese Entwicklung bewertet wird. Traditionell heißt nicht schlecht und modern nicht gut. Und auch die umgekehrte Bewertungsweise kann ebenso wenig empirisch entschieden werden.

Tabelle 4: Verschiebung zwischen den Typen 1992 auf 2002 – nach Geschlechtern

	traditionell	pragmatisch	unbestimmt	modern
Männer 1992	24%	23%	39%	14%
Männer 2002	17%	18%	42%	23%
Frauen 1992	22%	30%	27%	20%
Frauen 2002	11%	21%	31%	37%
ALLE 1992	23%	27%	32%	18%
ALLE 2002	14%	20%	36%	30%

MÄNNER – FRAUEN 1992/2002©

Werden die Daten für 1992 und 2002 nach Alterskohorten aufgeschlüsselt, dann wird es auch möglich, Altersgruppen über zehn Jahre hin zu verfolgen. Dabei zeigt sich, dass es auch innerhalb der einzelnen Kohorten Veränderungen gab:

- 2002 gibt es in den jüngeren Altersgruppen mehr „Traditionelle" als 1992;
- merklich abgenommen hat zumal in den jüngeren Altersgruppen jene der „Pragmatischen";
- zugenommen haben unter den jüngeren Männern die „Modernen";
- angewachsen ist – mehr in den älteren Altersgruppen – der Anteil der „Unbestimmten".

Es laufen somit zwei Entwicklungen gleichzeitig: Einerseits hat sich (auch innerhalb der einzelnen Alterskohorten) die männliche Bevölkerung in Österreich vom traditionellen zum modernen Männertyp verlagert. Zugleich findet unter den jüngeren Männern eine Art Polarisierung statt: Sowohl der traditionelle wie der moderne Typ haben zugelegt.

Im „Mittelfeld" haben die „Pragmatischen" sowie die „Unbestimmten" abgenommen. Entwickeln sich die Männerrollen zu mehr Eindeutigkeit?

Tabelle 5: Verschiebungen bei den vier Männertypen in Alterskohorten

		modern			unbestimmt			pragmatisch			traditionell		
1992	2002	1992	2002	Diff.	1992	2002	Diff.	1992	2002	Diff.	1992	2002	Diff.
	24-15		30%			47%			15%			8%	
-19	29-25	26%	30%	+4	48%	42%	-6	26%	15%	-11	0%	11%	+11
20-29	39-30	23%	33%	+10	49%	45%	-4	18%	16%	-2	9%	16%	+7
30-39	49-40	30%	23%	-7	36%	40%	+4	14%	18%	+4	19%	17%	-2
40-49	59-50	23%	26%	+3	37%	42%	+5	17%	20%	+3	23%	15%	-8
50-59	60-	18%	23%	+5	32%	37%	+5	23%	24%	+1	27%	28%	+1
60-		5%	11%		19%			35%			41%		

MÄNNER 1992/2002©

Die Entwicklung im Männerbild (und in ähnlicher Weise im Frauenbild) wird auch an der Veränderung in einzelnen Positionen sichtbar. So gilt es 2002 für die Männer deutlich weniger sicher, dass das Hausfrauendasein für Frauen genauso befriedigend sei wie eine Berufstätigkeit. Deutlich weniger Männer meinen auch, dass Frauen letztlich Heim und Kinder, nicht aber einen Beruf möchten. Auch die Aufteilung Mann = Berufsmann und Frau = Familienfrau findet 2002 weniger Zustimmung als 1992.

Moderne Positionen haben sich nicht im selben Ausmaß verändert, aber dennoch leicht gewonnen. So halten es 2002 mehr Männer für richtig, dass Männer und Frauen erwerbstätig sind und sich um Haushalt und Kinder kümmern.

Abbildung 3: Veränderungen in wichtigen Einstellungen zur Geschlechterrolle bei Männern (1992-2002)

MÄNNER 1992/2002©

Modernisierungsdruck

Österreichs Männer leben somit in einer Spannung zwischen einem traditionellen und einem modernen Männerbild. Diese Vermutung, dass die Auseinandersetzung mit Tradition und Moderne für das Männer- und Frauenbild eine Schlüsselrolle spielt, wird durch weiteres Untersuchungsmaterial gestützt. In der vorliegenden Studie wurde ein Item eingebaut, das auf einer zehnteiligen Skala[4] eine Selbsteinschätzung der befragten Person zwischen den Polen „traditionell" und „modern" auslösen sollte. Bei der versprachlichten Definition von „traditionell" und „modern" wurden allerdings Elemente eingebracht, die mit den in der Clusteranalyse verwendeten traditionellen wie modernen Items nicht deckungsgleich sind.

- So gilt nunmehr als „traditionell" ein Bild von Mann und Frau, nach dem beide Geschlechter „von Natur aus" unterschiedlich sind: die Geschlechterrollen sind somit weithin „vorfindbar" und demnach auch unveränderlich.
- „Modern" hingegen unterstellt, dass es in Männern und Frauen weibliche wie männliche Anteile gibt, die zum Leben gebracht werden sollen. Die konkreten Ausformungen der Geschlechterrollen sind dann kein Produkt der Natur, sondern der Gesellschaft. Kurzum: Jetzt sind die Geschlechterrollen nicht „vorfindbar", sondern „erfindbar".

Tabelle 6: Frage zur Selbstpositionierung der Befragten zwischen „traditionell" und „modern"

Nun noch eine ganz andere Frage: Die Geschlechterrollen (also was weiblich und was männlich ist) sind „ins Gerede" gekommen, es ist nicht mehr so klar wie früher, was männlich ist und was weiblich. Wie würden Sie sich selbst einschätzen? Sie sehen hier zwei Extremtypen und eine feine Abstufung dazwischen.

<table>
<tr><td colspan="5">1:
Ich richte mich nach der Tradition und der natürlichen Ordnung: Es gibt eben Männer und Frauen, so hat es die Natur eingerichtet. Männer sollen sich wie Männer verhalten und Frauen wie Frauen.</td><td colspan="5">10:
Ich würde mich als „moderne Frau" bzw. „modernen Mann" bezeichnen: Geschlechterrollen sind Erfindungen der Gesellschaft. Zum vollen Menschsein gehört es, dass man sowohl die weiblichen als auch die männlichen Anteile in sich lebt und alle Aufgaben gleichmäßig aufteilt.</td></tr>
<tr><td>1</td><td>2</td><td>3</td><td>4</td><td>5</td><td>6</td><td>7</td><td>8</td><td>9</td><td>10</td></tr>
</table>

MÄNNER – FRAUEN 1992/2002©

4 Für die Darstellung werden jeweils zwei Skalenwerte zusammengezogen.

Tabelle 7: Modernitätsgrad der Befragten - nach Geschlecht

	sehr traditionell (1,2)	traditionell (3,4)	mittel (5,6)	modern (7,8)	sehr modern (9,10)
Männer	15%	21%	26%	24%	13%
Frauen	13%	15%	23%	27%	23%
ALLE	14%	18%	25%	26%	18%

MÄNNER - FRAUEN 1992/2002©

Die untersuchten Männer streuen über die breite Modernitätsskala. 15% sehen sich als sehr traditionell, weitere 21% als eher traditionell. Als sehr modern haben sich 13% eingestuft, als eher modern weitere 24%. Ein Viertel liegt in der Mitte der Skala.

Frauen halten sich vergleichsweise für etwas „moderner" als die Männer. Bezeichnen sich 37% der Männer als eher modern, sind es unter den Frauen 50%.

Wir kombinieren nunmehr die vier durch die Clusteranalyse gewonnenen Typen mit der Selbsteinschätzung der Befragten auf der Modernitätsskala. Dabei zeigt sich zwar keine Deckungsgleichheit, aber immerhin die gleiche Tendenz. Der Typ der Traditionellen bezeichnet sich auch selbst zu 63% als traditionell; 16% haben sich dagegen der „modernen Seite" der Skala zugeordnet. Die Modernen hingegen verstehen sich zu 62% „modern", 21% von ihnen neigen zu traditionellen Ansichten. Auf der Modernitätsskala bilden somit die „Traditionellen" sowie die „Modernen" die Gegenpole unten den heutigen Männern. Pragmatische haben eine sehr starke Mittelgruppe (44%).

Abbildung 4: Modernitätsgrad der vier Männertypen

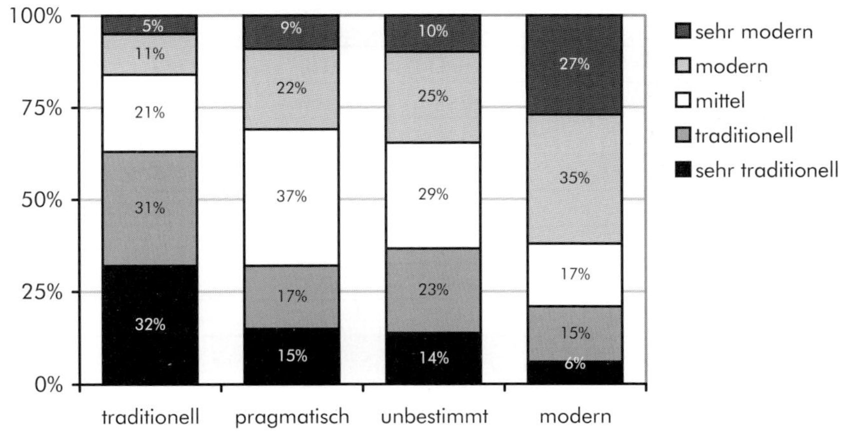

MÄNNER 2002©

Soziale Landkarte der Männertypen

Diese vier Männertypen verteilen sich in der gesellschaftlichen Landschaft unterschiedlich. Wir zeichnen eine Art sozialer Landkarte der Männertypen. Dazu berücksichtigen wir folgende Merkmale der befragten Männer:

- ihr Alter
- die Größe des Ortes, in dem sie wohnen
- das Bundesland, in dem sie zu Hause sind
- ihren Familienstand sowie ihre Kinderzahl
- ihre abgeschlossene Schulbildung
- ihre Berufstätigkeit
- ihr Einkommen
- ihre Parteipräferenz sowie
- ihre sozioreligiöse Praxis (hier gemessen an der Kirchgangsfrequenz)

Landkarten der vier Männertypen

Tabelle 8: Verteilung der Männertypen nach Sozialmerkmalen

	traditionell	pragmatisch	unbestimmt	modern
Liberales Forum	0%	0%	12%	88%
GRÜNE	3%	9%	37%	51%
Hausmann	0%	49%	0%	51%
GeschäftsführerIn in großer Firma	24%	0%	32%	45%
Universität/Hochschule	9%	15%	39%	37%
freier Beruf	7%	15%	42%	36%
25-29 Jahre	11%	15%	42%	33%
in Ausbildung	9%	13%	45%	33%
gehobener Beamter	23%	9%	37%	31%
Einkommen sehr hoch	12%	12%	45%	31%
Matura	11%	13%	45%	31%
nichtleitender Angestellter	15%	16%	39%	30%
15-24 Jahre	8%	15%	47%	30%
5-10000 Einwohner	17%	16%	38%	29%
Einkommen gut	16%	17%	40%	28%
ledig	12%	17%	42%	28%
eigenes Einkommen: mehr als fünf Personen	0%	9%	63%	28%

Einkommen sehr gut	16%	18%	40%	27%
im Haushalt: vier Personen	13%	18%	42%	27%
50-100.000 Einwohner	19%	19%	35%	26%
40-49 Jahre	17%	18%	40%	26%
Einkommen niedrig	12%	29%	34%	26%
Niederösterreich	17%	15%	44%	25%
eigenes Einkommen: zwei Personen	16%	15%	44%	25%
Oberösterreich	16%	18%	41%	25%
Kirchgang fast nie	16%	20%	40%	25%
Kinder im Haushalt	14%	16%	46%	25%
eigenes Einkommen: drei Personen	13%	20%	42%	25%
Tirol	22%	17%	37%	24%
Kirchgang an Festen	19%	15%	42%	24%
über 100.000 Einwohner	15%	16%	44%	24%
Kärnten	15%	22%	38%	24%
Wien	12%	24%	40%	24%
im Haushalt: mehr als fünf Personen	8%	14%	53%	24%
weiterführende Schule ohne Matura	22%	18%	37%	23%
würde nicht wählen	18%	14%	46%	23%
ALLE	17%	18%	42%	23%
im Haushalt: eine Person	17%	28%	31%	23%
30-39 Jahre	16%	16%	45%	23%
keine Angabe zur Partei	16%	18%	44%	23%
im Haushalt: drei Personen	15%	16%	46%	23%
berufstätig	15%	17%	44%	23%
50-59 Jahre	15%	20%	42%	23%
im Haushalt: fünf Personen	12%	13%	52%	23%
leitender Angestellter	23%	12%	43%	22%
2-5000 Einwohner	21%	17%	40%	22%
Steiermark	21%	17%	40%	22%
keine Kinder im Haushalt	20%	20%	39%	21%
Kirchgang sonntags	18%	18%	43%	21%
Facharbeiter	16%	22%	41%	21%
Einkommen mäßig	16%	20%	43%	21%

SPÖ	14%	26%	39%	21%
eigenes Einkommen: vier Personen	6%	20%	52%	21%
geschieden	24%	28%	28%	20%
eigenes Einkommen: eine Person	22%	21%	37%	20%
Einkommen sehr niedrig	17%	27%	37%	20%
im Haushalt: zwei Personen	25%	17%	38%	19%
10-50.000 Einwohner	18%	18%	45%	19%
Volkschule/Hauptschule	18%	20%	43%	19%
unter 2000 Einwohner	16%	16%	49%	19%
Vorarlberg	34%	0%	49%	18%
verheiratet	20%	17%	44%	18%
arbeitslos	11%	31%	39%	18%
ÖVP	20%	15%	47%	17%
sonstiger Arbeiter	16%	27%	40%	17%
mittlerer und einfacher Arbeiter	18%	24%	43%	15%
Kirchgang monatlich	15%	17%	54%	14%
Rentner	37%	23%	27%	13%
GeschäftsführerIn in mittlerer/kleiner Firma	21%	22%	44%	13%
Salzburg	13%	18%	56%	13%
FPÖ	28%	22%	39%	12%
eigenes Einkommen: fünf Personen	13%	30%	45%	12%
Burgenland	6%	30%	52%	12%
60 und mehr Jahre	28%	24%	37%	11%
Handwerker	21%	9%	60%	10%
verwitwet	0%	60%	34%	6%
Landwirt	30%	5%	60%	4%

MÄNNER 2002© - nach den Modernen geordnet

Landkarte der Traditionellen (herkömmliche Familienernährer)

Die Traditionellen finden wir vor allem unter den älteren Männern. Beruflich haben sie entweder eine hohe (einkommensstarke) oder eine niedrige (einkommensschwache) Position. Sie leben eher in Westösterreich (Vorarlberg, Tirol, dann aber auch in der Steiermark), in kleinen Ortschaften oder Mittelstädten (50-100.000 Einwohner). Politisch stehen sie der FPÖ (und der ÖVP) nahe.

Landkarte der Modernen (zeitgemäße [Lebens-]Partner)

An ganz anderen „Orten“ sind sozial die Modernen anzutreffen: bei den Hochgebildeten (wenigstens Matura), mit freiem Beruf und hohem Einkommen, bei den Jüngeren. Sozioreligiös sind sie eher aufgeklärt, sie gehen nur sehr selten zur Kirche. Wir finden sie in Nieder- und Oberösterreich, aber auch in der Steiermark. Es ist das hauptsächliche Männerbild der Grünen (und des Liberalen Forums).

Landkarte der Pragmatischen (pragmatische Balancierer)

Die Pragmatischen sind verheiratet oder verwitwet, damit auch höheren Alters, mit eher kurzer Schulbildung, niedrigem Einkommen und in unteren Berufsschichten, sie sind Rentner oder arbeitslos. Vor allem finden wir sie in Ostösterreich (Burgenland, Wien). Politisch sind sie der SPÖ und etwas weniger der FPÖ nahe. Sozioreligiös sind sie eher schwach ausgestattet: Bei diesem Männertyp findet sich ein überdurchschnittlicher Anteil von Personen, die (fast) nie zur Kirche gehen.

Landkarte der Unbestimmten (formbare Sucher)

Bleibt noch der Typ der Unbestimmten. Hoch ist deren Anteil unter den Landwirten, den Handwerkern, Geschäftsleuten mit mittleren und kleineren Firmen, in Salzburg, aber auch in Vorarlberg wie im Burgenland. Ihr Einkommen ist mäßig. Sie gehören zu den jungen Männern unter 24 Jahren, wohnen in Gegenden mit kleinen Siedlungen. Überdurchschnittlich viele von den Unbestimmten sind geschieden. Sie leben in größeren Haushalten. Sozioreligiös sind sie eher mittel ausgestattet, sie sind an Festen in der Kirche anzutreffen. Politisch steht dieser Typ am ehesten der ÖVP nahe oder wählt nicht.

Geschlechtertyp und Parteipräferenz

Aufschlussreich für die Inszenierung einer angemessenen Frauen- und Männerpolitik ist die Verteilung der Befragten nach ihrer Parteipräferenz auf die verschiedenen Geschlechtertypen.

- Die meisten Traditionellen finden sich bei den FPÖ-SympathisantInnen (Männer wie Frauen 28%), die wenigsten bei den Grünen (Männer 3%, Frauen 4%) und im Liberalen Forum.
- Umgekehrt gilt dies für die Modernen.
- Interessant ist, dass es bei den ÖVP-SympathisantInnen nur halb so viele moderne Männer (17%) als moderne Frauen (34%) gibt.
- Sozialistische SympathisantInnen liegen im Mittelfeld; Männer wie Frauen haben in etwa die gleichen Anteile an den vier Typen. Es fällt auf, dass es

unter den SPÖ-Frauen (23%) weniger moderne gibt als unter den ÖVP-Frauen (34%).

- Wer nicht wählen geht, liegt auch bei den Geschlechtertypen im Mittelfeld, vornehmlich bei den „Unbestimmten", die ein hohes Maß an Unentschiedenheit auch in Fragen der Geschlechterrollen aufweisen.

Tabelle 9: Männertypen und Parteipräferenz

	Männer				Frauen			
	traditionell	pragmatisch	unbestimmt	modern	traditionell	pragmatisch	unbestimmt	modern
Liberales Forum	0%	0%	12%	88%	2%	13%	6%	79%
GRÜNE	3%	9%	37%	51%	4%	31%	31%	34%
keine Angabe	16%	18%	44%	23%	15%	14%	37%	34%
würde nicht wählen	18%	14%	46%	23%	0%	38%	53%	9%
SPÖ	14%	26%	39%	21%	17%	18%	42%	23%
ÖVP	20%	15%	47%	17%	11%	23%	32%	34%
FPÖ	28%	22%	39%	12%	28%	28%	28%	15%

MÄNNER – FRAUEN 2002©

Im Überblick

Wir stellen die wichtigsten Zusammenhänge zwischen Männertypen und sozialen Merkmalen übersichtlich zusammen.

- Dabei zeigt sich, dass der traditionelle Männertyp auch in eher traditionellen Kulturregionen Österreichs vorkommt: bei älteren Personen mit niedriger Bildung und niedrigerem Einkommen, die der FPÖ zuneigen.
- Umgekehrt treffen wir die Modernen bei den Jüngeren, den höher Gebildeten, den Städtern, in Nieder- und Oberösterreich, bei den Grünen, an den Rändern der Kirchen, unter Hausmännern, Geschäftsführern und frei Berufstätigen.

Moderne Männer finden wir somit eher in „modernen Milieus" der Gesellschaft, traditionelle in den weniger modernisierten Kulturregionen des Landes.

Moderne Männer sind das Ergebnis gesellschaftlicher Modernisierung. Es sind Männer, die dem Modernisierungsdruck folgen, während ihm traditionelle widerstehen.

Tabelle 10: In welchen sozialen Bereichen man die vier Männertypen bevorzugt antrifft

Kurzbenennung	traditionell	pragmatisch	unbestimmt	modern
Anteil in der männlichen Bevölkerung	17%	18%	42%	23%
erweiterte Benennung	herkömmlicher Familienernährer	pragmatischer Balancierer	formbarer Sucher	zeitgemäßer (Lebens-)-Partner
Alter	älter	älter	jünger	jünger
Bundesland	Vorarlberg, Tirol, Steiermark	Wien	Burgenland, Vorarlberg, Salzburg	Nieder- und Oberösterreich
Ortsgröße	2-5000	Wien	-2000	5-10.000
Familienstand	verheiratet, geschieden	verwitwet	verheiratet	ledig
Schulbildung	Volkschule	Volkschule	Matura	Universität
Berufstätigkeit	Rentner, Handwerker, Landwirte, leitende Angestellte, gehobene Beamte	Arbeiter, arbeitslos, Hausmann	Handwerker, Landwirte	Hausmann, Geschäftsführer, in Ausbildung, freie und höhere Berufe
Einkommen	mittleres Einkommen	niedriges Einkommen	mäßiges Einkommen	höheres Einkommen
Parteipräferenz	FPÖ	SPÖ	ÖVP	LIF, Grüne
Kirchgang	an Festen	fast nie	monatlich	fast nie
Kinder im Haushalt			ja	ja

MÄNNER 2002©

MÄNNLICHE LEBENSWELTEN

Die Männerstudien 1992 (Österreich) und 1998 (Deutschland) gingen hypothetisch davon aus, dass Männer sich in wenigen Lebensfeldern aufhalten, denen sie eine unterschiedliche Gewichtigkeit zuweisen. Sie haben zu diesen Lebensfeldern, so die Vermutung, auch einen unterschiedlichen Zugang. Traditionellerweise sind Männer in der Berufswelt voll-, wenn nicht sogar überpräsent. In der Familienwelt agieren sie mehr im Hintergrund, sie sind also teilpräsent. Der Zugang zur Innenwelt ist ihnen – so zumindest der erste Verdacht – weithin verschlossen. Der traditionelle Mann lebt somit eher „außer sich“, es zieht ihn nach draußen, wie Schiller formuliert:

Der Mann muss hinaus
ins feindliche Leben,
muss wirken und streben
und pflanzen und schaffen,
erlisten, erraffen,
muss wetten und wagen,
das Glück zu erjagen.

Da strömet herbei
die unendliche Gabe,
es füllt sich der Speicher
mit köstlicher Habe,
die Räume wachsen,
es dehnt sich das Haus.[5]

Ideal und Wirklichkeit

Welche Lebensbereiche heute ein Mann für wichtig hält und in welchen Lebensfeldern er sich vorrangig aufhält, dazu haben wir 2002 zwei „Überblicksfragen“ gestellt.

[5] Schiller, Friedrich: Sämtliche Werke, Stuttgart o. J., 25-27.

Tabelle 11: Lebensfelder

1. „In unserem alltäglichen Leben bewegen wir uns in verschiedenen Feldern. Diesen verleihen wir ein unterschiedliches Gewicht. Bitte reihen Sie Karten nach ihrer persönlichen Wichtigkeit, so wie es Ihrer Meinung sein sollte. 1 = oberste Wichtigkeit bis 8 = geringste Wichtigkeit."

2 „Bitte ordnen Sie diese Lebensfelder noch einmal anhand Ihrer Erfahrung. So wie es in Wirklichkeit bei Ihnen ist. 1 = oberste Wichtigkeit bis 8 = geringste Wichtigkeit."

	Männer			Frauen		
Mittelwerte	Wunsch	Wirklichkeit	Differenz	Wunsch	Wirklichkeit	Differenz
Erwerbsarbeit	2,49	2,26	+0,23	2,95	2,87	+0,08
Zeit mit Partner/Partnerin verbringen	2,75	2,99	-0,24	2,75	3,12	-0,37
Freundeskreis	3,10	3,15	-0,05	3,12	3,03	+0,09
Zusammensein mit Kindern	3,34	3,69	-0,35	2,69	3,36	-0,67
ehrenamtliche Tätigkeit im Freizeitbereich	5,35	5,23	+0,12	5,51	5,06	+0,45
ehrenamtliche Tätigkeit im Sozialbereich	5,38	5,63	-0,25	5,14	5,46	-0,32
Zeit für religiöse Gemeinschaft (Kirchgang etc.)	6,51	6,37	+0,14	6,08	5,96	+0,12
politische Tätigkeiten	6,65	6,46	+0,21	6,98	6,86	+0,12

MÄNNER – FRAUEN 2002©
Durchschnittlicher Rang auf achtteiliger Skala: 1 = erster Rang, 8 = letzter Rang. Bei der Differenz signalisiert ein + einen Wunschüberhang.

Die Reihung der abgefragten Lebensfelder ist bei den Männern hinsichtlich Wunsch und jener Wirklichkeit identisch. Ganz oben steht im Schnitt aller befragten Männer die Erwerbsarbeit. Knapp dahinter folgt die Zeit für die Lebenspartnerin, sodann kommen die Freunde und erst dann die Kinder. Mit relativ großem Abstand stehen auf dieser Prioritätenliste ehrenamtliche Tätigkeiten (im Freizeit- bzw. im Sozialbereich) sowie die Bereiche Religion und Politik (diese bilden das Schlusslicht). Männer sind nach wie vor hinsichtlich ihrer Lebensprioritäten Berufsmänner.

Frauen reihen die Lebensfelder etwas anders. Bei ihnen steht (im Modus des Wünschens) das Zusammensein mit Kindern an erster Stelle. Dann folgt das Zusammensein mit dem Partner. Erst an dritter Stelle kommt die Erwerbsarbeit.

Tabelle 12: Reihung der Lebensfelder – Wunsch und Wirklichkeit

Männer		Frauen	
Wunsch	Wirklichkeit	Wunsch	Wirklichkeit
Erwerbsarbeit	Erwerbsarbeit	Zusammensein mit Kindern	Erwerbsarbeit
Zeit mit Partner/Partnerin verbringen	Zeit mit Partner/Partnerin verbringen	Zeit mit Partner/Partnerin verbringen	Freundeskreis
Freundeskreis	Freundeskreis	Erwerbsarbeit	Zeit mit Partner/Partnerin verbringen
Zusammensein mit Kindern	Zusammensein mit Kindern	Freundeskreis	Zusammensein mit Kindern
ehrenamtliche Tätigkeit im Freizeitbereich	ehrenamtliche Tätigkeit im Freizeitbereich	ehrenamtliche Tätigkeit im Sozialbereich	ehrenamtliche Tätigkeit im Freizeitbereich
ehrenamtliche Tätigkeit im Sozialbereich	ehrenamtliche Tätigkeit im Sozialbereich	ehrenamtliche Tätigkeit im Freizeitbereich	ehrenamtliche Tätigkeit im Sozialbereich
Zeit für religiöse Gemeinschaft (Kirchgang etc.)	Zeit für religiöse Gemeinschaft (Kirchgang etc.)	Zeit für religiöse Gemeinschaft (Kirchgang etc.)	Zeit für religiöse Gemeinschaft (Kirchgang etc.)
politische Tätigkeiten	politische Tätigkeiten	politische Tätigkeiten	politische Tätigkeiten

MÄNNER – FRAUEN 2002©

Vergleicht man Wunsch und Wirklichkeit, dann fällt auf, dass im Schnitt Männer der Erwerbsarbeit etwas weniger und dem Zusammensein mit der Partnerin (dem Partner) sowie mit den Kindern in der Wirklichkeit ihres Lebens mehr Gewicht geben. Bei Frauen ist dieser Wunsch nach mehr Beziehungszeit mit Partner und noch mehr mit Kindern besonders groß. Mehr Bedeutung könnten auch ehrenamtliche Tätigkeiten im Sozialbereich (also „Sozialzeit“) erhalten.

Abbildung 5: Lebensfelder - Wunsch und Wirklichkeit

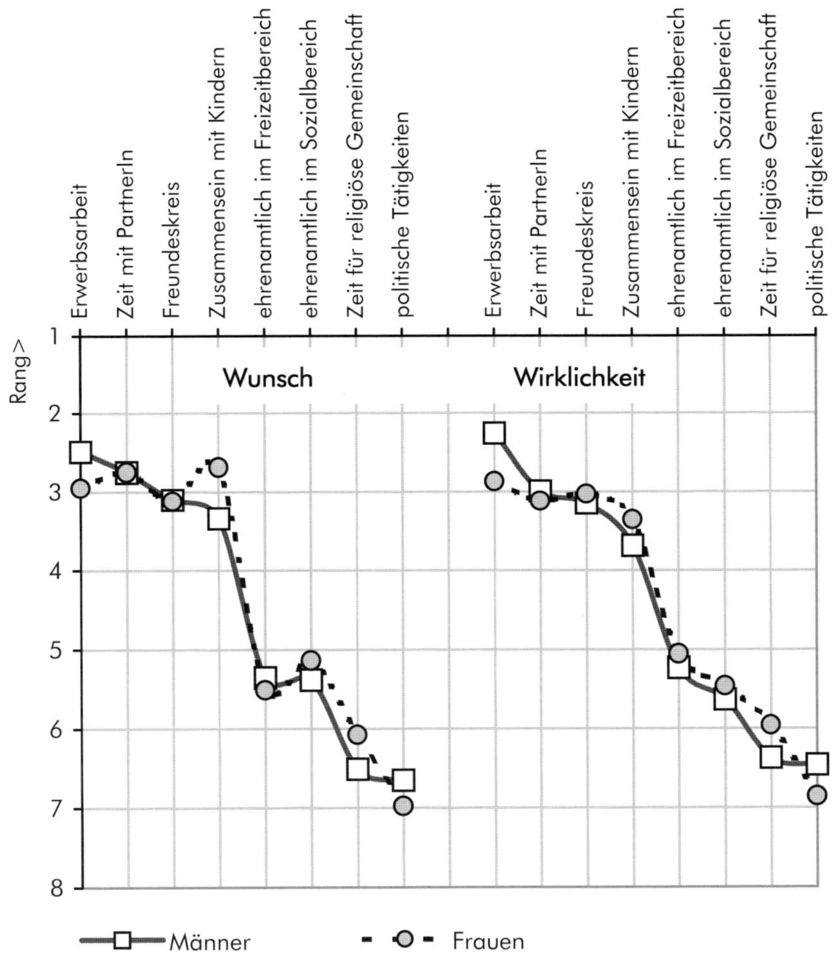

MÄNNER 2002©

Bei den Frauen kommt es in der Realität zu einer Annäherung an die männliche Lebenswelt. Auch bei ihnen steht – entgegen dem Wünschen – die Erwerbsarbeit an erster Stelle. Anders als bei den Männern folgt dann an zweiter Stelle der Freudinnenkreis und erst dann die Zeit mit dem Partner. Das von Frauen im Modus des Wünschens hochbesetzte Zusammensein mit Kindern rangiert erst an vierter Stelle.

Diese drei Lebensfelder erhalten im Folgenden Aufmerksamkeit:

- die berufliche Lebenswelt
- die familiale Lebenswelt
- die Innenwelt

Diese drei „Lebenswelten“ liegen nicht auf der gleichen Ebene. Während die berufliche und die familiale Lebenswelt gleichsam den Vorgrund bilden, liegt die Innenwelt vergleichsweise dazu im Hintergrund. Näherhin:

1. Die berufliche wie die familiale Lebenswelt stehen in unseren modernen Gesellschaften mit ihrer Polarität von Öffentlichkeit und Privatheit in einem spannungsreichen Verhältnis.[6]

Diese Spannung kann abgemildert werden durch den Rückzug in die eine oder andere Lebenswelt. Es ist auch möglich, zwischen ihnen einen Ausgleich anzustreben. Manche werden einen dauerhaften und aufreibenden Konflikt erleben. Es ist auch durchaus denkbar, dass sich Rückzug, Ausgleich und Konflikt nacheinander ereignen.[7]

Wie das Verhältnis dieser beiden lebensweltlichen Bereiche aussieht, ist nicht nur eine Frage nach der Lebensgestaltung des jeweiligen Mannes (und analog der jeweiligen Frau), sondern ebenso eine Folge kultureller wie struktureller Prämissen. Eine Kultur, die dem Mann prioritär die berufliche Lebenswelt zuweist und damit den Mann zunächst als Berufsmann (und analog dazu die Frau als Familienfrau) definiert, schafft kulturell wie strukturell andere Vorausset-

---

6 Von der inneren Antwortstruktur her kommt die theoretisch angenommene Polarität von familialer und beruflicher Lebenswelt ans Licht. Ein zweiter Hauptbereich ist das ehrenamtliche Engagement, ein dritter Politik und Freundeskreis und im Kontrast dazu das religiöse Lebensfeld. So das Ergebnis einer Faktorenanalyse der gewünschten Lebensfeldreihung:

Faktor	1	2	3
Zusammensein mit Kindern	**-0,71**	0,14	0,22
Zeit mit Partner /Partnerin verbringen	**-0,77**	0,22	0,00
Erwerbsarbeit	**0,54**	0,28	0,29
Ehrenamtliche Tätigkeit im Sozialbereich	0,33	**-0,64**	0,08
Ehrenamtliche Tätigkeit im Freizeitbereich	0,09	**-0,79**	-0,08
Politische Tätigkeiten	0,36	0,37	**-0,56**
Zeit für eine religiöse Gemeinschaft (Kirchgang, etc.)	0,25	0,26	**0,63**
Freundeskreis	0,19	0,00	**-0,66**

7 Diese Typologie wurde entwickelt in Kaufmann, Franz Xaver/Zulehner, Paul M./Kerber, Walter: Ethos und Religion bei Führungskräften. Eine Studie im Auftrag des Arbeitskreises für Führungskräfte in der Bundesrepublik Deutschland, München 1986.

zungen für das Verhältnis von beruflicher und familialer Lebenswelt als eine Gesellschaft, die aus vielfältigen Gründen (um die eigenen Lebenserfahrungen anzureichern, um Kindern eine qualitativ ausreichende Präsenz des Vaters zu sichern) auch Männern die Möglichkeit eröffnen will, die familiale und die berufliche Lebenswelt relativ konfliktarm auszubalancieren.

2. Die Innenwelt liegt auf einer anderen Ebene als die polaren Lebenswelten Familie und Beruf. Sie bildet gleichsam den Hintergrund für die vordergründige Präsenz eines Mannes in der familialen bzw. beruflichen „Außenwelt“. Der innenweltliche Bereich meint das Verhältnis des Mannes zu sich selbst, zu seiner eigenen Person, zu seinen körperlichen und seelisch-geistigen Kräften, zu seinen Gefühlen, Träumen und Bildern. Innenwelt hat zu tun mit erlebten Siegen und erlittenen Niederlagen, mit aufbauenden Erfolgen und deprimierenden Misserfolgen. Von der Innenwelt aus werden Eros und Sexualität, Macht und Ohnmacht ebenso wie Weltdeutung und Religion gespeist.

Gestützt auf die Analysen der bisherigen Männerstudien vermuten wir, dass sich die unterschiedlichen Männertypen in diesen drei lebensweltlichen Bereichen anders bewegen. Verschieden wird die Zuordnung zur beruflichen wie zur familialen Lebenswelt ausfallen. Anders werden die Strategien sein, um die aus der Polarität dieser beiden lebensweltlichen Bereiche erwachsenden Spannungen zu bewältigen. Wir vermuten auch, dass die unterschiedlichen Männertypen auch zum innenweltlichen Bereich einen anderen Zugang haben.

Um solchen Vermutungen nachzugehen sind im Fragebogen eine Reihe einschlägiger Items implementiert worden. Wir stellen zunächst Ergebnisse aus der Männerstudie 2002 vor, vergleichen diese, soweit möglich, mit Ergebnissen früherer Studien, um dann abschließend die Frage aufzugreifen, worin sich die vier gefundenen Männertypen in ihrem Zugang zu diesen drei lebensweltlichen Hauptbereichen unterscheiden bzw. auch ähneln.

BERUFSWELT

Männliche Berufsorientierung

„Der Mann erfährt in seiner Arbeit seinen persönlichen Sinn.“ 40% der Befragten stimmen dieser Aussage eher zu, 23% lehnen sie eher ab. 36% liegen im unentschiedenen Mittelfeld. Von 2% fehlt die Angabe.

Die Männer sind sich somit in der Bedeutung der beruflichen Tätigkeit für ihren Lebenssinn uneins, wobei die Mehrheit eher zur Zustimmung tendiert.

Ähnlich liegen die Antworten auf die zwei Aussagen:

- *„Ein Mann ohne Erwerbsarbeit hat kein gesellschaftliches Ansehen.“*
- *„Arbeitslosigkeit bedroht den Lebenssinn von Männern mehr als jenen der Frauen.“*

57% der befragten Männer sehen erwerbslose Männer ohne gesellschaftliches Ansehen. 58% nehmen an, dass Arbeitslosigkeit den Lebenssinn von Männern mehr bedroht als jenen der Frauen.

Deutlich unterscheiden sich bei diesen Ansichten die vier Männertypen. Am meisten stimmen dem Zusammenhang von Erwerbsarbeit und Lebenssinn eines Mannes die Pragmatischen zu (23% sehr richtig), gefolgt von den Traditionellen (23%). Hingegen sind die Modernen mit der Zustimmung weit zurückhaltender: jeweils 6% bei den Unbestimmten sowie den Modernen. Bei den Unbestimmten ist erwartungsgemäß der Anteil der Unentschiedenen (mit 43%) am größten.

Tabelle 13: Rolle der Erwerbsarbeit für Männer

	Der Mann erfährt in der Arbeit seinen persönlichen Sinn	Ein Mann ohne Erwerbsarbeit hat kein gesellschaftliches Ansehen	Arbeitslosigkeit bedroht den Lebenssinn von Männern mehr als jenen der Frauen
traditionell	21%	40%	51%
pragmatisch	23%	35%	35%
unbestimmt	6%	18%	20%
modern	6%	23%	18%

MÄNNER 2002© – Skalenwert 1=sehr richtig auf fünfteiliger Skala

Mit diesen drei Einzelaussagen bilden wir einen Index. Dieser spiegelt die Bedeutung wider, welche ein befragter Mann seiner beruflichen Arbeit zumisst. Anhand dieses Index wird die verbreitete starke Berufsorientierung von Männern deutlich: Ein Drittel (33%) erweist sich als sehr stark berufsorientiert, weitere 46% gelten als eher berufsorientiert. Lediglich 21% sind es (überhaupt) nicht.[8]

Tabelle 14: Berufsorientierung nach Geschlechtertypen

Männer	sehr stark berufs-orientiert	stark berufs-orientiert	wenig berufs-orientiert	nicht berufs-orientiert
traditionell	52%	34%	13%	1%
pragmatisch	50%	41%	8%	2%
unbestimmt	25%	56%	14%	5%
modern	21%	39%	27%	13%
alle Männer	33%	46%	16%	5%

MÄNNER 2002©

Frauen über Männer	sehr stark berufs-orientiert	stark berufs-orientiert	wenig berufs-orientiert	nicht berufs-orientiert
traditionell	66%	29%	4%	1%
pragmatisch	53%	41%	5%	1%
unbestimmt	32%	48%	19%	1%
modern	24%	41%	29%	6%
alle Frauen	37%	41%	18%	3%

FRAUEN 2002©

Nach den vier Männertypen ändern sich die Daten merklich: sind unter den „Traditionellen" 52% sehr stark berufsorientiert, sind es unter den „zeitgemäßen Lebenspartnern" nur 21%. Traditionelle Frauen halten die Männer noch stärker für berufsorientiert als dies die traditionellen Männer tun (66% statt 52%). Der moderne Mann will offensichtlich nicht mehr nur Berufsmann sein.

---

[8] Die Verteilung der Frauen ist sehr ähnlich: 37% sehen die Männer als sehr berufsorientiert, weitere 41% berufsorientiert, 18% halten sie für wenig berufsorientiert und 3% für überhaupt nicht berufsorientiert.

ArbeitskollegIn wird bevorzugt

Wie sehr Männerleben um den Beruf kreist, kann auch an anderen Einstellungen der befragten Männer ersehen werden. Was geht in einem Mann vor, wenn eine gleich qualifizierte Frau ihm vorgezogen wird – ein Vorgang, der im Zuge von Frauenquoten und Gleichbehandlungskommissionen immer häufiger wahrscheinlich wird? Und unterscheidet sich die Bevorzugung einer gleich qualifizierten Frau von jener eines gleich qualifizierten Mannes? Dazu war folgende Frage gestellt worden:

„Stellen Sie sich vor, Sie hätten eine Arbeitskollegin/einen Arbeitskollegen, die /der das gleiche oder ungefähr das gleiche kann wie Sie. Die Arbeitskollegin/der Arbeitskollege soll zu Ihrer Vorgesetzten befördert werden. Inwieweit treffen die einzelnen Feststellungen auf Sie zu oder nicht – sie können fein abstufen. 1 = trifft völlig zu, 5 = trifft überhaupt nicht zu."

Zu dieser Frage waren mehrere Antwortmöglichkeiten vorgegeben worden. Sie weisen entweder in Richtung von Akzeptanz oder in Richtung Ablehnung der „Konkurrenz" für den eigenen Arbeitsplatz.

Tabelle 15: Annahme oder Ablehnung eines vorgesetzten Kollegen, einer vorgesetzten Kollegin

		Männer		Frauen	
		Kollege	Kollegin	Kollege	Kollegin
Annahme	Wenn die Qualifikation stimmt, würde ich darin kein Problem sehen.	51%	51%	51%	50%
	Es wäre für mich (überhaupt) kein Problem.	40%	36%	35%	33%
	Ich würde mich für den Kollegen/die Kollegin freuen.	33%	32%	37%	37%
Ablehnung	Ich würde das Gespräch mit denen suchen, die über Beförderungen entscheiden.	16%	17%	16%	16%
	Ich würde versuchen, durch Einsatz diese Entscheidung zu verhindern.	14%	15%	13%	13%
	Es wäre für mich eine Zurücksetzung.	15%	14%	15%	14%
	Ich würde mir eine andere Stelle suchen.	6%	6%	6%	5%
	Ich würde mich durch Arbeit selber wieder hinaufarbeiten.	38%	38%	34%	30%

MÄNNER 2002©

Zwischen der Annahme eines vorgezogenen Kollegen oder einer vorgesetzten Kollegin besteht so gut wie kein Unterschied. Zudem denken in diesen Fragen Männer und Frauen nahezu gleich, mit einem kleinen Unterschied: Frauen würden sich eher über die Beförderung der/des anderen freuen, Männer eher wieder hinaufarbeiten. Grundsätzlich geht es somit bei der Bevorzugung einer gleich qualifizierten Person nicht um eine geschlechtsspezifische Problematik, sondern um die Frage nach der eigenen Berufskarriere und deren Wichtigkeit fürs eigene Selbstbild.

Mit einer Ausnahme („*Ich würde mich durch Arbeit selber wieder hinaufarbeiten*") liegen alle diese Aussagen auf einer einzigen Dimension, entspringen also einer gemeinsamen Grundhaltung. Wir bezeichnen diese als Akzeptanzbereitschaft (einer Konkurrentin, eines Konkurrenten). Die Skala reicht von völlig unannehmbar (1) bis hin zu völlig annehmbar (4).

Die befragten Männer tendieren insgesamt zur Akzeptanz: 41% würden eine „vorgesetzte" Kollegin völlig akzeptieren, weitere 33% mit etwas gedämpfter Bereitschaft. 20% fühlen sichtlich Widerstand, bei 6% ist dieser sehr stark.

Tabelle 16: Akzeptanz eines vorgezogenen Kollegen nach Geschlechtertypen

	völlig unannehmbar	unannehmbar	annehmbar	völlig annehmbar
traditionell	13%	26%	27%	34%
pragmatisch	6%	21%	43%	30%
unbestimmt	4%	21%	33%	43%
modern	5%	14%	29%	53%
ALLE	6%	20%	33%	41%

MÄNNER 2002©

	völlig unannehmbar	unannehmbar	annehmbar	völlig annehmbar
traditionell	14%	27%	32%	27%
pragmatisch	3%	24%	33%	41%
unbestimmt	5%	23%	32%	40%
modern	6%	17%	36%	41%
ALLE	6%	21%	34%	39%

FRAUEN 2002©

Tabelle 17: Akzeptanz einer vorgezogenen Kollegin nach Geschlechtertypen

	völlig unannehmbar	unannehmbar	annehmbar	völlig annehmbar
traditionell	11%	29%	29%	31%
pragmatisch	6%	24%	40%	29%
unbestimmt	4%	21%	36%	40%
modern	5%	16%	28%	51%
alle Männer	5%	22%	34%	39%

MÄNNER 2002©

	völlig unannehmbar	unannehmbar	annehmbar	völlig annehmbar
traditionell	7%	22%	45%	26%
pragmatisch	2%	23%	34%	41%
unbestimmt	4%	24%	39%	33%
modern	6%	18%	35%	41%
alle Frauen	5%	21%	37%	37%

FRAUEN 2002©

53% der modernen Männer hielten es für völlig annehmbar, wenn ihnen ein Kollege vorgezogen werden würde. Bei einer Kollegin sind es mit 51% ähnlich viele. Dieser Anteil ist bei den traditionellen Männern hingegen mit 34% bei einem Kollegen sowie 31% bei einer Kollegin deutlich niedriger.

Tun sich moderne Männer mit Konkurrenz leichter als traditionelle Männer? Es scheint für sie selbstverständlicher zu sein, dass auf dem Lebensfeld Beruf gleichqualifizierte Frauen anzutreffen sind. Dann aber gelten, so vermutlich ihre Annahme, für diese dieselben Spielregeln wie für die Männer.

Allerdings scheint bei den traditionellen Männern auch ein Vorrecht der Männer auf führende Positionen gerade in ihrer „Domäne“ der Arbeit zu bestehen.

Tabelle 18: Wenn eine Kollegin, ein Kollege bevorzugt wird ...

	Arbeitskollege				Arbeitskollegin			
	traditionell	pragmatisch	unbestimmt	modern	traditionell	pragmatisch	unbestimmt	modern
Wenn die Qualifikation stimmt, würde ich darin kein Problem sehen.	44%	42%	51%	61%	42%	42%	52%	60%
Es wäre für mich eine Zurücksetzung.	16%	21%	9%	11%	19%	21%	12%	13%
Ich würde versuchen, durch Einsatz diese Entscheidung zu verhindern.	19%	18%	12%	11%	21%	17%	12%	10%
Ich würde mich durch Arbeit selber wieder hinaufarbeiten.	39%	37%	37%	38%	42%	36%	38%	37%
Ich würde mich für die Kollegin freuen.	29%	32%	29%	36%	29%	37%	31%	38%
Es wäre für mich (überhaupt) kein Problem.	36%	32%	32%	46%	36%	37%	36%	49%
Ich würde mir eine andere Stelle suchen.	4%	9%	5%	4%	7%	10%	5%	5%
Ich würde das Gespräch mit denen suchen, die über Beförderungen entscheiden.	23%	18%	15%	13%	26%	15%	14%	12%

MÄNNER 2002©

In der Studie MÄNNER 2002© wurde versucht, mit einem zusammenfassenden Item die Reaktionen der Männer auf die Bevorzugung einer Arbeitskollegin bzw. einen Arbeitskollegen überblickartig abzufragen:

Tabelle 19: Keine Probleme bei Bevorzugung (Überblicksfrage)

„In Ihrer Abteilung sind mehrere Personen, darunter auch Sie etwa gleich qualifiziert. Eine Kollegin bzw. ein Kollege wird Ihnen vorgezogen und zum Vorgesetzten der Abteilung befördert. Wie ginge es Ihnen dabei? Bitte sagen Sie mir dies wieder anhand einer Skala von 1 bis 5. 1 = überhaupt keine Probleme, 5 = sehr große Probleme.

keine Probleme haben bei...

	Männer		Frauen	
	einem Kollegen	einer Kollegin	einem Kollegen	einer Kollegin
traditionell	43%	40%	47%	47%
pragmatisch	54%	45%	62%	61%
unbestimmt	51%	48%	48%	51%
modern	59%	58%	54%	53%
ALLE	53%	49%	53%	51%

MÄNNER -FRAUEN 2002©
Skalenwerte 1+2 auf fünfteiliger Skala

Deutlich zeigt auch diese zusammenfassende Fragestellung, dass zwischen Bevorzugung durch einen Arbeitskollegen bzw. durch eine Arbeitskollegin so gut wie kein Unterschied besteht. Zugleich wird deutlich, wie die einzelnen Männertypen doch anders reagieren. Die meisten Probleme hätten die Traditionellen, die geringsten die Modernen. Die Modernen (59% hätten keine Probleme bei einem Kollegen) hätten mit einer Frau noch weniger Probleme als die Traditionellen (40% hätten keine Probleme). – Bei Frauen sind die Unterschiede zwischen den vier Typen etwas geringer.

Tabelle 20: Wenn ein/e Arbeitskollegin/-kollege bevorzugt wird – nach Typen

	Männer				Frauen			
	traditionell	pragmatisch	unbestimmt	modern	traditionell	pragmatisch	unbestimmt	modern
Wenn die Qualifikation stimmt, würde ich darin kein Problem sehen.	62%	67%	76%	82%	52%	70%	71%	75%
Es wäre für mich eine Zurücksetzung.	39%	38%	26%	24%	40%	35%	29%	35%
Ich würde versuchen, durch Einsatz diese Entscheidung zu verhindern.	36%	29%	26%	20%	24%	23%	25%	24%
Ich würde mich durch Arbeit selber wieder hinaufarbeiten.	61%	60%	65%	61%	57%	63%	61%	57%
Ich würde mich für die Kollegin/den Kollegen freuen.	44%	58%	56%	62%	40%	70%	66%	63%
Es wäre für mich (überhaupt) kein Problem.	50%	59%	61%	68%	38%	63%	54%	51%
Ich würde mir eine andere Stelle suchen.	13%	17%	11%	11%	29%	16%	11%	8%
Ich würde das Gespräch mit denen suchen, die über Beförderungen entscheiden.	37%	39%	28%	21%	31%	27%	30%	31%

MÄNNER – FRAUEN 2002©
Skalenwerte 1+2 auf fünfteiliger Skala

Wenn Arbeitsplätze knapp werden

Das Gewicht der Arbeit für einen befragten Mann kann auch daran abgelesen werden, was geschehen soll, wenn Arbeitsplätze knapp werden. Wer hat dann mehr Anspruch auf die geringere Zahl von Arbeitsplätzen? Wer soll „ausgestellt“, gekündigt werden?

In der Tradition der Europäischen Wertestudie[9] und der vorausliegenden Männerstudien waren eine Reihe von Alternativen vorgegeben worden:

- Inländer – Ausländer
- Männer – Frauen
- Jüngere – Ältere
- Gesunde – Behinderte

In der Studie MÄNNER 2002© wurden diese vier Paare durch zwei weitere Alternativen ergänzt:

- Leute aus der Region – aus den übrigen Teilen Österreichs
- Leute mit Unterhaltsverpflichtungen – Alleinstehende

Das sind zunächst die Ergebnisse für alle befragten Männer:

- 56% aller befragten Männer wollen, dass die Arbeit den Inländern vorbehalten wird; Ausländer als „Gastarbeiter" zu betrachten, die man holt, solange man sie braucht, ist weit verbreitet.
- Überraschenderweise ist ein ähnliches Denken auch innerösterreichisch sehr akzeptiert. Den Leuten aus der Region steht die Arbeit eher zu als jenen, die aus anderen Teilen Österreichs kommen. 41% aller Männer teilen diese Ansicht.
- An dritter Stelle stehen die Männer mit Unterhaltsverpflichtungen gegenüber Alleinstehenden (33%).
- Dann folgen die jüngeren Menschen, die mehr Recht auf knappe Arbeitsplätze haben als die älteren.
- Ein Viertel der Befragten hält Arbeit für ein Männerprivileg. Frauen werden als eine Art „industrieller Reservearmee" verstanden, die man „an den Herd zurückschickt", wenn Arbeit knapp wird.
- Ähnlich viele sehen auch einen Vorrang der Gesunden vor den Behinderten.

Die Unterschiede zwischen den vier Männertypen sind stark. Die Traditionellen (sie erreichen einen Summenwert von 309) binden knapp werdende Arbeitsplätze erheblich mehr an die Männer als die Modernen (hier beträgt die Summe lediglich 148). Die Unbestimmten und die Pragmatischen liegen im Mittelfeld.

Die Unterschiede zwischen Traditionellen und Modernen sind am größten bei der Kündigung von Frauen (38 Prozentpunkte), gefolgt von den Ausländern (34)

---

9 Zulehner, Paul M./Denz, Hermann: Vom Untertan zum Freiheitskünstler, Wien 1991.

und den Leuten aus anderen österreichischen Regionen (30). Am geringsten ist die Differenz bei der Kündigung von Älteren (15).

Tabelle 21: Wenn es zu wenig Arbeitsplätze gibt ... nach Typen und Geschlecht

	Männer				Frauen			
	traditionell	pragmatisch	unbestimmt	modern	traditionell	pragmatisch	unbestimmt	modern
Inländer eher als Ausländer	76%	59%	58%	38%	66%	54%	51%	46%
Leute aus der Region eher als Leute aus anderen Teilen Österreichs	58%	42%	42%	29%	61%	40%	36%	37%
Personen mit Unterhaltsverpflichtungen eher als Alleinstehende	54%	42%	42%	35%	50%	46%	31%	24%
Männer eher als Frauen	48%	36%	23%	12%	28%	39%	22%	11%
Gesunde eher als Behinderte	37%	31%	24%	15%	24%	26%	20%	18%
jüngere Menschen eher als ältere	36%	38%	31%	19%	33%	38%	24%	28%
SUMME	309	248	220	148	262	243	184	164

MÄNNER – FRAUEN 2002©
Skalenwerte 1+2 auf fünfteiliger Skala

Ein Vergleich zwischen den befragten Männern und Frauen bringt ein bemerkenswertes Ergebnis: Moderne Männer unterscheiden sich von traditionellen in den meisten Punkten erheblich stärker als die modernen von den traditionellen Frauen.

Tabelle 22: Differenz zwischen Traditionellen und Modernen

	Männer	Frauen
Inländer eher als Ausländer	38	20
Männer eher als Frauen	36	17
Leute aus der Region eher als Leute aus anderen Teilen Österreichs	29	24
Gesunde eher als Behinderte	22	6
Personen mit Unterhaltsverpflichtungen eher als Alleinstehende	19	26
jüngere Menschen eher als ältere	17	5

MÄNNER - FRAUEN 2002©
Prozentpunkte

Wie auch schon 1992 liegen alle in diese Fragebatterie eingesetzten Möglichkeiten faktorenanalytisch auf einer einzigen Dimension. So lässt sich mit diesen Items der Index Kündigungsbereitschaft bilden.

Insgesamt haben 17% der befragten Männer (13% der Frauen) eine sehr hohe Kündigungsbereitschaft, weitere 36% eine hohe. Das sind zusammen 53%. Ihnen stehen mit eher niedriger (28%) oder ganz niedriger (19%) Kündigungsbereitschaft 47% gegenüber. In dieser Frage erweisen sich also die Männer als gespalten.

Die Unterschiede zwischen den Männertypen sind erheblich. Eher kündigungsbereit sind unter den Traditionellen 76% (Frauen 62%), unter den Modernen 29% (Frauen 35%). Dazwischen liegen die Pragmatischen mit 57% (Frauen 59%) und die Unbestimmten mit 54% (Frauen 45%).

Eng verwoben sind auch Kündigungsbereitschaft und Berufsorientierung eines Mannes. Je stärker ein Mann berufsorientiert ist, desto eher beansprucht er die berufliche Erwerbsarbeit für sich selbst. 60% der berufsorientierten, aber nur 31% der wenig berufsorientierten Männer sind kündigungsbereit.

Abbildung 6: Kündigungsbereitschaft nach Berufsorientierung

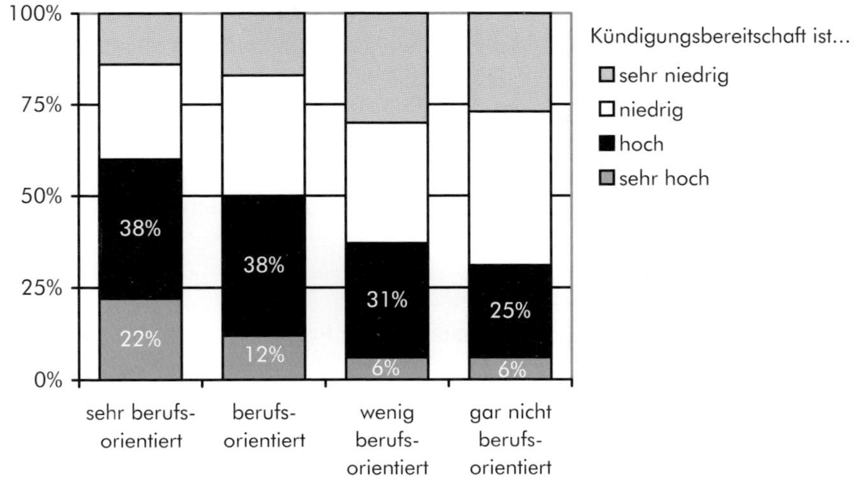

MÄNNER 2002©

Die Kündigungsbereitschaft ändert sich mit dem Alter der Befragten. Bei den unter 24-Jährigen ist sie mit 46% am niedrigsten, bei den über 60-Jährigen mit 63% am höchsten. Ältere Männer haben eine größere Angst vor dem Arbeitsplatzverlust als jüngere. Ähnliches gilt – überraschenderweise – für die jüngeren Frauen, bei denen die Kündigungsbereitschaft überdurchschnittlich hoch ist. Hier ist mit zu berücksichtigen, dass unter den älteren Männern auch mehr traditionelle Männer sind. Der Zusammenhang mit dem Alter ist somit faktisch, nicht unbedingt kausal.

Tabelle 23: Kündigungsbereitschaft nach Alter

	Männer	Frauen
15-24 Jahre	47%	54%
25-29 Jahre	48%	52%
30-39 Jahre	49%	38%
40-49 Jahre	51%	37%
50-59 Jahre	58%	52%
60 und mehr Jahre	62%	59%
ALLE	53%	49%

MÄNNER – FRAUEN 2002©

Veränderungen in den letzten zehn Jahren

Diese Grundeinstellungen der österreichischen Männer zum Kündigen von Arbeitsplatzkonkurrenz haben sich in den letzten zehn Jahren in einzelnen Punkten verschoben. Die Bereitschaft, Ausländer auszustellen, ist merklich schwächer geworden. Das Gleiche gilt für das Kündigen von Frauen – Männer sind im Schnitt hinsichtlich der Verteilung der Erwerbsarbeit zwischen den Geschlechtern partnerschaftlicher geworden. Allerdings sagen heute etwas mehr Männer als 1992, dass Jüngere eher ein Recht auf Arbeit haben als Ältere.

Tabelle 24: Arbeitsplatzknappheit 1992 - 2002

Wenn es nur wenige Arbeitsplätze gibt, haben ... ein Recht.

	Männer		Frauen	
	1992	2002	1992	2002
Inländer eher als Ausländer	81%	57%	77%	52%
Männer eher als Frauen	38%	27%	36%	21%
Gesunde eher als Behinderte	23%	26%	24%	21%
Jüngere eher als Ältere	26%	30%	31%	29%

MÄNNER 1992/2002©

Auch auf der Ebene des mit diesen vier Items gebildeten Index Kündigungsbereitschaft wird die Veränderung sichtbar. Waren 1992 62% der Männer (bei den Frauen waren es 58%) eher kündigungsbereit, sind es 2002 53% (Frauen 49%). Rückläufig war in den letzten zehn Jahren vor allem die Bevorzugung der Inländer gegenüber den Ausländern. Frauen billigen den Männern bei Arbeitsplatzknappheit deutlich weniger eine privilegierte Rolle zu.

Die Veränderungen sind auch bei den einzelnen Männertypen erkennbar. Allerdings haben sich die vier Männertypen unterschiedlich entwickelt. Während nämlich die Traditionellen einen Teil ihrer Kündigungsbereitschaft abgebaut haben, hat jene bei den Modernen leicht zugenommen.

Tabelle 25: Entwicklung der Kündigungsbereitschaft 1992 - 2002 nach Männertypen

	Männer		Frauen	
	1992	2002	1992	2002
traditionell	81%	73%	78%	55%
pragmatisch	80%	63%	74%	59%
unbestimmt	50%	53%	52%	50%
modern	25%	29%	24%	35%

MÄNNER - FRAUEN 1992/2002©
Index Kündigungsbereitschaft nur mit vier Items gebildet (Männer-Frauen, Inländer-Ausländer, Gesunde-Behinderte, Jüngere-Ältere) – Skalenwerte 1+2 (sehr hoch und hoch) auf vierteiliger Indexskala

Wir werfen einen zusammenfassenden Blick auf die Ergebnisse zur Berufswelt von Männern. Auf der Ebene der gebündelten Indizes haben wir Anhaltspunkte

- zum Bild des Berufsmannes, das sich in der Berufsorientierung ausdrückt (Die dazugehörigen Items sind: Der Mann erfährt in seiner Arbeit seinen persönlichen Sinn. – Ein Mann ohne Erwerbsarbeit hat kein gesellschaftliches Ansehen. – Arbeitslosigkeit bedroht den Lebenssinn von Männern mehr als jenen der Frauen.);
- zur Akzeptanz der Bevorzugung eines Arbeitskollegen, einer Arbeitskollegin;
- zur Kündigungsbereitschaft bei Arbeitsplatzknappheit.

Werden diese drei Indizes in eine Faktorenanalyse einbezogen, zeigt sich, dass der Index Berufsmann und der Index Kündigungsbereitschaft auf der einen, die Akzeptanz von vorgezogenen ArbeitskollegInnen auf einer anderen Dimension liegen.[10]

Die Auffassung, dass der Mann vor allem Berufsmann ist, steht also in enger Verbindung mit der Bereitschaft, bei Arbeitsplatzknappheit andere auszustellen und die Arbeit für sich (als Mann) zu reklamieren. Die Einstellung zum Kündigen anderer erweist sich somit als männerspezifisch. Männer, die sich als sehr berufsorientiert definieren, haben zu 63% eine hohe Kündigungsbereitschaft.

[10] Tabelle: Faktorenanalyse

	Faktor 1	Faktor 2
Berufsorientierung	0,05	0,84
kündigen	0,26	0,71
Akzeptanz Frau	0,95	0,09
Akzeptanz Mann	0,95	0,04

MÄNNER 2002©

Unter jenen, deren Berufsorientierung gering ist, sind lediglich 21% mit einer hohen Kündigungsbereitschaft.

Tabelle 26: Männliche Berufsorientierung und Kündigungsbereitschaft

	Kündigungsbereitschaft			
	sehr hoch	hoch	niedrig	sehr niedrig
sehr berufsorientiert	25%	38%	25%	13%
berufsorientiert	15%	38%	30%	17%
wenig berufsorientiert	5%	36%	29%	29%
gar nicht berufsorientiert	6%	15%	40%	38%
ALLE	16%	36%	29%	19%

MÄNNER 2002©

Anders liegen die Ergebnisse bei der Frage der Bevorzugung einer Arbeitskollegin, eines Arbeitskollegen. Hier scheinen andere Faktoren im Spiel zu sein als die enge Koppelung von Mann und Erwerbsarbeit.

Berufstätigkeit von Frauen

Traditionellerweise gilt die Erwerbsarbeit nicht als die Haupttätigkeit von Frauen: Sie war die Familienfrau. Friedrich Schiller hatte die Frauen noch im „Drinnen“ angesiedelt:

Und drinnen waltet
die züchtige Hausfrau,
die Mutter der Kinder,
und herrschet weise
im häuslichen Kreise,
und lehret die Mädchen,
und wehret den Knaben,
und regt ohn Ende
und mehrt den Gewinn
mit ordnendem Sinn.

Und füllet mit Schätzen
die duftenden Laden
und dreht um die schnurrende
Spindel den Faden,
und sammelt im reinlich
geglätteten Schrein
die schimmernde Wolle,
den schneeigen Lein,
und füget zum Guten
den Glanz und den Schimmer,
und ruhet nimmer."[11]

Über die Ausweitung der Frauenbildung wuchs deren Anspruch auf Beteiligung am Erwerbsleben. Moderne Frauen fordern, in beiden Bereichen zu leben: „drinnen“ wie „draußen“. Sie wollen nicht nur eine Familie, sondern verlangen

---

[11] Schiller, Friedrich: Sämtliche Werke, Stuttgart o. J., 25-27.

auch, berufstätig zu sein. Wir dokumentieren die einschlägigen Ergebnisse der Studie über die weibliche Berufstätigkeit und zeigen zudem, in welchem Ausmaß Männer diese akzeptieren. Die vorhandenen Informationen über weibliche Erwerbsarbeit weisen in vier verschiedene Richtungen:

- Welchen Zugewinn haben Frauen von ihrer Berufstätigkeit?
- Wie wird diese Berufstätigkeit gerechtfertigt, und das angesichts der traditionellen Rolle von Frauen im familialen Bereich (also vor allem hinsichtlich der Kleinkinder)?
- Wie gestaltet sich das Verhältnis von Erwerbsarbeit und Familienarbeit?
- Welche Vorteile bringt die Verbindung für beide Lebensfelder, für die Familie wie für die Arbeit?

Wir beginnen mit der letzten Frage.

Zugewinn

Der Zugewinn, den eine Berufstätigkeit den Frauen bringt, sind Lebenssinn und Unabhängigkeit vom Partner. Dass (Erwerbs-)Arbeit nur Männerleben und nicht auch Frauenleben sinnvoll macht, wird heute nur von wenigen geteilt. Arbeit gilt als Moment einer gelingenden Selbstverwirklichung als Mensch – unabhängig vom Geschlecht.

Männer und Frauen sehen dies im Blick auf die Frauen jedoch ziemlich verschieden. Es sind 52% der Frauen, die meinen: *„Erwerbstätigkeit ist für ein sinnvolles Leben für Frauen heute unbedingt notwendig“.* Die befragten Männer sind nur zu 38% dieser Ansicht.

Ein besonderer Zugewinn der Erwerbsarbeit für Frauen ist ihre Unabhängigkeit vom Partner. Frauen, zumal Familienfrauen, waren ja über das alleinige Einkommen des Mannes auch in jenen Zeiten an eine Partnerschaft/Ehe gebunden, wenn diese innerlich hohl und unerträglich geworden war. Scheidung konnte eine Ehefrau sich ökonomisch nicht leisten. Heute ist das Auseinandergehen eines Paares zumeist finanzierbar, wenngleich manchen noch immer der Absturz in die Armut und Obdachlosigkeit droht. Frauen nutzen diese Möglichkeit auch: Es sind zur Zeit überwiegend Frauen, die eine Scheidung einreichen.

„Erwerbstätigkeit macht Frauen von ihren Partnern unabhängiger“: Das sehen 83% der Frauen und 74% der Männer so. Ob beide diese Tatsache emotional gleich bewerten, kann auf Grund der vorliegenden Daten nicht entschieden werden.

Rechtfertigung

Schon bei der Bildung der vier Geschlechtertypen sind jene Items einbezogen worden, die mit der Rechtfertigung weiblicher Berufstätigkeit zusammenhängen.

Zwei Aussagen weisen in eine positive, zwei in eine negative Richtung.

„Eine berufstätige Frau kann ihrem Kind genauso viel Wärme und Sicherheit geben wie eine Mutter, die nicht arbeitet.“ Dem stimmen 53% der Frauen und 43% der Männer zu. Umgekehrt sind 64% der Männer der Ansicht: *„Ein Kleinkind wird wahrscheinlich darunter leiden, wenn die Mutter berufstätig ist.“* Aber auch 58% der Frauen teilen diese Meinung. Die Meinungslage ist in der Frage des Verhältnisses zwischen einem Kleinkind und seiner berufstätigen Mutter ziemlich widersprüchlich und auch gespalten!

Weithin selbstverständlich ist, dass Mann und Frau verdienen und zum Haushaltseinkommen beitragen sollen. *„Beide, Mann und Frau, sollten zum Haushaltseinkommen beitragen.“* 59% der Männer und 65% der Frauen stimmen zu.

Wenig Zustimmung findet die Aussage: *„Hausfrau zu sein ist für eine Frau genauso befriedigend wie eine Berufstätigkeit.“* 11% der Männer und 15% der Frauen finden diesen Satz „sehr richtig“. Zählt man die zweite Antwortposition „richtig“ hinzu, sind die Werte – für Männer 24% und für die Frauen 32%. Überraschenderweise sind also etwas mehr Frauen als Männer dieser Ansicht.

Verbindung

Sobald die Berufstätigkeit auch der Frauen weithin akzeptiert ist, stellt sich die Frage nach der praktischen Verbindung von Erwerbs- und Familienleben.

Die Einschränkung der Erwerbsarbeit bei einem Paar mit Kindern als Lösungsmodell für den Abbau der Spannung findet bei Männern (43%, davon 18% sehr richtig) weniger Akzeptanz als bei Frauen (52%, davon 28% sehr richtig): *„Am besten ist es, wenn der Mann und die Frau beide ihre Erwerbsarbeit einschränken und sich beide gleich um Haushalt und Kinder kümmern.“*

Macht es einen Unterschied aus, ob jemand die Reduzierung der Erwerbsarbeit für das Beste ansieht und ob er/sie auch bereit ist, die Berufstätigkeit auch tatsächlich zugunsten der Familie zu reduzieren? Wir übersehen nicht, dass wir auch jetzt noch immer nicht das faktische Tun untersuchen, sondern auch wieder nur die Einstellung dazu. Immerhin: 16% der Männer halten den Satz *„Ich bin bereit, meine Berufstätigkeit zugunsten der Familie zu reduzieren“* für völlig zutreffend, weitere 30% für zutreffend. Bei den Frauen liegen die Werte deutlich höher: 35% stimmen ganz zu, weitere 35% etwas abgemildert, sind zusammen 70%. Bei den Männern beträgt der Summenwert lediglich 45%. Frauen sind weit eher bereit, der Familie Vorrang vor der Erwerbsarbeit zu geben denn Männer.

Frauen sehen hinsichtlich der Vereinbarkeit von Beruf und Familie zugleich mehr Probleme als Männer. Wir haben den Satz vorgelegt: *„Es ist für Frauen und Männer heute mit großen Schwierigkeiten verbunden, Erwerbsarbeit und Familienarbeit zu vereinbaren.“* 20% der Männer und 27% der Frauen haben volle Zustimmung signalisiert. Nimmt man die abgestufte Zustimmung hinzu (Skalenwert 2 auf der fünfteiligen Skala), dann nähern Männer und Frauen einander an: Denn dann beträgt die Zustimmung in Summe bei den Männern 53% und bei den Frauen 54%. Mehr als die Hälfte der Befragten sieht also große Probleme bei der Vereinbarkeit von Beruf und Familie. Gegenprobe: Kaum Probleme sehen (Skalenwerte 4+5) 11% der Männer und 8% der Frauen. Die übrigen Befragten liegen im unentschiedenen Mittelfeld (Skalenwert 3).

Eine Strategie, das Vereinbarkeitsproblem zu mildern, sehen 54% der Männer und 67% der Frauen in der Bezahlung der Familienarbeit. Nur 17% der Männer und 10% der Frauen lehnen den Satz ab: *„Familienarbeit sollte ebenso bezahlt werden wie Erwerbsarbeit."*

Stützung

Erwerbsarbeit und Familienarbeit behindern einander nicht nur. Wenn es gelingt, sie in ein gutes Verhältnis zu setzen, entsteht wechselseitige Stützung. *„Gutes Familienleben gibt Kraft für den Beruf"*, das halten 59% der Männer und 64% der Frauen für sehr richtig. 52% der Männer und 53% der Frauen sehen es auch als sehr richtig an, dass *„Partnerschaft über berufliche Misserfolge hinweg hilft"*.

Umkehrt ist der Beruf gut für die Familie. *„Ein erfüllender Beruf hilft auch über Beziehungsprobleme hinweg."* Dem stimmen 23% der Männer ganz und weitere 28% abgemildert zu (zusammen 51%). Bei den Frauen sind die Werte: völlige Zustimmung 33%, abgestufte Zustimmung 27% (zusammen 60%).

Facetten

Mit diesen vier Informationen über die weibliche Berufstätigkeit haben wir – um die Datenfülle übersichtlicher präsentieren zu können – Indizes gebildet. Diese schlüsseln wir nach Geschlecht und Rollentyp auf.

- 47% der Männer, aber 61% der Frauen sehen in der Berufstätigkeit von Frauen einen starken Zugewinn für diese.
- Noch mehr Frauen (70%) als Männer (65%) sehen auch, dass gutes Berufsleben und gutes Familienleben einander stützen können.
- Dass es aber Probleme bei der Vereinbarkeit gibt, spüren Frauen (47%) deutlich stärker als Männer (26%): Vielleicht deshalb, weil Frauen auch faktisch eher Familien- und Erwerbsleben vereinbaren müssen oder weil sie fürchten, dass ihnen diese Aufgabe (individuell) zugemutet wird?
- Am schwächsten ausgeprägt sind die positiven Werte bei der Frage, welche Auswirkungen weibliche Berufstätigkeit auf das familiale Leben hat. Nur 14% der Männer, aber auch nur 22% der Frauen können überhaupt nicht er-

kennen, dass sich die Berufstätigkeit negativ auf die familiale Lebenswelt auswirkt.

Abbildung 7: Berufstätigkeit von Frauen

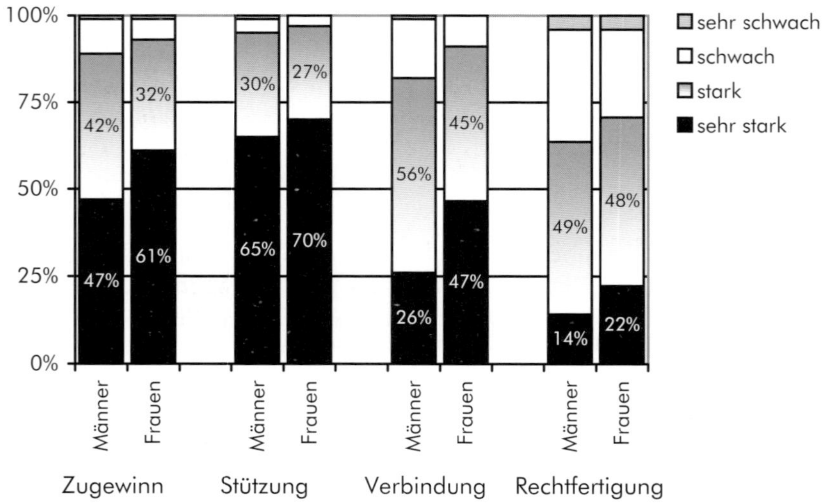

MÄNNER – FRAUEN 2002©

Die Aufschlüsselung nach Geschlechtertypen zeigt, wie sehr die Berufstätigkeit von Frauen ein Moment der Modernisierung der Geschlechterrollen ist. Da die Items zur „Rechtfertigung" weiblicher Berufstätigkeit in die Clusterbildung zu den Geschlechtertypen einbezogen worden waren, unterscheiden sich die vier Typen in dieser Hinsicht erwartungsgemäß deutlich. Es sind die Traditionellen, die negative Auswirkungen der weiblichen Berufstätigkeit für die familiale Lebenswelt und hier für Kleinkinder sehen. Bei den Modernen hingegen, bei den Männern weniger (42%) als bei den Frauen (52%), werden deutlich weniger Negativfolgen vermutet.

Deutlich mehr Frauen sehen in der weiblichen Berufstätigkeit einen Zugewinn für ihre Biografie. Ihr Leben wird dadurch unabhängiger und sinnvoller, so vor allem die modernen Frauen (71%) – von den traditionellen Frauen sehen das nur 43% eindeutig so. Anders die Einschätzung der Männer (denen vielleicht die Unabhängigkeit der Frauen nicht so sehr gefällt): Die modernen Männer haben (47%) einen ähnlichen Wert wie die traditionellen Frauen (43%). Unter den traditionellen Männern sieht überhaupt nur ein Drittel (35%) einen Zugewinn.

Dass es sehr starke Probleme in der Verbindung von Erwerbsleben und Familienleben gibt, das meint ein Viertel der Männer (26%). Die traditionellen Männer sehen die geringsten Vereinbarkeitsprobleme (nur 11% sehr starke Probleme), anders die pragmatischen (42%) und die modernen Männer (38%). Die Werte für die Frauen liegen im Schnitt bei 47%. Es sind insbesondere die pragmatischen Frauen, welche an einem hohen Maß an Unvereinbarkeit leiden (69%).

Zugleich aber – was überrascht – sehen Männer und Frauen starke wechselseitige Synergien zwischen Erwerbs- und Familienleben, zumindest als Möglichkeit. Bei 65% der Männer und bei 70% der Frauen ist diese Auffassung anzutreffen. Die Unterschiede zwischen den einzelnen Geschlechtertypen sind klein.

Tabelle 27: Facetten weiblicher Berufstätigkeit

	TYPOLOGIE	Rechtfertigung	Zugewinn	Verbindung	Stützung
Männer	traditionell	0%	35%	11%	68%
	pragmatisch	9%	53%	42%	69%
	unbestimmt	7%	43%	18%	61%
	modern	42%	57%	38%	65%
	alle Männer	14%	47%	26%	65%
Frauen	traditionell	0%	43%	42%	76%
	pragmatisch	7%	69%	69%	73%
	unbestimmt	5%	51%	30%	60%
	modern	52%	71%	48%	74%
	alle Frauen	22%	61%	47%	70%
ALLE		18%	54%	37%	67%

MÄNNER - FRAUEN 2002©
Skalenwert 1 = sehr stark auf vierteiliger Skala.

Kurz gefasst: Weibliche Berufstätigkeit wird von deutlich mehr Frauen als Männern als Zugewinn bewertet. Erwerbsleben und Familienleben können wechselseitig davon profitieren.

Zugleich wird – wieder weit mehr von Frauen als von Männern – gespürt, dass beide Lebensfelder unter den heutigen Bedingungen nur schwer vereinbar sind.

Auffällig ist, dass die Ansichten über die Auswirkungen der weiblichen Berufstätigkeit, zumal auf Kleinkinder, weit auseinandergehen. Auch die Mehrheit der Frauen wünscht, dass die Mutter beim Kleinkind ist, auch wenn grundsätzlich betont wird, dass eine berufstätige Frau dem Kleinkind genauso viel Wärme und Zuwendung geben kann wie eine Mutter, die nicht arbeitet.

FAMILIENWELT

Partnerschaft und Familie

„Partnerschaft und Familie bedeuten mir nicht viel“: 6% der befragten Männer stimmen diesem Satz voll, weitere 7% stimmen ihm moderat zu. Das sind zusammen 13%, denen Partnerschaft und Familie nichts bedeuten. Bei den Frauen beträgt dieser Prozentsatz 11%. Kaum jemand gibt somit der familialen Lebenswelt keine Bedeutung.

Ganz entschieden lehnen diese Aussage 71% der Frauen, aber nur 58% der Männer ab. Dazu kommen 16% der Männer mit etwas abgeschwächter Ablehnung, bei den Frauen kommen 10% dazu. Partnerschaft und Familie sind also, ins Positive gewendet, für 74% der Männer und für 81% der Frauen von Bedeutung.

Es sind gerade die modernen Männer (78%), die Partnerschaft und Familie eine hohe Bedeutung zumessen. Dagegen sind es unter den traditionellen Männern nur 57%, unter den pragmatischen sogar nur 41%. Bei den Frauen liegen die traditionellen (84%) und die modernen (81%) in der Wertschätzung von Partnerschaft und Familie fast gleichauf. Die pragmatischen (61%) und die unbestimmten Frauen (63%) hingegen weisen niedrigere Werte auf.

Die moderne Lebenswelt ist in ihrem öffentlichen Bereich von hohem Stress gezeichnet, von Anonymität und mangelnder Wertschätzung. Gefühle haben wenig Platz. Es ist eine hochmobile Welt, die das Bedürfnis des Menschen nach Stabilität kaum stillt. So überrascht es nicht, dass gerade Menschen, die sich der Moderne offen aussetzen, von deren hohen Mobilität und Anonymität erfasst, eine überdurchschnittlichen Wunsch nach „Räumen, geprägt von Stabilität und Liebe“[12] entwickeln. Kein geringerer als Horst Eberhard Richter hat schon vor Jahrzehnten auf solche Zusammenhänge hingewiesen. Seine Analysen haben nichts an Treffsicherheit verloren: „Ein spezieller Befund verdient abschließend noch besondere Würdigung. Das ist die in der Gesamtbevölkerung nachweisbare Tendenz zu einer engen, dauerhaften Zweierbeziehung. In Einklang mit vielfältigen Erfahrungen der Psychotherapeuten und der Ehe- und Familienberatungsdienste zeigt sich in diesem Befund eine Wiederzunahme des Bedürfnisses nach intimer, verlässlicher Bindung in Ehe und Familie. Ehe und Familie werden erneut hoch bewertet als Chance zum Austausch intim persönlicher Gefühle, zugleich als Aufgabenfeld für eine verantwortungsvolle Kooperation in reflek-

[12] Berger, Brigitte und Peter L.: In Verteidigung der bürgerlichen Familie, Frankfurt 1980. – Zulehner, Paul M.: Ein Kind in ihrer Mitte. Wir brauchen Familien, geprägt von Stabilität und Liebe, Wien 1999.

tierter Partnerschaft. Die Qualität ihrer Beziehungen in Ehe und Familie empfindet eine große Zahl von Menschen als zentralen Maßstab ihres Wohlbefindens. Die Hochkonjunktur für Partnerschaftstrainings, für Ehe- und Erziehungshilfeliteratur und die rasche Ausbreitung von Ehe- und Familientherapie nahezu in allen westlichen Ländern sind Symptome für die steigende Bewertung von Zweierbeziehung und Familie generell. Hier hatte sich Bebel getäuscht, als er prognostiziert hatte, dass das häusliche Leben immer mehr zurückgehen und ‚sich auf das Notwendigste beschränken' werde. Genau umgekehrt erscheint der häusliche Bereich mehr und mehr als eine Zufluchtsstätte, besetzt mit der Hoffnung, hier die nötige Stärke zum Widerstand gegen eine äußere Welt zu finden, die als immer unwirtlicher und immer erdrückender erlebt wird. Das ‚Draußen' wird zum Inbegriff von Unpersönlichkeit, Kommunikationsverarmung, Rivalitätsdruck, Bürokratismus, Fremdbestimmung und Zwang in jeder Hinsicht. Kontrastierend wird die Familie als Freiraum zur Artikulation aufgestauter emotionaler Nähe, Wärme, offenes und intimes Gespräch, für Spiel und Kreativität, für den Austausch zwischenmenschlicher Fürsorglichkeit. Hier hofft man, sich zur Kompensation der dehumanisierenden Arbeitswelt ein Stück weit ‚rehumanisieren' zu können."[13]

Lebensform – Kinderzahl

Von den befragten Männern leben 14% immer allein, 22% zeitweise allein. 56% haben eine Partnerin, 4% einen Partner. Von 4% fehlt die Angabe.

Diese Lebensformen der Männer sind unterschiedlich „institutionalisiert". Von jenen, die immer oder zeitweise allein leben, sind mehr als 80% ledig. Einer von zehn ist geschieden. Jene, die eine Partnerin, einen Partner haben, bezeichnen sich zu 70% als verheiratet. Ein Viertel lebt ohne institutionelle Formung der Beziehung zusammen. Bei ihnen ist die Beziehung privatisiert.

[13] Richter, Horst Eberhard: Mehr Weiblichkeit ist mehr Menschlichkeit, in: Frauen heute – Jahrhundertthema Gleichberechtigung, hg. von Willi Brandt, Köln 1978, 259.

Tabelle 28: Lebensform und Lebensstand

	Männer				Frauen			
	ledig	verheiratet	verwitwet	geschieden	ledig	verheiratet	verwitwet	geschieden
immer allein	81%	3%	3%	13%	46%	3%	27%	24%
zeitweise allein	81%	6%	1%	12%	71%	5%	8%	16%
mit Partnerin	23%	72%	1%	4%	61%	39% **)	0%	0%
mit Partner	21%	71%*)	6%	2%	16%	77%	3%	5%

MÄNNER - FRAUEN 2002©
*) das sind insgesamt 34 Personen
**) das sind insgesamt 7 Personen

Lebensstand und Lebensform lassen sich zur Lebensgestalt kombinieren. Daraus ergeben sich folgende Möglichkeiten:

- 11% der Männer leben allein und sind ledig (Frauen 8%).
- 18% leben zeitweise allein und bezeichnen sich als ledig (Frauen 14%).
- 14% haben sich mit einem Partner, einer Partnerin zusammen getan, ohne verheiratet zu sein (sie nennen sich selbst ledig) (Frauen 16%).
- 43% leben „verheiratet“ mit einer Partnerin, 3% mit einem Partner zusammen (Frauen 44% mit Partner, 1% mit Partnerin).
- 5% bezeichnen sich als allein lebend, waren aber verheiratet, sind geschieden oder verwitwet (Frauen 6%).
- 9% lassen sich diesen Kombinationen nicht zuordnen (Frauen 11%).

Kinder finden wir mit unterschiedlicher Häufigkeit in allen Kombinationen: Die verheirateten Männer haben im Schnitt 2,0 Kinder, jene die unverheiratet zusammenleben 0,73. Bei den zeitweise Ledigen (0,26) sowie den Ledigen (0,05) ist die Kinderzahl ganz niedrig.

Die erwünschte Kinderzahl hängt mit der Lebensgestalt zusammen. Sie wächst im Schnitt aller Männer bei den Verheirateten auf 2,0 Kinder, fällt hin zu den Ledigen auf 1,74. Heiraten und Kinderzahl sind nicht lückenlos, aber merklich aneinander gebunden: Immerhin wünschen auch die unverheiratet Zusammenlebenden 1,91 Kinder und nähern sich damit den 2,0 der Verheirateten.

Tabelle 29: Lebensgestalt und Kinderzahl

	Männer		Frauen	
	erwünschte Kinderzahl	tatsächliche Kinderzahl	erwünschte Kinderzahl	tatsächliche Kinderzahl
ledig	1,74	0,05	3,16	0,43
zeitweise ledig	1,79	0,26	2,57	0,34
leben unverheiratet zusammen	1,91	0,73	2,14	0,65
verheiratet	2,20	2,00	2,54	1,95
allein nach Heirat	1,83	1,50	2,61	2,13
Alle	1,99	1,18	2,18	1,26

MÄNNER - FRAUEN 2002©

Wir haben uns auch nach dem Lebensstand der Eltern des befragten Mannes erkundigt: *„Wie hat Ihr Vater und Ihre Mutter gelebt?“* 76% der Väter hatten ein Leben lang mit einer einzigen Partnerin gelebt, 70% der Mütter mit einem einzigen Partner. Die Mütter (17%) wurden häufiger geschieden als die Väter (12%). 4% haben nach der Scheidung wieder geheiratet.

Tabelle 30: Lebensstand der Eltern

	Männer		Frauen	
	Vater	Mutter	Vater	Mutter
ein Leben lang mit einer Partnerin/einem Partner	77%	71%	78%	78%
geschieden	10%	15%	11%	10%
mehrmals geschieden	1%	2%	1%	2%
nach Scheidung(en) wiederverheiratet	4%	4%	3%	4%
hat nie geheiratet	1%	1%	1%	0%
keine Angabe	4%	5%	5%	5%
Missing	2%	2%	1%	1%

MÄNNER - FRAUEN 2002©

Wir gruppieren nunmehr die Männer nach dem Kriterium, ob sie bei ihren Eltern Scheidung erlebt haben oder nicht. 68% der befragten Männer (75% der Frauen) kommen aus Elternhäusern ohne Scheidungserfahrung. 23% haben eine Scheidung erlebt, von 9% fehlen die näheren Angaben.

Diese Tatsache – Scheidungserfahrung bei den Eltern ja oder nein – steht in einer lockeren Beziehung zur Lebensgestaltung der befragten Männer.

Die niedrigste Scheidungserfahrung im Elternhaus haben jene Männer, die verheiratet sind (16%), die höchste die (zeitweise) ledigen Männer (31%). Auch jene, die unverheiratet zusammenleben, haben mehr Scheidungserfahrung im Elternhaus erlebt als die verheirateten Männer (27%). Das (vorbildhafte) Gelingen der Partnerschaft der Eltern begünstigt Heirat und Ehestabilität der Kinder.

Tabelle 31: Lebensgestaltung der befragten Männer und deren Eltern

	Männer			Frauen		
	ohne Scheidungserfahrung	mit Scheidungserfahrung	Angabe fehlt	ohne Scheidungserfahrung	mit Scheidungserfahrung	Angabe fehlt
ledig	63%	31%	6%	86%	10%	4%
zeitweise ledig	66%	29%	5%	69%	24%	7%
leben unverheiratet zusammen	66%	25%	9%	64%	28%	9%
verheiratet	74%	16%	10%	80%	15%	5%
allein nach Heirat	62%	27%	11%	77%	17%	6%
Angabe fehlt	58%	28%	14%	68%	12%	19%
ALLE	68%	23%	9%	75%	17%	7%

MÄNNER 2002©

Wir gehen jenen Männern nach, die in einer Partnerschaft leben. Dabei interessiert uns die Rolle, welche Männer in der familialen Lebenswelt wahrnehmen, und zwar:

- bei der Gestaltung der Partnerschaft;
- in der Verteilung von Haushalts- und Familientätigkeiten;
- bei den Tätigkeiten mit Kindern.

Wer wofür in der Partnerschaft zuständig ist

Das innere Gefüge der Partnerschaften hat sich in den letzten zehn Jahren deutlich verändert. Das zeigt sich an der Frage, wer in der Partnerschaft wofür zuständig ist. Vorgegeben waren eine Reihe von Aufgaben, die von der materiellen Zukunftssicherung bis hin zur emotionalen Innenarchitektur reichen.

1992 (Österreich) und auch 1998 (Deutschland) konnten wir plakativ zusammenfassend sagen, dass aus der Sicht der Befragten die Männer für das Einkommen, die Frauen für das Auskommen zuständig sind. Männer machen die familiäre Außenpolitik, Frauen schaffen die Innenarchitektur der Beziehungen. Männer sichern – so 1992 – die materielle Existenz (80%), treffen die notwendigen Entscheidungen (68%), planen die Zukunft (65%). Nicht als familiale Aufgaben der Männer gelten die Gemütlichkeit (22%), das Gespräch über die Beziehung (32%), vor allem bei Spannungen und Problemen (42%).

Insgesamt haben 1992 die Männer viele Aufgaben gesehen, für die sie sich selbst zuständig fühlen. In Summe waren das bei den vorgelegten Aktivitäten 438 Punkte. 2002 schrumpft diese Zahl auf 182. Es gibt also in den österreichischen Paaren deutlich weniger Alleinzuständigkeiten von Männern als noch vor zehn Jahren.

Die Entwicklung verlief in Richtung mehr Partnerschaftlichkeit. Der Summenwert der partnerschaftlich angegangenen familialen Aufgaben betrug 1992 23 Prozentpunkte, 2002 hingegen 484.[14]

Wenn dann immer noch bestimmte Aufgaben der Partnerin oder sich selbst allein zugeordnet werden, dann verbleiben bei den Männern die Items in Bezug auf das „Einkommen“ (Zukunftssicherung und -planung; die materielle Existenzsicherung wird mit nur 47% am wenigsten gemeinsam verantwortet), während bei der Partnerin die Innenarchitektur der Beziehung angesiedelt wird.[15]

---

14 Es mag sein, dass bei Gleichheit der Fragestellung die Antwortfindung etwas dazu beigetragen hat, dass die mittlere Position („das machen wir gemeinsam“) 2002 eher gewählt wurde als 1992, wo zuerst danach gefragt wurde, was eher der befragte Mann und dann was eher die Partnerin macht. Die Position „beide“ war 1992 erst an dritter Stelle positioniert.

15 Faktorenanalytisch weisen die verschiedenen Aktivitäten in drei Richtungen: die Innenarchitektur der Beziehung, die Zukunftssicherung, das Gemütlich-Gemeinsame.

	innen	Zukunft	gemeinsam
dass über Spannungen oder Probleme gesprochen wird	0,81	-0,02	0,09
dass über die Partnerschaft gesprochen wird	0,78	0,04	0,06
dass es bei einem Streit wieder zu einem Ausgleich kommt	0,52	0,05	0,05
dass gemeinsam etwas unternommen wird	0,18	0,28	0,68
dass für die Zukunft geplant wird	0,18	0,69	0,03
dass es gemütlich ist	0,07	-0,23	0,76
dass die materielle Existenz gesichert ist	-0,06	0,73	-0,20
dass notwendige Entscheidungen getroffen werden	-0,09	0,58	0,27

MÄNNER 2002©

Tabelle 32: Zuständig in der Partnerschaft

Hier auf dieser Karte finden Sie einiges, was für eine Ehe bzw. Partnerschaft manchmal notwendig ist. Sagen Sie mir bitte jeweils, ob eher Sie oder eher Ihre Frau dafür Sorge tragen:

	1992			2002		
	Mann	gemeinsam	Frau	Mann	gemeinsam	Frau
dass die materielle Existenz gesichert ist	84%	2%	14%	48%	46%	5%
dass notwendige Entscheidungen getroffen werden	74%	3%	23%	30%	61%	8%
dass für die Zukunft geplant wird	72%	4%	25%	23%	65%	12%
dass gemeinsam etwas unternommen wird	51%	2%	46%	16%	69%	15%
dass es bei einem Streit wieder zu einem Ausgleich kommt	51%	3%	46%	26%	54%	20%
dass über Spannungen oder Probleme gesprochen wird	47%	5%	48%	14%	62%	24%
dass über die Partnerschaft gesprochen wird	36%	3%	60%	11%	66%	24%
dass es gemütlich ist	23%	1%	75%	15%	56%	28%
SUMMEN	438	23	337	182	484	135

MÄNNER 2002©

	1992			2002		
	Mann	gemeinsam	Frau	Mann	gemeinsam	Frau
dass die materielle Existenz gesichert ist	79%	5%	16%	29%	55%	16%
dass für die Zukunft geplant wird	61%	5%	34%	8%	71%	21%
dass notwendige Entscheidungen getroffen werden	55%	4%	41%	11%	60%	29%
dass gemeinsam etwas unternommen wird	42%	5%	53%	4%	65%	31%
dass es bei einem Streit wieder zu einem Ausgleich kommt	24%	5%	71%	15%	50%	35%
dass über die Partnerschaft gesprochen wird	19%	6%	75%	2%	60%	37%
dass über Spannungen oder Probleme gesprochen wird	17%	7%	76%	5%	56%	39%
dass es gemütlich ist	9%	2%	89%	4%	46%	50%
SUMMEN	306	39	455	78	463	258

FRAUEN 1992/2002©

Wir sehen uns die Daten von 2002 näher an. Dabei kommen deutliche Unterschiede zwischen den traditionellen und den modernen Männertypen zum Vorschein: Traditionelle Männer wissen sich auch heute für das Einkommen zuständig (68% für die materielle Existenzsicherung, 36% für die notwendigen Entscheidungen, 31% für die Zukunftsplanung[16]). Bei den modernen Männern haben bei diesen drei Items erheblich weniger die Möglichkeit „eher ich" gewählt: Vor allem die Sicherung der materiellen Existenz – eine Folge der Akzeptanz der Berufstätigkeit von Frauen – gilt für sie als gemeinsame Aufgabe. Unter den modernen Männern sehen dies lediglich 29% als eher ihre alleinige Aufgabe an – das sind mit 39 Prozentpunkten mehr als die Hälfte weniger als bei den traditionellen Männern.

Bei Aufgaben hinsichtlich der Innenarchitektur der Beziehung (Streitausgleich, über Spannungen und Probleme reden, aber auch dass es gemütlich ist) haben die modernen Männer nur geringfügig höhere Werte als die traditionellen. Auffällig ist, dass die „Zwischentypen", die pragmatischen und die unbestimmten hier deutlich höhere Werte aufweisen als der traditionelle und moderne „Randtyp".

[16] Hier wird deutlich, dass materielle Existenzsicherung und Zukunftsplanung nicht dasselbe sind.

Tabelle 33: Wofür sich eher der befragte Mann zuständig weiß – nach Geschlechtertypen

	Männer					Frauen				
	traditionell	pragmatisch	unbestimmt	modern	Differenz traditionell-modern	traditionell	pragmatisch	unbestimmt	modern	Differenz traditionell-modern
dass die materielle Existenz gesichert ist	68%	42%	53%	29%	-39	47%	21%	28%	28%	-19
dass notwendige Entscheidungen getroffen werden	36%	36%	31%	19%	-17	1%	2%	4%	4%	+3
dass für die Zukunft geplant wird	31%	26%	23%	13%	-18	8%	7%	10%	7%	-1
dass es bei einem Streit wieder zu einem Ausgleich kommt	22%	34%	25%	24%	+2	14%	10%	11%	11%	-3
dass gemeinsam etwas unternommen wird	18%	28%	14%	7%	-11	13%	6%	18%	19%	+6
dass es gemütlich ist	8%	28%	13%	14%	+6	5%	4%	4%	4%	-1
dass über die Partnerschaft gesprochen wird	8%	19%	9%	10%	+2	1%	2%	4%	4%	+3
dass über Spannungen oder Probleme gesprochen wird	6%	23%	14%	14%	+8	4%	6%	3%	6%	+2

MÄNNER – FRAUEN 2002©

Die Darstellung der Mittelwerte bei den einzelnen Aufgaben macht sichtbar, wie sehr es bei den traditionellen Männern ein Gefälle vom Einkommen zum Auskommen gibt. Bei den modernen Männern bleibt noch ein – wenngleich verkleinerter – Überhang beim Einkommen, während die Daten beim Auskommen sich in der Nähe von 2 = „das machen wir gemeinsam“ liegen.

Abbildung 8: Wer ist wofür zuständig – nach den vier Männertypen

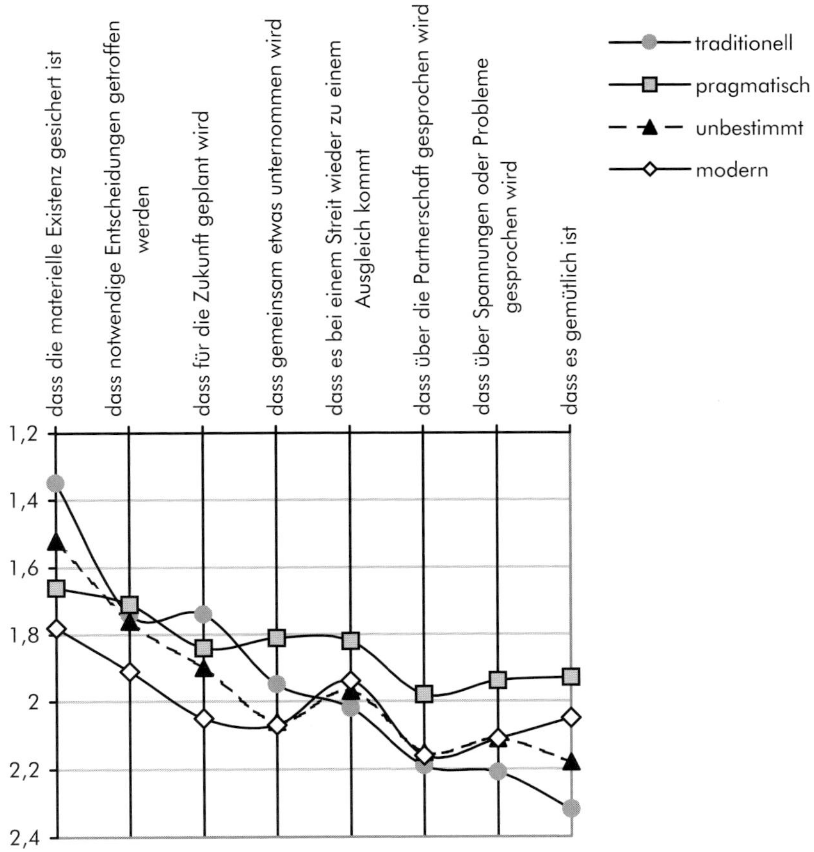

MÄNNER 2002©
Mittelwerte (1 = eher ich, 2 = das machen wir gemeinsam, 3 = eher die Partnerin)

Abbildung 9: Zuständigkeit der Männer – Vergleich zwischen Traditionellen und Modernen, nach Geschlecht

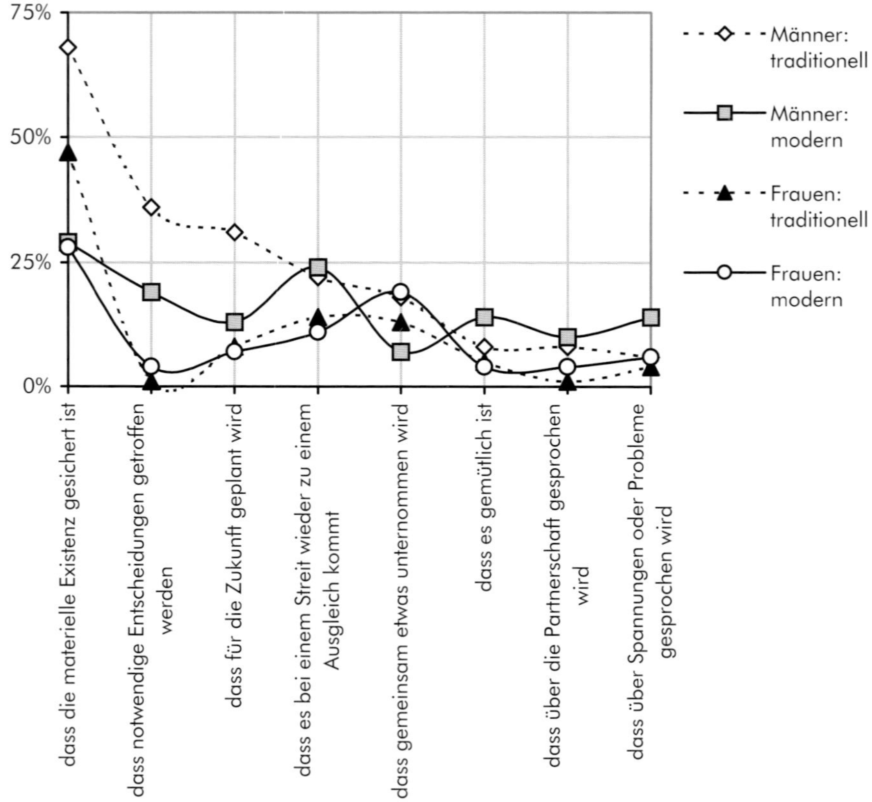

MÄNNER – FRAUEN 2002©

Von ihrer inneren Struktur weisen die acht eingesetzten Items in zwei Richtungen:

1. bei einer ersten Gruppe geht es um die Innenarchitektur der Familie (des Paares) – das Stichwort ist also das „Auskommen“:

- dass über Spannungen oder Probleme gesprochen wird;
- dass über die Partnerschaft gesprochen wird;
- dass es bei einem Streit wieder zu einem Ausgleich kommt;
- dass gemeinsam etwas unternommen wird;
- dass es gemütlich ist.

2. Die zweite Gruppe hat Zukunftsentscheidung und Existenzsicherung zum Thema – hier geht es um das „Einkommen“:

- dass die materielle Existenz gesichert ist;
- dass für die Zukunft geplant wird;
- dass notwendige Entscheidungen getroffen werden.

Tabelle 34: Einkommen und Auskommen - nach Geschlechtern

	Männer		Frauen	
	Auskommen	Einkommen	Auskommen	Einkommen
traditionell	6%	72%	1%	41%
pragmatisch	24%	49%	0%	23%
unbestimmt	9%	57%	1%	27%
modern	10%	32%	3%	29%
ALLE	12%	53%	2%	28%

MÄNNER 2002©
Skalenwert 1= hoch auf dreiteiliger Indexskala

Traditionelle Männer legen am meisten Wert auf jene Aufgaben, die mit „Einkommen“ zu tun haben (72%). Sie halten diesen Bereich für erheblich wichtiger als die modernen Männer (32%).

Frauen schätzen diesbezüglich die Rolle der Männer anders ein. Beim Auskommen sehen sie so gut wie keine, beim Einkommen liegen die Werte bei den traditionellen, den pragmatischen und den unbestimmten Frauen etwa bei der Hälfte des Wertes der Männer: Lediglich die modernen Männer und Frauen haben sich einander weithin angenähert.

Aufgaben von Mann und Frau in der Kindererziehung

Eine Schlüsselfrage in der Neuordnung der Geschlechterrolle ist die Sorge um gemeinsame Kinder. Es wurden den Männern dazu mehrere „familienpolitische“ Möglichkeiten vorgelegt. Hier diese Möglichkeiten zusammen mit den 2002 gewählten Antworten:

- 44% meinen, dass die Frau zu Hause bleiben soll, solange Kinder noch klein sind. Das ist die am häufigsten gewählte Position. Sie gilt als kulturell begünstigt.
- Gleich danach folgt mit 39%, dass beide berufstätig sein sollen und sich auch beide Haushalt und Sorge um die Kinder teilen sollen.

- Lediglich 13% sind für die Position, dass der Mann Berufsmann und die Frau Familienfrau sein soll: Das sei für alle Beteiligten das Beste.
- Dass der Mann beim Kind daheim bleibt und die Frau berufstätig ist, wird von den befragten Männern ebenso selten gewählt (1%) wie die möglichst frühe Betreuung der Kleinkinder in außerfamilialen Einrichtungen (1%).

Kinder, das steht dahinter, gehören nach Ansicht der meisten Männer, in die Familie. Beim Kleinkind soll die Frau daheim bleiben, eine Position, die bei traditionellen Männern (55%) deutlich stärker angenommen wird als bei modernen (31%). Dieses Versorgungsmodell des Kleinkinds durch die Mutter ist jedoch auf dem Boden der akzeptierten Berufstätigkeit der Frauen zu entwerfen: Das meinen zumindest 64% der modernen, aber nur 11% der traditionellen Männer. Letztere neigen – der Grundstruktur dieses Männertyps voll entsprechend – am ehesten dazu, dass die Frau eben als Familienfrau daheim bleiben soll; aber auch unter den traditionellen Männern hat sich nur ein Drittel dafür entschieden (33%).

Die Frauen akzentuieren etwas anders. Hier steht an der Spitze mit 48% die berufstätige Frau – die familiale Arbeit teilen sich dann Mann und Frau, dann folgt mit 35%, dass die Mutter beim Kleinkind bleiben soll. Nur 12% wünschen sich die Familienfrau, 1% den Familienmann, 0,3% die Abgabe der Kinder in außerfamiliale Einrichtungen.

In diesen Ergebnissen werden tief liegende familienpolitische Unterschiede zwischen den Männertypen erkennbar. Diese Unterschiede wirken sich auch „geschlechterpolitisch" aus:

- Traditionelle Männer tendieren zur herkömmlichen arbeitsteiligen Lösung (Berufsmann, Familienfrau) – was einer „Partnerschaft anderer Art" gleichkommen kann, weil auch Arbeitsteilung zwischen Mann und Frau ausgehandelt sein kann.
- Moderne Männer hingegen, welche die Berufstätigkeit der Frau für selbstverständlich ansehen, suchen eine partnerschaftliche Lösung, welche für die Frauen eine möglichst kurze Berufsunterbrechung an der Seite des Kleinkindes vorsieht, ansonsten Männer und Frauen für Kinder und Haushalt in gleicher Weise in Pflicht nimmt.

Tabelle 35: Wer soll sich um Kinder kümmern

A Es ist für alle Beteiligten besser, wenn der Mann voll im Erwerbsleben steht und die Frau zu Hause bleibt und sich um Haushalt und die Kinder kümmert.

B Mindestens so lange die Kinder noch klein sind, ist es besser, wenn die Frau zu Hause bleibt.

C Grundsätzlich sollten Frauen genauso berufstätig sein können wie die Männer. Männer und Frauen sollten sich deshalb die Arbeit im Haushalt und die Sorge um die Kinder teilen oder sich dabei abwechseln.

D Es ist für alle Beteiligten besser, wenn die Frau voll im Erwerbsleben steht und der Mann zu Hause bleibt und sich um Haushalt und die Kinder kümmert.

E Am besten ist es für die Frauen und Männer, wenn die Kinder möglichst bald von außerfamiliären Einrichtungen betreut werden.

	Männer					Frauen					
	traditionell	pragmatisch	unbestimmt	modern	alle Männer	traditionell	pragmatisch	unbestimmt	modern	alle Frauen	ALLE
A Familienfrau	33%	20%	9%	0%	13%	45%	20%	7%	1%	12%	13%
B Frau bei Kleinkind	56%	37%	50%	29%	44%	42%	42%	45%	21%	35%	39%
C beide	10%	35%	36%	67%	38%	10%	31%	43%	75%	48%	44%
D Hausmann	0%	4%	1%	1%	2%	1%	0%	1%	1%	1%	1%
E Kinder außer Haus	0%	1%	1%	2%	1%	0%	0%	0%	1%	0%	1%
keine Angabe	0%	3%	3%	1%	2%	3%	7%	4%	1%	3%	3%

MÄNNER - FRAUEN 2002©

Verteilung der Haushalts- und Familientätigkeiten

Ein Teil der Präsenz der Männer in den familialen Lebensgemeinschaften ist neben ihrer Sorge um die Kinder die Bereitschaft, die Haushaltsarbeit mit der Partnerin/dem Partner zu teilen. Dazu hatten wir in der österreichischen Männerstudie 1992 keine Frage gestellt – wohl aber später in der deutschen Männerstudie von 1998. Verwendet wurde dabei das im deutschen Ministerium übliche

Instrument zur Erkundung der Beteiligung von Frauen und Männern an Haushaltsarbeiten.

Männer ziehen einen Teil der Hauhaltsarbeiten an sich, ein anderer Teil wird von der Partnerin wahrgenommen. An der Spitze jener der Partnerin überlassenen Tätigkeiten steht auch in der österreichischen Männerstudie 2002 wie in der deutschen Studie das Bügeln, gefolgt vom Wäsche waschen und aufhängen. Auch das Blumenpflegen gilt als weibliche Aufgabe im gemeinsamen Haushalt. Bis hierher sind mehr als die Hälfte der befragten Männer für eine Hauptzuständigkeit der Partnerin. Haushaltsreparaturen, das Auto waschen, Müll wegschaffen sind Aufgaben, die mehr bei den Männern als bei den Frauen angesiedelt sind, sofern sie nicht gemeinsam gemacht werden.

Aufschlussreich sind die Verteilungen nach Männertypen. Dabei fällt Folgendes auf:

- Traditionelle Männer überlassen mehr Haushaltstätigkeiten den Frauen als moderne Männer. Erreicht der Summenwert bei den traditionellen 744, liegt dieser bei den modernen Männern um etwa ein Drittel niedriger bei 492. Die unbestimmten (631) delegieren mehr als die pragmatischen Männer (585).
- Die Unterschiede sind weniger bei jenen Aktivitäten anzutreffen, welche die befragten Männer als die „ihren“ ansehen; größer sind die Differenzen bei den der Partnerin überlassenen Haushaltstätigkeiten.

Tabelle 36: Welche Haushaltsaufgaben der Partnerin überlassen werden – nach Männertypen

Haushaltstätigkeit	Männer: überlässt Mann der Frau				Frauen: macht Frau selbst			
	traditionell	pragmatisch	unbestimmt	modern	traditionell	pragmatisch	unbestimmt	modern
Wäsche waschen	77%	51%	67%	50%	86%	86%	78%	71%
bügeln	74%	54%	72%	61%	84%	81%	75%	67%
Wäsche aufhängen	64%	42%	52%	36%	86%	78%	74%	66%
putzen	58%	35%	45%	31%	84%	74%	73%	68%
Blumen pflegen	53%	38%	57%	44%	82%	70%	67%	54%
kochen	47%	35%	40%	25%	84%	82%	65%	63%
Staubsaugen	46%	26%	29%	18%	81%	71%	60%	58%
abwaschen	44%	25%	29%	16%	84%	84%	68%	64%
aufräumen	33%	21%	21%	17%	83%	31%	71%	69%
Gartenarbeit	27%	20%	30%	24%	53%	49%	37%	38%
Steuererklärung ausfüllen	23%	19%	23%	21%	23%	37%	34%	39%
einkaufen	21%	15%	17%	11%	57%	64%	59%	55%
kranke Angehörige besuchen	21%	19%	17%	13%	51%	58%	41%	42%
sich um Eltern kümmern	18%	16%	12%	11%	57%	49%	50%	50%
Müll wegschaffen	16%	9%	10%	5%	59%	50%	37%	34%
neue Möbel kaufen	15%	15%	18%	17%	31%	38%	24%	34%
mit den Behörden verhandeln	12%	15%	14%	13%	26%	37%	35%	40%
neues Bild aufhängen	12%	16%	15%	15%	40%	38%	33%	37%
Auto waschen	9%	9%	9%	11%	21%	39%	20%	23%
Haushaltsreparaturen	4%	7%	6%	8%	11%	17%	17%	12%
SUMMEN	674	487	583	447	1183	1133	1018	984

MÄNNER – FRAUEN 2002©

Abbildung 10: Haushaltsarbeiten, welche eher die Partnerin macht – nach Männertypen

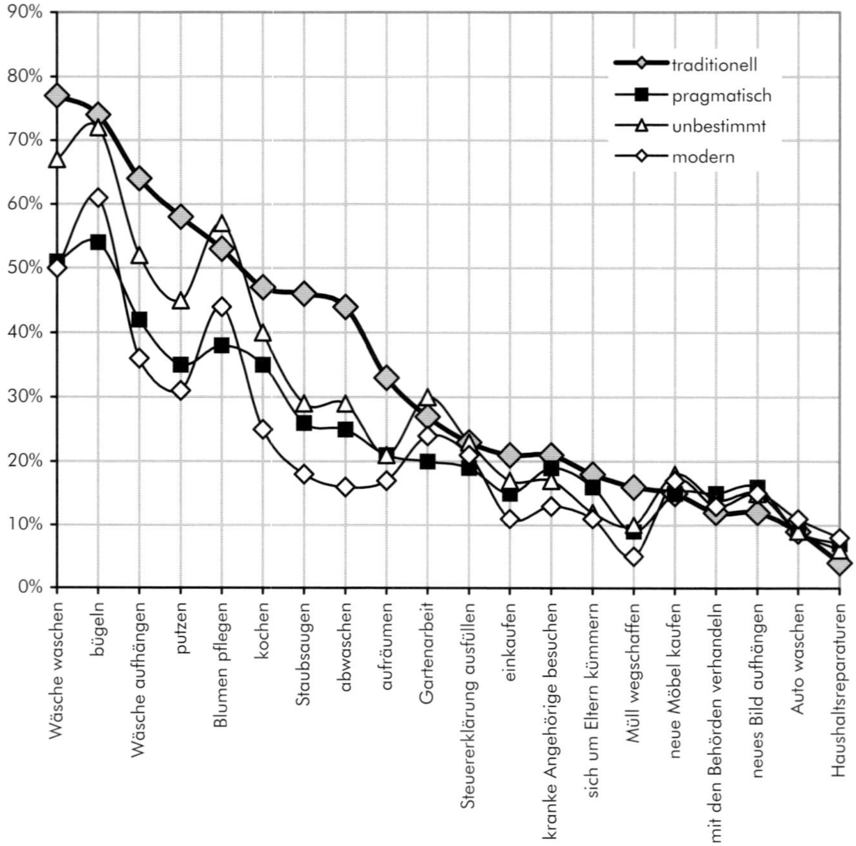

MÄNNER 2002©

Männer haben von sich, verglichen mit der Einschätzung der Frauen, ein anderes Bild. Wir stellen gegenüber das, was Männer an die Frau delegieren und das, was Frauen selbst machen. Diesen Vergleich machen wir bei den Traditionellen wie den Modernen:

- Die Arbeitsteilung, zumal der traditionellen Frauen, ist klar: Es gibt männerspezifische Haushaltsarbeiten und frauenspezifische. Aus der Sicht der traditionellen Männer ist die Abgrenzung nicht so kantig.

- Moderne Männer binden weniger Haushaltsarbeiten an die Frauen (der Summenwert bei ihnen beträgt 447 im Vergleich zum Summenwert bei den traditionellen Männern in der Höhe von 674).
- Generell aber delegieren aus ihrer Sicht Männer weniger an Frauen als Frauen selbst an Haushaltsarbeiten wahrnehmen. Der Unterschied ist beträchtlich.

Abbildung 11: Verteilung der Haushaltstätigkeiten bei Traditionellen und Modernen

Männer: wird an die Partnerin delegiert

Frauen: das mache ich

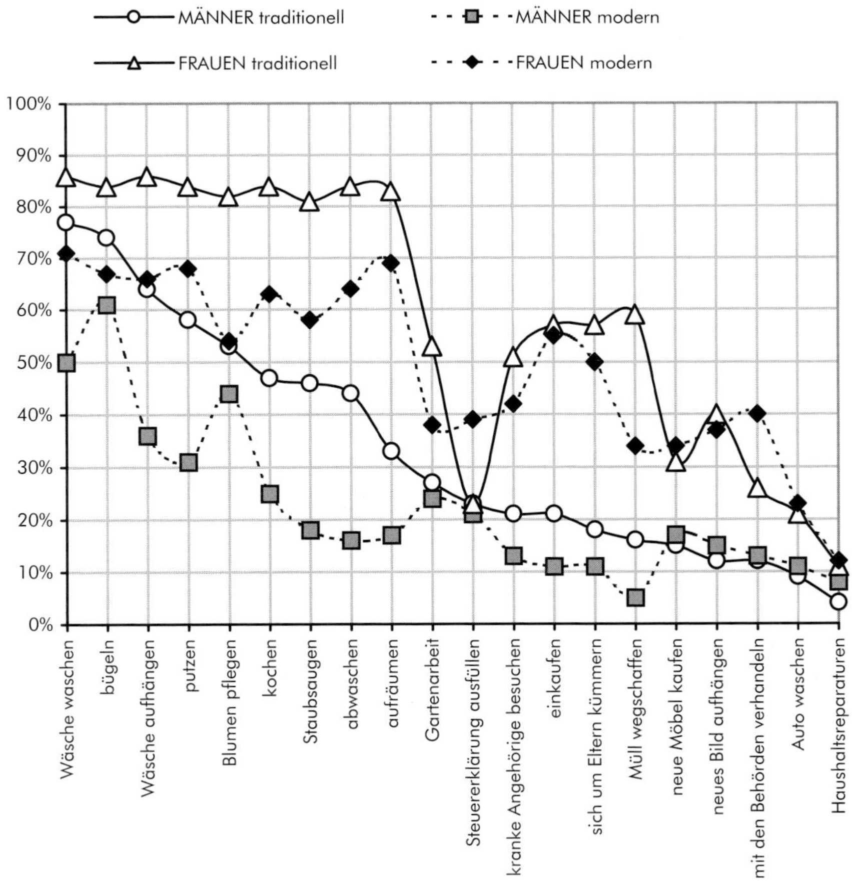

MÄNNER – FRAUEN 2002©

Bei der Entwicklung des 2002 eingesetzten Fragebogens war der Vorschlag unterbreitet worden, nicht nur grundsätzlich danach zu fragen, welche Haushaltsaufgaben eher beim Mann oder eher bei der Partnerin angesiedelt sind. Es sollte noch stärker differenziert werden, indem auch der prozentuale Anteil der Beteiligung der Männer an den Haushaltsarbeiten eruiert wird. Das Ergebnis zeigt, dass die allgemeine und die differenzierte Frageform Ergebnisse erbringen, die sich in der Grundstruktur nicht unterscheiden. Wird differenziert nach dem prozentualen Anteil gefragt, nach dem sich Männer an bestimmten Haushaltsarbeiten beteiligen, dann wird vor allem bei jenen Tätigkeiten, die primär bei der Partnerin liegen, eine etwas höhere Beteiligung des Mannes sichtbar. Männer beteiligen sich „ein wenig" an frauentypischen Haushaltstätigkeiten, während sie die männerspezifischen eher allein machen.

Abbildung 12: Zu wieviel Prozenten der befragte Mann Haushaltsarbeiten übernimmt

(1 = zu 100%, 2 = zu 66%, 3 = zu 33%, 4 = zu 25%)

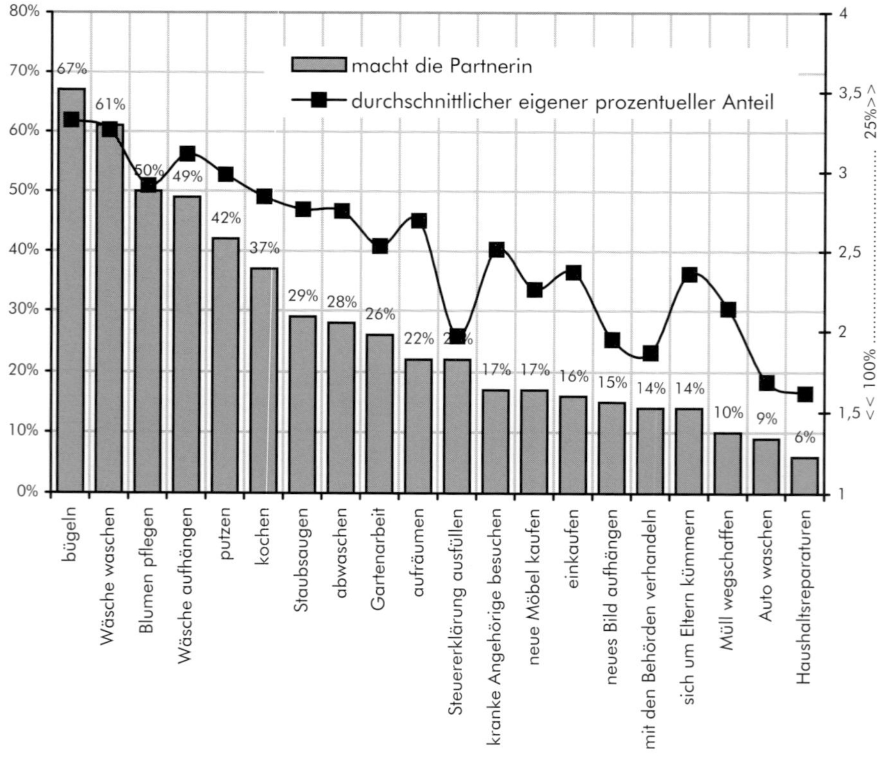

MÄNNER 2002©

Abbildung 13: Zu wieviel Prozenten der befragte Mann Haushaltsarbeiten übernimmt – nach Männertypen
(1 = zu 100%, 2 = zu 66%, 3 = zu 33%, 4 = zu 25%)

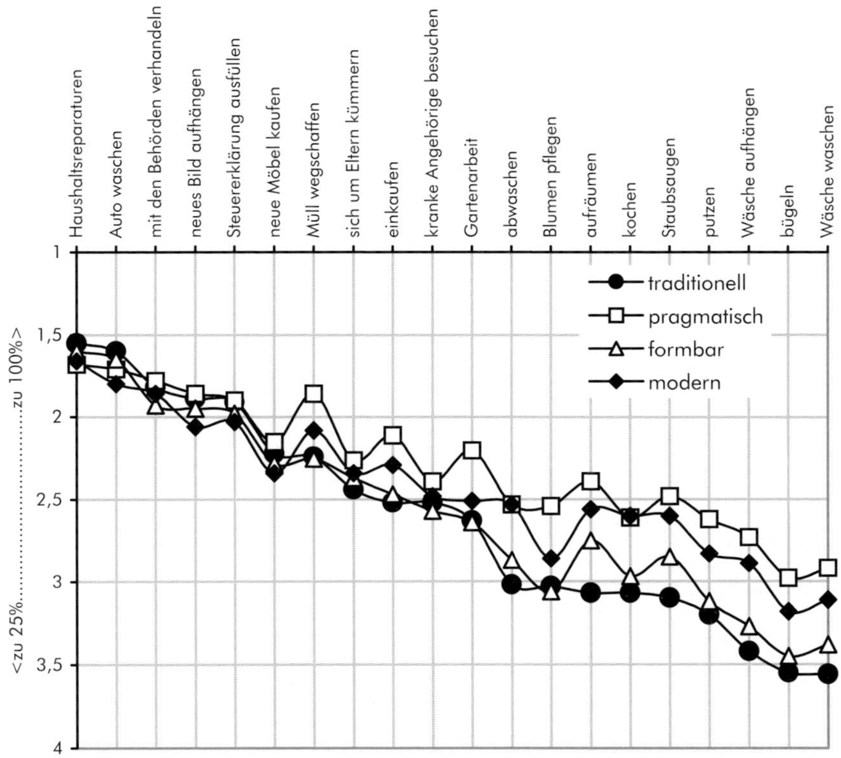

MÄNNER 2002©

Die verschiedenen Tätigkeiten lassen sich mit Hilfe einer Faktorenanalyse auf ihre Zusammengehörigkeit hin untersuchen. Dabei schälen sich drei Gruppen heraus, wobei in der folgenden Zusammenstellung die einzelnen Tätigkeiten nach jenem Gewicht gereiht sind, das sie bei der inhaltlichen Erklärung der jeweiligen Gruppe haben:

1. „Männerspezifische Haushaltsarbeiten" – also jene, die eher von Männern gemacht werden:

- mit den Behörden verhandeln
- Steuererklärung ausfüllen
- Haushaltsreparaturen

- neues Bild aufhängen
- Auto waschen
- neue Möbel kaufen

2. „Frauenspezifische Haushaltsarbeiten“, die eher bei den Frauen angesiedelt sind:

- putzen
- Wäsche waschen
- Wäsche aufhängen
- abwaschen
- aufräumen
- Staubsaugen
- bügeln
- kochen
- Blumen pflegen
- einkaufen

3. „Partnerschaftlich erledigte Haushaltsarbeiten“, die keinem Geschlecht eindeutig zuzuordnen sind, also teils von Männern, teils von Frauen gemacht werden:

- kranke Angehörige besuchen
- sich um Eltern kümmern
- Müll wegschaffen
- Gartenarbeit

Bei den Männern sind, so diese Analyse, mehr die nach außen gerichteten Aufgaben, bei den Frauen die haushaltlichen Hintergrundarbeiten angesiedelt. Gemeinsam finden wir Frauen und Männer (es handelt sich hier um die Ansicht der Männer) bei sozialen Diensten (kranke Angehörige, sich um Eltern kümmern). In sozialen Belangen werden also nicht mehr allein die Frauen zuständig gemacht, sondern es wirkt daran ein größerer Teil der Männer mit.

Bei den „männerspezifischen Haushaltsarbeiten“ unterscheiden sich die vier Männertypen nur geringfügig – die Traditionellen beteiligen sich an ihnen am meisten. Dafür ist deren Mitwirken bei den „frauenspezifischen Haushaltsarbeiten“ am geringsten. Ihnen ähnlich sind die Unbestimmten, während in dieser Frage die pragmatischen Männer den modernen am nächsten stehen.

Verglichen mit den Männern haben Frauen aller Typen deutlich höhere Summenwerte bei den Haushaltstätigkeiten als Männer. Der höhere Anteil der Frauen an den Haushaltstätigkeiten trifft selbst auf die „partnerschaftlich erledigten Haushaltsarbeiten“ zu (alle Männer 31% sehr hoch, Frauen 45%). Die Differenz zwischen den jeweiligen Typen unter den Männern und unter den Frauen vermindert sich von 86 über 51/50 auf 28 Summenpunkte. Es findet somit eine allmähliche Annäherung zwischen den Frauen und Männern bei den Haushaltstätigkeiten von den Traditionellen hin zu den Modernen statt.

Tabelle 37: Männerspezifische, partnerschaftliche und frauenspezifische Haushaltstätigkeiten - nach Geschlecht und Typen

	TYPOLOGIE	männer-spezifisch	partner-schaftlich	frauen-spezifisch	SUMME
Männer	traditionell	55%	31%	7%	93
	pragmatisch	50%	37%	23%	110
	unbestimmt	54%	24%	9%	87
	modern	52%	38%	17%	107
	ALLE	53%	31%	13%	97
Frauen	traditionell	18%	69%	92%	179 (+86)
	pragmatisch	25%	51%	84%	160 (+50)
	unbestimmt	19%	39%	80%	138 (+51)
	modern	22%	39%	64%	125 (+28)
	ALLE	21%	45%	76%	142 (+45)
ALLE		36%	38%	48%	122

MÄNNER - FRAUEN 2002©
Skalenwert 1 = sehr viele auf vierteiliger Skala. Die Zahlen in der Spalte Summe, die in Klammern stehen, geben die Differenz der Summen bei Frauen und Männern an (Beispiel: 179–93=86).

Tätigkeiten mit Kindern

„Frauen sind von Natur aus besser geeignet, Kinder aufzuziehen.“ 64% der Männer und 60% der Frauen stimmen diesem Satz (voll oder moderat) zu.

Allerdings unterscheiden sich in dieser Hinsicht die Geschlechtertypen drastisch. Während die Traditionellen mit überwiegender Mehrheit die Aussage für richtig ansehen (Männer 89%, Frauen 87%), lehnen sie die Modernen eher ab (Männer: 38%, Frauen 43%).

Was machen aber nun Männer und Frauen mit Kindern?

- Spielen ist die am meisten verbreitete Tätigkeit von Vätern mit ihren Kindern (64% regelmäßig). Es folgt das Spazierengehen (53%). 42% bringen Kinder ins Bett. 37% betreiben mit ihnen Sport.
- 33% besuchen Schulfeste, ebenso viele machen mit den Kindern Hausaufgaben. 28% besuchen Elternsprechtage.

- 31% pflegen die Kinder, wenn diese krank sind. 28% setzen Kleinkinder aufs Klo. 23% gehen mit ihnen zum Arzt.
- Am wenigsten beten Väter mit ihren Kindern (14%).

Frauen machen mehr als doppelt so viel (Summe 810) mit ihren Kindern als Männer (Summe 386).

Tabelle 38: Tätigkeiten mit Kindern

	alle Männer	alle Frauen	ALLE
spielen	64%	82%	74%
Spazieren gehen	53%	77%	66%
ins Bett bringen	42%	86%	65%
Sport betreiben	37%	33%	35%
Schulfeste u. ä. Veranstaltungen besuchen	33%	72%	54%
sie pflegen, wenn sie krank sind	31%	89%	61%
Hausaufgaben machen, lernen	31%	76%	54%
waschen, aufs Klo setzen, Babypflege	28%	88%	60%
Elternsprechtage besuchen	28%	77%	54%
zum Kinderarzt gehen	23%	87%	56%
beten	16%	43%	30%
SUMME	386	810	609

MÄNNER – FRAUEN 2002©
Skalenwert 1 = regelmäßig

Die vier Männertypen unterscheiden sich im Ausmaß ihrer Betätigung mit Kindern erheblich. Traditionelle Männer (Summe 320) machen weniger als moderne (477); die unbestimmten (388) und die pragmatischen (347) liegen dazwischen.

Tabelle 39: Tätigkeiten mit Kindern - nach Männertypen

	Männer				Frauen			
	traditionell	pragmatisch	unbestimmt	modern	traditionell	pragmatisch	unbestimmt	modern
spielen	59%	56%	65%	75%	85%	85%	85%	77%
Spazieren gehen	54%	48%	53%	59%	80%	82%	83%	69%
ins Bett bringen	35%	36%	41%	55%	91%	89%	91%	78%
Sport betreiben	31%	32%	41%	39%	29%	20%	37%	40%
Hausaufgaben machen, lernen	26%	28%	31%	36%	72%	77%	85%	69%
Schulfeste u. ä. Veranstaltungen besuchen	24%	29%	33%	45%	74%	75%	79%	64%
sie pflegen, wenn sie krank sind	22%	28%	31%	44%	95%	92%	93%	81%
Elternsprechtage besuchen	21%	23%	28%	40%	81%	77%	82%	70%
Waschen, aufs Klo setzen, Babypflege	18%	26%	28%	39%	98%	90%	91%	81%
zum Kinderarzt gehen	16%	25%	22%	28%	91%	87%	92%	81%
beten	14%	16%	15%	17%	59%	52%	42%	32%
SUMME	320	347	388	477	855	826	860	742

MÄNNER - FRAUEN 2002©

Diese vielfältigen Tätigkeiten liegen (wie schon 1992) auf zwei Dimensionen:

- Die eine Dimension umfasst spielen, Sport betreiben, spazieren gehen; es handelt sich bei den Tätigkeiten dieser ersten Dimension eher um *Freizeit*-Aktivitäten; es sind zumeist auch „*saubere* Tätigkeiten".
- Zur anderen Dimension – hier sind mehr die *Versorgungs*-Tätigkeiten versammelt – gehören waschen, ins Bett bringen, kranke Kinder pflegen, zum Kinderarzt gehen, Elternsprechtage und Schulveranstaltungen besuchen. Mit Kindern beten liegt nahe zu dieser Dimension. Wir haben diese Versorgungstätigkeiten in der Studie 1992 die *„schmutzigen"* genannt.

Mit diesen Items (ohne mit Kindern beten) werden die zwei Indizes „Versorgungs-Aktivitäten" und „Freizeit-Aktivitäten" gebildet.

Errechnet wird auch ein Index für „Kinderfreundlichkeit“. Dazu werden alle einzelnen Tätigkeiten zusammengenommen. Gemessen an diesem Summenindex nimmt bei den Männern von den traditionellen hin zu den modernen die Kinderfreundlichkeit zu. Bei den Frauen hingegen nimmt sie in der gleichen Richtung ab. Insgesamt sind aber die Kinder erheblich mehr bei Müttern als Vätern. Die Bildworte von der „Übermütterung“ und „Unterväterung“[17] haben eine empirische Grundlage.

Abbildung 14: Tätigkeit mit Kindern (Aktivitätsindex) - nach Typen und Geschlecht

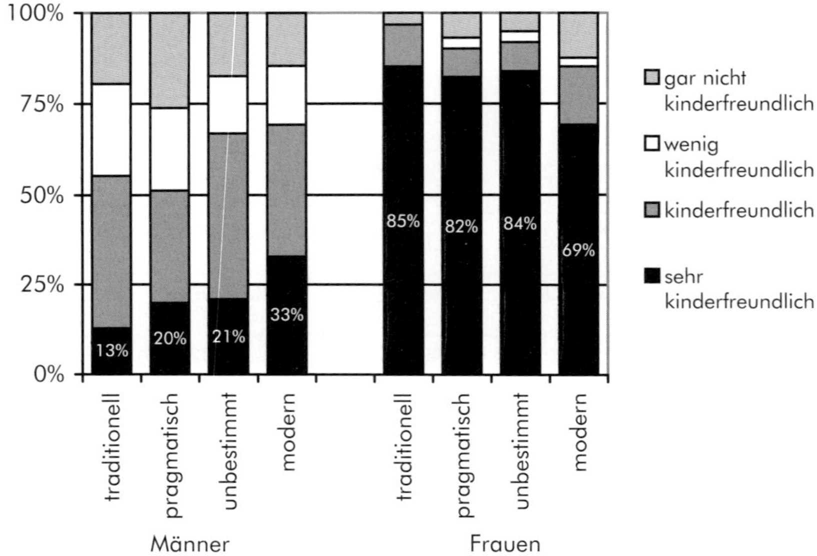

MÄNNER - FRAUEN 2002©

Die größten Unterschiede zwischen den traditionellen und den modernen Männern finden sich bei den pflegerischen Aktivitäten: waschen (25 Prozentpunkte), ins Bett bringen und pflegen (18), zum Kinderarzt gehen (13) – Schulfeste und Elternsprechtage besuchen (jeweils 19). Wenig Unterschiede zeigen sich bei den übrigen Tätigkeiten. Es fällt auf, dass es sich bei allen untersuchten Tätigkeiten um einen mehr oder minder großen Zuwachs in Richtung moderner Väter handelt.

---

17 Zulehner, Paul M.: Ein Kind in ihrer Mitte. Wir brauchen Familien, geprägt von Stabilität und Liebe, Wien 1999.

Abbildung 15: Tätigkeiten mit Kindern – nach Männertypen

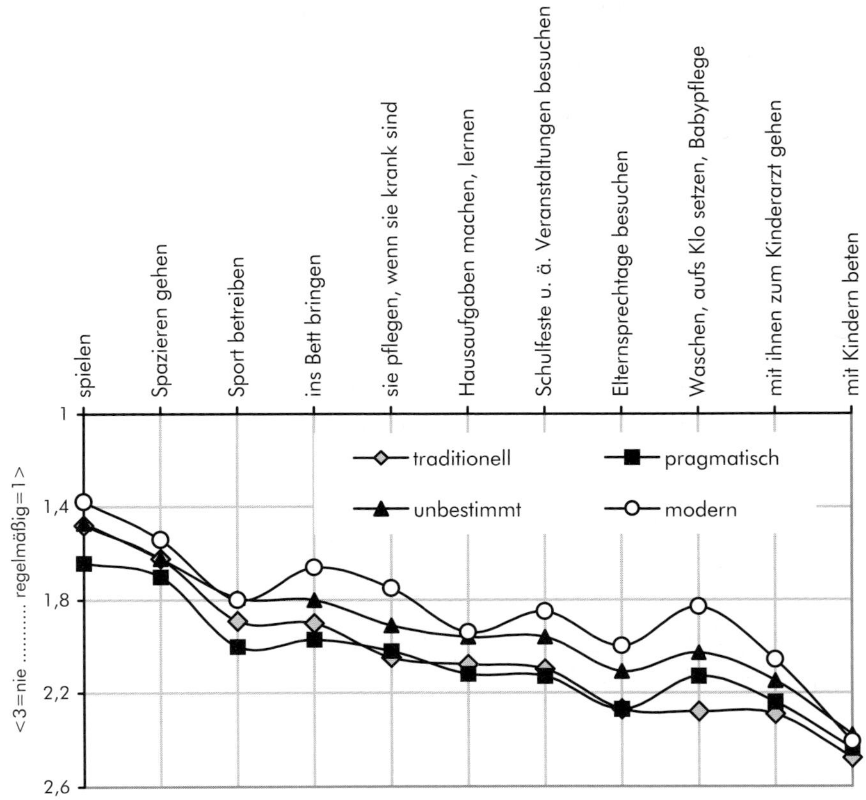

MÄNNER 2002© – Mittelwerte

Tabelle 40: Differenz der Aktivitäten zwischen traditionellen und modernen Vätern

	traditionell	pragmatisch	unbestimmt	modern	Differenz traditionell-modern
spielen	60%	58%	64%	72%	12
Spazieren gehen	53%	50%	51%	56%	3
ins Bett bringen	33%	37%	40%	52%	19
Sport betreiben	33%	31%	41%	38%	5
Schulfeste u. ä. Veranstaltungen besuchen	26%	27%	33%	45%	19
sie pflegen, wenn sie krank sind	23%	28%	28%	41%	18
Hausaufgaben machen, lernen	28%	29%	29%	35%	7
waschen, aufs Klo setzen, Babypflege	15%	25%	26%	40%	25
Elternsprechtage besuchen	19%	22%	27%	38%	19
zum Kinderarzt gehen	14%	25%	22%	27%	13
mit Kindern beten	14%	15%	14%	14%	0
SUMME	318	347	375	458	140

MÄNNER 2002©
Ausgewiesen ist hier der Skalenwert 1 = regelmäßig auf der dreiteiligen Skala (2 = gelegentlich; 3 = nie)

Mit Hilfe der beiden Indizes kann ein zusammenfassender Überblick vermittelt werden:

- Moderne Männer machen mehr mit Kindern, sie verdoppeln vor allem die Übernahme von Versorgungs-Tätigkeiten (der Summenwert nimmt um 32 Prozentpunkte zu).
- Ein moderater Rückzug moderner Frauen (und damit eine Anpassung an die Männerwelt) aus der Welt der Kinder wird sichtbar (der Summenwert geht um 23 Prozentpunkte zurück): Was Frauen an Männern kritisieren, scheinen sie selbst immer mehr zu machen.

Die Entwicklung von den Traditionellen zu den Modernen führt zu einer geringfügigen Verbesserung der Verteilung der Tätigkeiten mit Kindern zwischen Frauen und Männern.

Tabelle 41: Freizeit- und Versorgungs-Tätigkeiten mit Kindern – nach Geschlecht und Geschlechtertypen

	Männer			Frauen		
	Freizeit	Versorgung	Summe	Freizeit	Versorgung	Summe
traditionell	69%	20%	89	84%	95%	179
pragmatisch	64%	26%	90	82%	84%	166
unbestimmt	71%	27%	98	86%	90%	176
modern	80%	41%	121	78%	78%	156
ALLE	71%	29%	100	82%	85%	167

MÄNNER – FRAUEN 2002©

Die Entwicklung in den letzten zehn Jahren lässt sich anhand der Daten aus den beiden Studien nur annähernd darstellen. Denn die Antwortmöglichkeiten auf die vorgelegten Fragen unterscheiden sich in den Studien von 1992 und 2002. Wurde 1992 nur gefragt, ob diese Tätigkeit mit den Kindern gemacht wird (ja oder nein), wurde 2002 auch das Zeitausmaß der Tätigkeit bei der Antwort mitberücksichtigt (regelmäßig – selten – nie). Wir vergleichen im Folgenden die Mittelwerte, wobei bei der Darstellung die unterschiedliche Skalierung in beiden Erhebungen berücksichtigt wird.

Deutlich wird, dass es sich in der Grundstruktur um ein sehr ähnliches Ergebnis handelt. Spielen und Spazierengehen liegen vorn, Beten am Ende der Liste. Ob – wie die Abbildung nahe legt – 2002 die Väter insgesamt mehr mit Kindern tun, lässt sich auf Grund der vorliegenden Daten nicht sagen.

Abbildung 16: Tätigkeiten mit Kindern 1992-2002

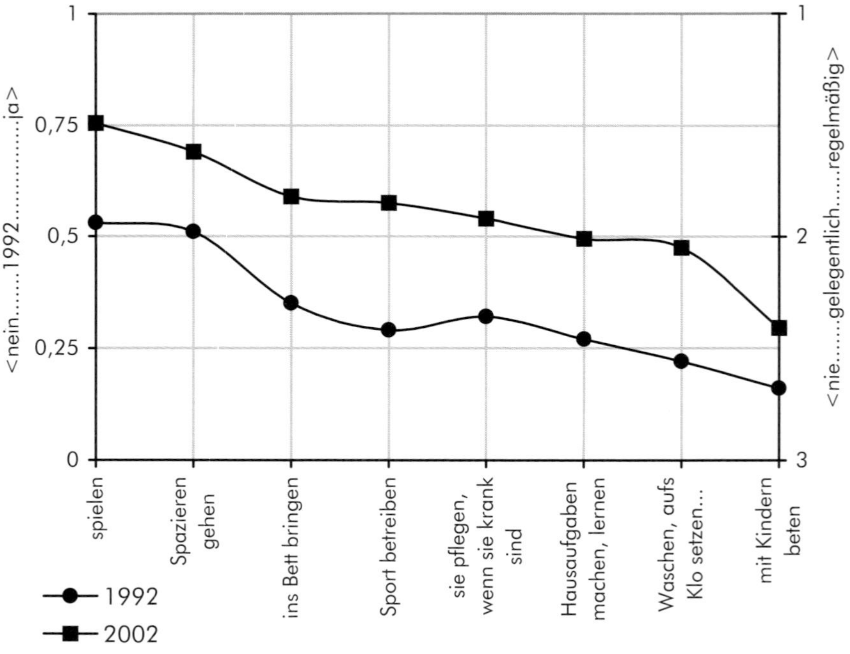

MÄNNER 1992/2002©

Karenz

Eine gesellschaftspolitisch brisante Frage unserer Zeit ist, wer für wie lange seine berufliche Tätigkeit unterbrechen soll, um sich entweder einem Kind oder – was angesichts der Überalterung der Gesellschaft und dem Wunsch, daheim gepflegt zu werden[18], immer wichtiger wird – einem pflegebedürftigen (alten, sterbenden) Menschen zu widmen. In Österreich steht dafür das Wort von der (Pflege)Karenz. Gemeint ist, dass für die Zeit der Unterbrechung beruflicher Tätigkeit der Arbeitsplatz für eine bestimmte Zeit reserviert bleibt.

54% der befragten Männer und 75% der Frauen sind der Ansicht, *„auch Männer sollten Pflegedienste (Kinder, Alte, Kranke) leisten“.* Generell sind also die Frauen deutlich stärker dieser Ansicht als die Männer selbst. Frauen wünschen sich offensichtlich Entlastung durch die Männer – und zwar nicht nur bei der

---

[18] Zulehner, Paul M. u. a.: Kehrt die Religion wieder? Religion im Leben der Menschen, Ostfildern 2002. – Ders.: Jedem seinen eigenen Tod. Für die Freiheit des Sterbens, Ostfildern 2002.

Pflege der Kinder, sondern ebenso bei der Sorge um die Alten, Kranken und Sterbenden. Die selbstverständlich gewordene Berufstätigkeit der Frau ist der treibende Hauptgrund für diesen Entlastungswunsch unter den Frauen.

Markant sind die Unterschiede zwischen den Männertypen. Halten 32% der traditionellen Männer einen Pflegedienst durch Männer für erwünscht, sind es unter den modernen Männern 73%. Die pragmatischen (59%) sowie die unbestimmten Männer (50%) liegen dazwischen. Die modernen Männer nähern sich damit dem Durchschnittswert der Frauen von 75% an. Der Wunsch, außerhalb der beruflichen Aufgaben auch andere Aufgaben im familiären Bereich wahrzunehmen, ist bei modernen Männern wesentlich stärker ausgeprägt als bei den traditionellen.

Die Unterschiede zwischen den Frauentypen sind nicht so ausgeformt wie jene unter den Männertypen. Vor allem die pragmatischen Frauen haben (mit 84%) einen ähnlich hohen Wert wie die modernen Frauen (86%).

Die Bereitschaft, die Arbeit zugunsten von Pflegediensten zu Hause zu verringern, variiert stark: 18% der Männer und 9% der Frauen wären dazu überhaupt nicht bereit. Nur ein Bruchteil der Männer (9%), aber auch nur ein Viertel der Frauen (24%) möchte die Arbeit ganz unterbrechen. Die übrigen verteilen sich auf unterschiedliche Verringerungen, 75%, 50% oder 30%. Die meisten Befragten liegen bei 50%, sind also für eine Reduzierung der Arbeit auf die Hälfte.

Tabelle 42: Verringerung der Arbeit für Pflegedienste

Angenommen, bei Ihnen zu Hause würde jemand pflegebedürftig bzw. es wird jemand für die Betreuung von Kleinkindern benötigt. Wie weit wären Sie in einer solchen Situation bereit, Ihre berufliche Arbeit zugunsten von Pflegediensten daheim zu verringern?

	Männer	Frauen
bin dazu nicht bereit	18%	9%
auf 75% zu verringern	18%	19%
auf 50% zu verringern	31%	37%
auf 30% zu verringern	23%	11%
ganz unterbrechen (um 100% zu verringern)	9%	24%

MÄNNER – FRAUEN 2002©

Während die Bereitschaft, die Arbeit zugunsten der Pflege zu verringern, bei modernen Frauen abnimmt, steigt sie bei modernen Männern. Allerdings zielen die modernen Männer auf kleinere Verringerungen um 25 oder 50%. Mehr Frauen als Männer hingegen – nicht aber die modernen – möchten eine völlige Freistellung für die Pflege.

Tabelle 43: Reduzierung der Arbeit für Pflegedienste

		nicht bereit	auf 75%	auf 50%	auf 30%	auf 0%
Männer	traditionell	24%	11%	26%	30%	9%
	pragmatisch	23%	20%	31%	14%	13%
	unbestimmt	17%	20%	32%	25%	7%
	modern	12%	21%	35%	21%	12%
	alle Männer	18%	18%	31%	23%	9%
Frauen	traditionell	3%	15%	35%	11%	35%
	pragmatisch	7%	20%	28%	12%	32%
	unbestimmt	8%	21%	40%	10%	21%
	modern	12%	18%	40%	12%	18%
	alle Frauen	9%	19%	37%	11%	24%
ALLE		13%	19%	34%	17%	17%

MÄNNER – FRAUEN 2002©

Unabhängig von der Reduzierung der Arbeit zugunsten einer pflegerischen Tätigkeit schwanken die befragten Frauen und Männer zwischen zwei Arbeitszeitmodellen: der 35-Stunden-Woche sowie flexibler Arbeitszeit. Den Vorzug genießt aber die flexible Arbeitszeit.

Traditionelle Männer sind deutlich mehr für die 35-Stunden-Woche als moderne Männer. Im Gegenzug wünschen die modernen Männer eher flexible Arbeitzeiten oder auch Jahresarbeitszeit. Bei den Frauen sind die Unterschiede bei allen Teilzeitmodellen klein.

Tabelle 44: Arbeitszeitmodelle

		35-Stunden	Teilzeit	flexible Arbeitszeit	Jahres-arbeitszeit	Lebens-arbeitszeit
Männer	traditionell	45%	2%	40%	7%	6%
	pragmatisch	49%	4%	30%	14%	3%
	unbestimmt	35%	3%	46%	11%	5%
	modern	27%	5%	54%	10%	4%
	alle Männer	37%	4%	44%	10%	5%
Frauen	traditionell	27%	24%	42%	2%	4%
	pragmatisch	29%	25%	35%	10%	1%
	unbestimmt	29%	26%	41%	3%	1%
	modern	25%	21%	47%	5%	2%
	alle Frauen	27%	23%	42%	5%	2%
ALLE		32%	14%	43%	8%	3%

MÄNNER - FRAUEN 2002©

Zumal Männer brauchen starke Gründe, wenn sie zugunsten der Pflege von Kranken oder von Kleinkindern die Arbeit unterbrechen oder zurückfahren. 53% der Männer, aber auch 50% der Frauen teilen die Ansicht: *„Wenn ich in Karenz/Pflegekarenz gehe, habe ich Angst, berufliche Nachteile hinnehmen zu müssen.“* Die meiste Angst um berufliche Nachteile haben traditionelle Männer. Deren starke Berufsorientierung schlägt hier durch. Moderne Männer hingegen haben deutlich weniger Angst vor beruflichen Nachteilen im Fall einer Pflegekarenzierung.

Abbildung 17: Angst vor beruflichen Nachteilen bei Karenzierung
Wenn ich in Karenz/Pflegekarenz gehe, habe ich Angst, berufliche Nachteile hinnehmen zu müssen.

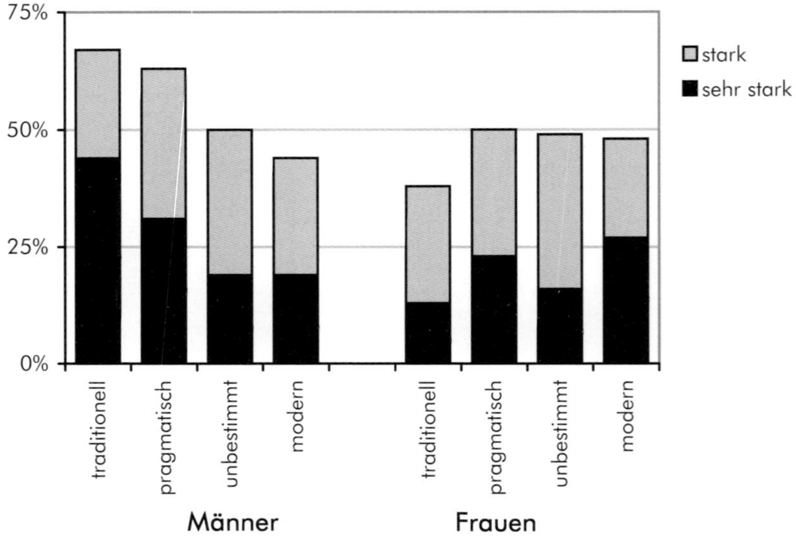

MÄNNER - FRAUEN 2002©

Wir sind auch den Gründen nachgegangen, warum Arbeitszeit für die Pflege von Kranken oder von Kindern nicht verkürzt werden soll. An erster Stelle steht, dass außerfamiliale Einrichtungen diese pflegerischen Aufgaben übernehmen sollen (29%: Männer 27%, Frauen 34%). Ein Fünftel fürchtet um die Karriere, ähnlich viele meinen, dass das Einkommen nicht reichen würde, weil die Partnerin (der Partner) weniger verdient. Das sagen 29% der Männer, aber nur 10% der Frauen, was darauf hinweist, dass das Einkommen der Männer zumeist höher ist als jenes der Frauen. Diese Werte ändern sich aber deutlich nach Rollentypen: Moderne Männer nennen diesen Grund deutlich weniger, moderne Frauen hingegen häufiger.

Tabelle 45: Gründe gegen die Verringerung von Arbeit für Pflegedienste

Könnten Sie mir bitte sagen, welcher dieser möglichen Gründe auf der Liste bei Ihnen am ehesten zutrifft, warum Sie nicht zugunsten von Pflegediensten Ihre Berufsarbeit verringern möchten?

A Weil ich dadurch meine Karriere gefährde.

B Weil ich mehr verdiene als mein Partner/meine Partnerin und das gemeinsame Einkommen zu niedrig werden würde.

C Weil ich das nicht als meine Aufgabe betrachte.

D Weil solche Aufgaben durch gute Einrichtungen (Kindergrippen, Kindergärten, Pflegeheime, Hospizeinrichtungen) besser erfüllt werden können.

E andere Gründe

		A gefährdet Karriere	B Einkommen zu niedrig	C nicht meine Aufgabe	D Einrichtungen	E andere Gründe
Männer	traditionell	18%	47%	12%	19%	4%
	pragmatisch	12%	19%	22%	39%	9%
	unbestimmt	30%	25%	9%	26%	9%
	modern	26%	27%	12%	21%	13%
	alle Männer	23%	29%	13%	27%	8%
Frauen	traditionell	100%	0%	0%	0%	0%
	pragmatisch	14%	0%	13%	55%	18%
	unbestimmt	11%	7%	32%	25%	24%
	modern	23%	16%	4%	35%	22%
	alle Frauen	21%	10%	14%	34%	21%
ALLE		22%	23%	13%	29%	13%

MÄNNER - FRAUEN 2002©

Die bisherigen Analysen könnten einseitig das Bild vermitteln, als wäre das familiale Leben und vor allem das Zusammensein mit kleinen Kindern lediglich eine Last. Das ist aber keineswegs der Fall. Unbeschadet aller Probleme im Fall einer Karenzierung sehen die Befragten durchaus auch die Vorteile des Zusammenseins mit Kindern. *„Kinder bereichern das Leben von Männern.“* 77% der befragten Männer und 72% der befragten Frauen sind dieser Ansicht. Zu den modernen Männern und Frauen hin nimmt dieser Wert zu. Bei Männern erreicht er 86%. Der Satz von Hartmut von Hentig: *„Ohne Kinder werden wir Barbaren“*, auf Männer hin gesagt, findet weithin Zustimmung.

Kinder gehören somit zu den biografischen Bereicherungen von Männern. Das schon wäre ein ausreichender Grund, um gesellschaftliche Verhältnisse zu schaffen, die es Männern ermöglichen, mehr Zeit mit Kindern verbringen zu können. Damit stellt sich die Frage, wie auch Männer Erwerbsleben und Familienleben besser als bisher miteinander verbinden können.

BERUFSWELT - FAMILIENWELT

Männer und Frauen bewegen sich sowohl in der familialen wie in der beruflichen Lebenswelt. Deshalb gehört heute zu den herausfordernden Aufgaben der Lebensgestaltung, diese beiden Bereiche zueinander in eine produktive Beziehung zu setzen.

Dabei kann angenommen werden, dass der berufliche Bereich in unserer Kultur zentral ist. Das steht in Verbindung damit, dass unsere Gesellschaften immer mehr vom Zentralbereich der Wirtschaft geformt sind. Alle anderen Lebensbereiche müssen sich dem wirtschaftlichen Bereich zu- und unterordnen. Das führt, so Franz X. Kaufmann, zu einer Art „strukturellen Rücksichtslosigkeit" der Gesellschaft gegenüber den Familien.

Unsere Befragten spüren davon etwas: *„Die Wirtschaft ist nicht familienfreundlich."* 58% der befragten Männer und 60% der befragten Frauen stimmen dieser wirtschaftskritischen Aussage zu. Die Modernen (Männer 61%, Frauen 64%) sind in dieser Hinsicht deutlich kritischer als die Traditionellen (Männer 50%, Frauen 46%). Das hat offenkundig damit zu tun, dass die Modernen die beiden Lebensbereiche ausbalancieren wollen, während die Traditionellen die Spannung durch Arbeitsteilung auflösen: die Männer hinein in die Berufswelt, die Frauen hinein in die Familienwelt.

Tabelle 46: Familienfreundlichkeit der Wirtschaft

		sehr richtig	richtig	unentschieden	falsch	ganz falsch
Männer	traditionell	28%	22%	33%	13%	5%
	pragmatisch	32%	30%	28%	7%	4%
	unbestimmt	25%	32%	29%	10%	5%
	modern	34%	27%	26%	8%	5%
	ALLE	29%	29%	29%	10%	5%
Frauen	traditionell	33%	25%	33%	6%	2%
	pragmatisch	39%	24%	22%	10%	6%
	unbestimmt	27%	26%	34%	10%	3%
	modern	41%	23%	24%	5%	5%
	ALLE	36%	24%	28%	8%	4%
ALLE		32%	26%	28%	8%	4%

MÄNNER – FRAUEN 2002©

Freiheitsgrade im Privatleben und im Erwerbsleben

Dass die beiden Bereiche eine unterschiedliche „Mächtigkeit“ im Leben der Befragten haben, zeigt auch die Analyse, wie frei sich die Menschen in ihnen fühlen. Dabei gilt der Anspruch, das Leben rundum frei gestalten zu können, in unserer Freiheits- und Selbstverwirklichungskultur als ein zentrales Qualitätsmerkmal.

Um die Freiheitsgrade in der Arbeitswelt bewerten zu können, wurden zum Vergleich auch andere Lebensbereiche einbezogen: die Familienwelt, die Kinder, die Gestaltung der Freizeit, aber auch die Gestaltung der eigenen Geschlechterrolle als Mann (als Frau).

Ergänzt wird die Frage nach den Freiheitsgraden bei Entscheidungen mit der Frage, ob die befragte Person sich selbst frei weiterentwickeln kann und in der Position ist, auch über andere Entscheidungen zu treffen.

Tabelle 47: Frei entscheiden können

Bitte sagen Sie mir anhand einer fünfstufigen Skala, wie frei Sie folgende Lebensbereiche entscheiden können! 1 = sehr frei, 5 = überhaupt nicht frei.

	Männer	Frauen
in der Erwerbswelt	60%	59%
in der Familie	68%	75%
hinsichtlich der Kinder	46%	63%
in der Gestaltung der Freizeit	75%	73%
wie ich meine Rolle als Mann/als Frau gestalte	77%	80%

MÄNNER – FRAUEN 2002©
Skalenwert 1+2 auf fünfteiliger Skala.

Tabelle 48: Freiheitsgrade in der Berufswelt

Wie würden Sie folgende Bereiche Ihrer beruflichen Tätigkeit charakterisieren? Bitte sagen Sie mir dies wieder anhand einer fünfstufigen Skala, 1 = völlig richtig, 5 = völlig falsch.

	Männer	Frauen
Ich habe viel Freiraum für eigene Entscheidungen.	62%	58%
Ich vollbringe ausführende Tätigkeiten, die mir jemand vorgibt.	44%	43%
Ich sehe Entwicklungschancen für Aufstieg und Weiterentwicklung.	52%	48%
Ich treffe auch Entscheidungen über andere.	42%	35%
Ich finde mich ab mit dem, was ich tue.	47%	49%

MÄNNER – FRAUEN 2002©

Faktorenanalytisch liegen die fünf Antwortmöglichkeiten für die erste Fragebatterie auf einer einzigen Dimension, wobei die Freiheit in der Erwerbswelt abweichend niedrig lädt. Bezieht man dieses Item (Freiheit in der Erwerbswelt) in eine Faktorenanalyse zusammen mit jenen Items ein, die sich unmittelbar auf die Freiheit in der beruflichen Lebenswelt beziehen, ist die Ladung höher. So bilden wir zwei Indizes: Freiheit in der Berufswelt sowie Freiheit in der Privatwelt:

1. Für den Index Freiheit in der Berufswelt verwenden wir folgende Items[19]:

- Ich kann frei entscheiden in der Erlebniswelt.
- Ich habe viel Freiraum für eigene Entscheidungen.
- Ich vollbringe ausführende Tätigkeiten, die mir jemand vorgibt.
- Ich sehe Entwicklungschancen für Aufstieg und Weiterentwicklung.

2. Für den Index Freiraum in der Privatwelt wiederum werden herangezogen[20]: Ich kann frei entscheiden ...

- in der Familie;
- hinsichtlich der Kinder;
- in der Gestaltung der Freiheit;
- wie ich meine Rolle als Mann/als Frau gestalte.

Gemessen an diesen beiden Indizes erweisen sich die Freiheitsgrade der Befragten in der Privatwelt deutlich höher als jene in der beruflichen Erwerbswelt. Im privaten Lebensraum erreichen die Befragten (Frauen und Männer, die verschiedenen Geschlechtertypen) nahezu hundertprozentige Werte auf den Skalenwerten 1+2 (sehr frei und frei) zusammen. „Sehr frei" fühlen sich in der Privatwelt mit 62% doppelt so viele Personen als in der Berufswelt (34%).

---

[19] Faktorenanalyse: Freiheitsgrade in der Berufswelt

	Faktor
in der Erwerbswelt	-0,66
Ich habe viel Freiraum für eigene Entscheidungen.	-0,76
Ich sehe Entwicklungschancen für Aufstieg und Weiterentwicklung.	-0,61
Ich treffe auch Entscheidungen über andere.	-0,70

MÄNNER – FRAUEN 2002©

[20] Faktorenanalyse: Freiheitsgrade in der Privatwelt

	Faktor
in der Familie	-0,78
hinsichtlich der Kinder	-0,56
in der Gestaltung der Freizeit	-0,75
wie ich meine Rolle als Mann/als Frau gestalte	-0,75

MÄNNER – FRAUEN 2002©

Während die erlebten Freiheitsgrade bei modernen Männern in der Privatwelt etwas geringer sind als bei den traditionellen und jene in der beruflichen Welt in etwa gleich sind, ist es bei Frauen gerade umgekehrt: Moderne Frauen erleben mehr Freiheit sowohl in der privaten wie in der beruflichen Lebenswelt denn traditionelle Frauen. Die Frauenemanzipation zeitigt sichtlich erlebbare Früchte.

Tabelle 49: Freiheitsgrade in Privatwelt und Berufswelt

	Männer		Frauen	
	Privatwelt	Berufswelt	Privatwelt	Berufswelt
traditionell	65%	38%	58%	18%
pragmatisch	58%	36%	66%	24%
unbestimmt	55%	36%	66%	33%
modern	56%	40%	72%	36%
alle Männer	57%	37%	67%	30%

MÄNNER - FRAUEN 2002©.
Skalenwert 1 = sehr frei auf vierteiliger Indexskala.

Konkurrenz

Subjektiv wird aber von nicht wenigen Befragten eine starke Spannung zwischen diesen beiden zentralen Lebensfeldern empfunden.

Zumindest 41% der Frauen aller verschiedenen Rollentypen sind der Ansicht, dass das Leben einfacher ist, wenn ein Elternteil beim Kind daheim bleibt. Die Verbindung von Erwerbsleben und Familienleben belastet offenbar einen beträchtlichen Teil von Männern und Frauen. Bei den traditionellen Männern steigt dieser Prozentsatz (erwartungsgemäß) auf 80%, bei den traditionellen Frauen sogar auf 90%. Dem entspricht die Ansicht von 45% aller befragten Männer und Frauen, dass die neuen Geschlechterrollen anstrengender sind als die traditionellen. Unter den traditionellen Männern sind 57% dieser Ansicht, unter den traditionellen Frauen sogar 73%.

45% aller befragten Frauen und Männer teilen die Auffassung, dass Erwerbstätigkeit für ein sinnvolles Frauenleben unverzichtbar ist. Einer der akzeptierten Hauptgründe: Erwerbstätigkeit macht Frauen von ihren Partnern unabhängiger (79%, Männer 75%, Frauen 84% – hier gibt es kaum Unterschiede zwischen den Rollentypen). Neben der erhofften Unabhängigkeit führen natürlich noch andere Gründe zur weiblichen Erwerbstätigkeit: Die Familien brauchen zumeist das Einkommen von zwei Verdienenden, zudem ist außerhäusliche Arbeit auf Grund guter Bildung auch ideell von hohem Wert.

Die Befragten sehen Entlastungsmöglichkeiten für die doppelte Präsenz in der Arbeits- und in der Familienwelt:

- 73% sind der Auffassung, dass familienfreundliche Betriebe steuerlich entlastet werden sollen.
- 61% meinen, dass Familienarbeit ebenso bezahlt werden sollte wie Erwerbsarbeit.
- Für 40% ist es allerdings keine Lösung, dass nur ein Elternteil arbeiten geht. Denn: *„Wir können es uns finanziell nicht leisten, wenn nur ein Elternteil arbeitet und der andere beim Kind/bei den Kindern bleibt.“*

Dass die Kinder die Lebensinteressen der Frauen oder der Männer stören, glaubt nur eine Minderheit von 14 bis 18%, je nachdem, ob es sich um die Männer oder die Frauen handelt. Allerdings erreicht dieser Wert bei den Pragmatischen nahezu ein Drittel.

Stützung

Familienwelt und Berufswelt stehen aber nicht nur in Konkurrenz zueinander. Offenkundig werden heute auch Synergien zwischen beiden Lebensbereichen vermutet und zum Teil auch schon gefördert: Eine intakte Familienwelt nützt auch der Berufswelt, weil diese an arbeitsfähigen Menschen interessiert ist und Krisen (auch berufsweltlich verursachte Krisen) eben die familiale Lebenswelt belasten und auf diesem Umweg die Arbeitskraft schmälern kann. Moderne Betriebe haben daher begonnen, familienfreundlich zu sein und sich ihre Familienfreundlichkeit auch überprüfen und bescheinigen zu lassen (family auditing).

Wir haben uns in der vorliegenden Studie nach dieser positiven Seite der Beziehung von Erwerbswelt und Familienwelt erkundigt. Dazu wurden folgende drei Aussagen vorgelegt:

- *„Gutes Familienleben gibt Kraft für den Beruf.“*
- *„Partnerschaft hilft über berufliche Misserfolge hinweg.“*
- *„Ein erfüllender Beruf hilft auch über Beziehungsprobleme hinweg.“*

Tabelle 50: Familienleben und Beruf

	Gutes Familienleben gibt Kraft für den Beruf		Partnerschaft hilft über berufliche Misserfolge hinweg		Ein erfüllender Beruf hilft auch über Beziehungsprobleme hinweg	
	Männer	Frauen	Männer	Frauen	Männer	Frauen
traditionell	86%	88%	85%	82%	62%	72%
pragmatisch	86%	88%	84%	74%	65%	71%
unbestimmt	85%	80%	79%	88%	46%	52%
modern	93%	96%	84%	82%	42%	59%
ALLE	87%	88%	82%	82%	52%	61%

MÄNNER - FRAUEN 2002©
Skalenwerte 1 = sehr richtig und 2 = richtig auf fünfteiliger Skala.

Mit überwältigender Mehrheit unterstützen alle Befragten, Frauen wie Männer, dass das Familienleben Kraft für den Beruf gibt. Eine familienfeindliche Wirtschaft erweist sich somit selbst als wirtschaftsfeindlich.

In die gleiche Richtung weisen die Daten zum Satz, dass Partnerschaft über berufliche Misserfolge hinweghilft. Die familiale Beziehungswelt besitzt eine berufstherapeutische Kraft.

Die Befragten sehen auch eine, wenngleich nicht ganz so starke entlastende Wirkung einer guten Berufstätigkeit bei Beziehungsproblemen. Ein erfüllender Beruf kann über solche hinweghelfen, so 52% der Männer und 61% der Frauen. In dieser Frage unterscheiden sich aber Moderne von den Traditionellen: Traditionelle (Frauen und Männer) messen dem Beruf mehr beziehungstherapeutische Kraft zu. Die Zahlen für die Modernen liegen bei Männern wie Frauen etwa um ein Drittel niedriger als bei den Traditionellen.

Übersichtlich darstellbar wird der enge stützende Zusammenhang zwischen Beruf und Familie an einem Index, der aus den drei vorgelegten Einzelitems gebildet wird. Zwei Drittel (65%) aller Befragten erreichen den Skalenwert 1 = sehr stark. Sie unterstellen also kräftige Synergien zwischen Beruf und Familie. Bei allen Männern sind es 65%, bei den Frauen 70%.

Gebündelte Informationen

Wir stellen nunmehr das Verhältnis der Befragten zu den beiden Bereichen anhand der in den vorausgegangenen Kapiteln gewonnenen Indizes dar.

Es liegen in Indizes gebündelte Daten darüber vor, wie sich Männer (und Frauen) auf die berufliche wie auf die familiale Lebenswelt beziehen. Dadurch wird es möglich, einen ersten zusammenfassenden Überblick zu geben. Dieser kann als Grundlage dafür dienen, wie die Befragten sich nicht nur auf diese beiden Lebensbereiche beziehen, sondern diese auch ausbalancieren – zumindest auf der Ebene der Einstellungen.

1. Zur beruflichen Lebenswelt liegen folgende Indizes vor:

- Wie stark ist die Kündigungsbereitschaft, wenn Arbeitsplätze knapp werden?
- Wie reagiert ein Mann auf die Bevorzugung einer Kollegin, eines Kollegen?
- Wie ausgeprägt ist die Berufsorientierung des befragten Mannes?

Tabelle 51: Indizes in Bezug auf die berufliche Welt

	Kündigungs-bereitschaft	sehr stark berufsorientiert (Männer über sich selbst)	keine Probleme bei einem Kollegen	keine Probleme bei einer Kollegin
traditionell	29%	52%	34%	31%
pragmatisch	24%	50%	30%	29%
unbestimmt	15%	25%	43%	40%
modern	5%	21%	53%	51%
ALLE	17%	33%	41%	39%

MÄNNER 2002©

	Kündigungs-bereitschaft	sehr stark berufsorientiert (Frauen über Männer)	keine Probleme bei einem Kollegen	keine Probleme bei einer Kollegin
traditionell	17%	65%	27%	26%
pragmatisch	22%	53%	41%	41%
unbestimmt	10%	32%	40%	33%
modern	9%	24%	41%	41%
ALLE	13%	37%	39%	37%

FRAUEN 2002©

2. Zur familialen Lebenswelt gibt es Indizes zu den Themen:

- Wofür sehen sich Männer innerfamilial zuständig?
- Welche Typen von Haushaltsarbeiten übernehmen sie?
- Wie viele Tätigkeiten machen sie mit Kindern?

Tabelle 52: Indizes in Bezug auf die familiale Lebenswelt

	Auskommen	Einkommen	männerspezifische Haushaltsarbeiten	partnerschaftliche Haushaltsarbeiten	frauenspezifische Haushaltsarbeiten	sehr viel Tätigkeiten mit Kindern
traditionell	6%	72%	55%	31%	7%	14%
pragmatisch	24%	49%	50%	37%	23%	19%
unbestimmt	9%	57%	54%	24%	9%	21%
modern	10%	32%	52%	38%	17%	35%
ALLE	12%	53%	53%	31%	13%	22%

MÄNNER 2002©

	Auskommen	Einkommen	männliche Haushaltsarbeiten	partnerschaftliche Haushaltsarbeiten	weibliche Haushaltsarbeiten	sehr viel Tätigkeiten mit Kindern
traditionell	1%	41%	18%	51%	84%	83%
pragmatisch	0%	23%	25%	39%	80%	85%
unbestimmt	1%	27%	19%	39%	64%	69%
modern	3%	29%	22%	45%	76%	73%
ALLE	2%	28%	21%	38%	48%	52%

FRAUEN 2002©

Mit diesen Indikatoren aus dem beruflichen und dem familialen Bereich werden zwei Clusteranalysen mit je drei Clustern gemacht.

Berufstypen

Im beruflichen Lebensfeld[21] finden wir den

- berufsorientierten Mann (43%): Er ist am meisten berufsorientiert, ist hoch kündigungsbereit, wenn Arbeitsplätze knapp werden und hält die Bevorzugung einer Kollegin, eines Kollegen für völlig unannehmbar;
- karriereorientierten Mann (31%): Dieser Mann würde bei Arbeitsplatzknappheit nicht kündigen, ist nur mäßig berufsorientiert. Aber die Bevorzugung eines Kollegen, einer Kollegin lehnt er eher ab;
- kollegialen Mann (25%): Ein solcher Mann hat keine Probleme mit der Bevorzugung eines Kollegen, einer Kollegin. Es ist am wenigsten beruforientiert und kaum kündigungsbereit.

Frauen unterscheiden sich in den Verteilungen nicht erheblich.

---

[21] Abbildung: Clusteranalyse zum beruflichen Bereich

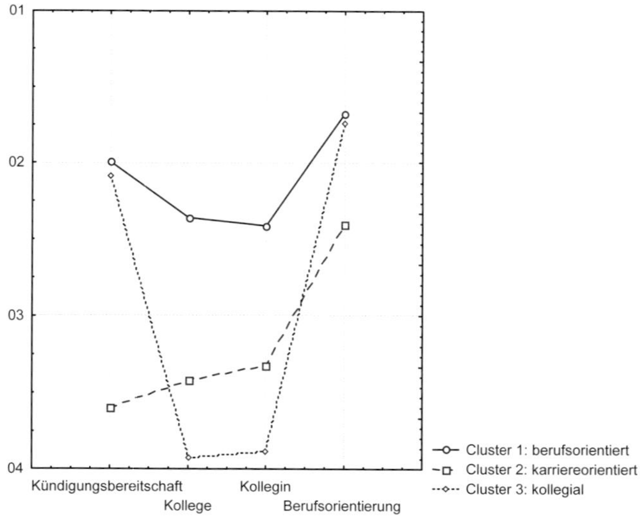

MÄNNER - FRAUEN 2002©. Mittelwerte

Tabelle 53: Berufstypen

		berufsorientiert	karriereorientiert	kollegial
Männer	traditionell	61%	11%	28%
	pragmatisch	55%	19%	25%
	unbestimmt	41%	31%	28%
	modern	26%	56%	18%
	ALLE	43%	31%	25%
Frauen	traditionell	65%	19%	16%
	pragmatisch	48%	20%	32%
	unbestimmt	47%	33%	20%
	modern	30%	45%	25%
	ALLE	43%	33%	24%
ALLE		43%	32%	24%

MÄNNER - FRAUEN 2002©

Familientypen

Im familialen Bereich[22] zeigen sich drei Grundtypen:

- Die Familialen machen viel mit Kindern, im Haushalt haben sie hohe Werte bei den partnerschaftlichen und den frauenspezifischen Tätigkeiten; um

[22] Abbildung: Clusteranalyse zum familialen Bereich

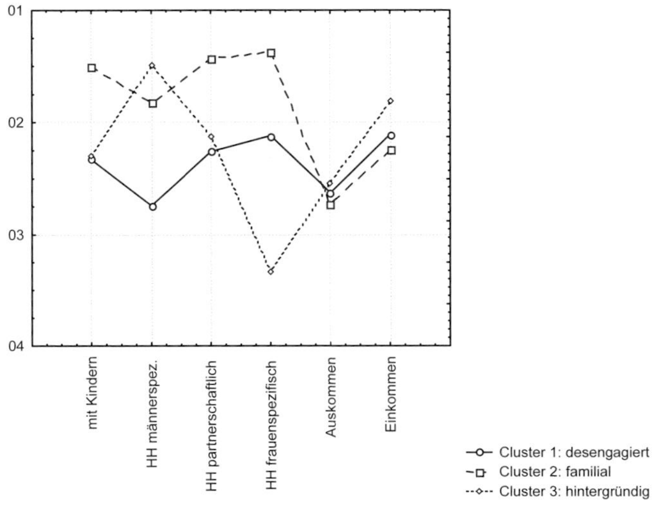

MÄNNER - FRAUEN 2002©. Mittelwerte

Auskommen und Einkommen sind sie mäßig besorgt. Unter den Männern zählen 20% zu diesem Typ, unter den Frauen hingegen 66%.

- Die Desengagierten machen kaum etwas mit Kindern, haben niedrige Werte bei den Haushaltsarbeiten, mittlere bei Einkommen und Auskommen. Von den Männern sind 25% von dieser Art, von den Frauen 32%.
- Die Hintergründigen machen nichts mit Kindern, übernehmen männerspezifische Haushaltsarbeiten (weniger die partnerschaftlichen, gar nicht die frauenspezifischen) und sorgen sich sehr für das Einkommen. Dazu zählen 56% der Männer und 1% der Frauen.

Frauen erweisen sich als sehr familial, in hohem Maße als familienpräsent. Männer kümmern sich eher um die hintergründigen „männlichen Anteile" – die männerspezifischen Haushaltstätigkeiten, sorgen sich ums Einkommen.

Moderne Männer werden familialer; zugleich wächst aber auch der Anteil der Desengagierten. Ähnlich größer wird der Anteil der Desengagierten bei den Frauen, während der Anteil der familialen Frauen von den Traditionellen zu den Modernen hin abnimmt.

Kurzum: Ein Teil der Männer bewegt sich aus dem familienerhaltenden Hintergrund hinein in die Familie, ein Teil heraus. Frauen hingegen nehmen insgesamt ihr familiales Engagement zurück.

Tabelle 54: Verteilung der Männer und Frauen auf die drei Familientypen – nach Geschlechtertypen

		desengagiert	familial	hintergründig
Männer	traditionell	18%	9%	73%
	pragmatisch	27%	28%	45%
	unbestimmt	24%	15%	61%
	modern	29%	30%	42%
	ALLE	25%	20%	56%
Frauen	traditionell	22%	76%	2%
	pragmatisch	27%	73%	0%
	unbestimmt	30%	68%	2%
	modern	39%	59%	2%
	ALLE	32%	66%	1%
ALLE		29%	44%	27%

MÄNNER – FRAUEN 2002©

Balancen

Diese beiden Cluster werden nunmehr kombiniert. Dabei zeigt sich, dass die Hintergründigen am ehesten berufsorientiert sind (47%). Bei den familialen Männern gibt es die wenigsten Berufsorientierten (36%), dafür die meisten Karriereorientierten (46%).

Bei den einzelnen Männertypen treten deutliche Unterschiede hervor. Vor allem bei den modernen Männern findet sich ein enger Zusammenhang zwischen der Berufsorientierung in der Arbeitswelt und der hintergründigen Haltung in der Familienwelt. Die karriereorientierten modernen Männer sind dagegen vornehmlich familial engagiert, die kollegialen Männer schließlich eher desengagiert.

Tabelle 55: Familienwelt- und Berufswelttypen

	desengagiert	familial	hintergründig
berufsorientiert	24%	16%	60%
karriereorientiert	25%	26%	49%
kollegial	27%	18%	56%

MÄNNER 2002©

Tabelle 56: Familienwelt- und Berufswelttypen - nach Männertypen

	Berufswelt	Familienwelt		
		desengagiert	familial	hintergründig
traditionell	berufsorientiert	18%	9%	73%
	karriereorientiert	19%	12%	68%
	kollegial	17%	9%	74%
pragmatisch	berufsorientiert	26%	28%	46%
	karriereorientiert	30%	26%	44%
	kollegial	29%	30%	41%
unbestimmt	berufsorientiert	28%	12%	60%
	karriereorientiert	18%	18%	64%
	kollegial	27%	15%	59%
modern	berufsorientiert	20%	19%	62%
	karriereorientiert	30%	37%	33%
	kollegial	36%	23%	41%

MÄNNER 2002©

Insgesamt zeigen sich nur moderate Zusammenhänge zwischen der Inszenierung der Familienwelt und der Berufswelt. Die Kombinationen sind – Ausdruck des Lebens und der Originalität moderner Menschen – sehr bunt.

INNENWELT

Der innenweltliche Bereich eines Mannes ist von anderer Art als seine (erwünschte bzw. faktische) Präsenz in der Familienwelt oder in der Erwerbswelt. Die Innenwelt bildet gleichsam den Hintergrund für beide. Sie ist weniger lebensweltbezogen, sondern mehr personbezogen. Mit dem Innenweltlichen verbinden wir eine Reihe von Teilthemen, die in die Studie einbezogen worden sind:

- Gesundheit
- Sexualität
- Umgang mit Problemen
- Gewalt
- Umgang mit Leid und Tod
- Religion

Gesundheit

Die vielfältigen – in die Umfrage einbezogenen – Einstellungen zur Gesundheit bündeln sich thematisch in fünf Themenfelder[23]:

[23] Faktorenanalyse zu Fragen der Gesundheit

Ich gehe regelmäßig zur Vorsorgeuntersuchung.	**0,91**	0,01	0,02	0,10	0,00
Häufigkeit der Vorsorgeuntersuchung	**0,90**	-0,04	0,01	0,05	0,01
Ich fühle mich körperlich gesund.	-0,02	**0,85**	0,00	0,06	0,01
Ich fühle mich seelisch gesund.	0,01	**0,73**	-0,04	0,07	-0,10
Einnahme von Medikamenten	0,39	**-0,49**	0,01	0,15	-0,03
Ich betreibe regelmäßig Sport.	0,24	**0,47**	-0,01	0,29	0,33
Ich arbeite oft mehr, als es für meine Gesundheit zuträglich ist.	-0,01	0,00	**0,82**	0,06	-0,05
Männer stellen ihre Arbeit über die Gesundheit.	0,07	-0,02	**0,79**	-0,05	0,00
Ich kümmere mich sehr bewusst um meine Gesundheit.	0,39	0,30	0,01	**0,60**	0,16
Ich bemühe mich um eine gesunde Ernährung.	0,33	0,25	0,08	**0,60**	0,18
Ich schlafe ausreichend.	0,25	0,23	-0,21	**0,42**	-0,15
Alkoholkonsum	0,05	0,20	-0,08	**-0,60**	0,24
Rauchen	-0,08	0,02	0,06	**-0,64**	-0,03
Ausmaß des Rauchens	-0,06	0,02	0,04	0,03	**-0,78**
Ausmaß des Alkoholkonsums	0,10	-0,02	0,04	-0,29	**-0,55**

MÄNNER - FRAUEN 2002©

- Gesundheitszustand
- gesund leben
- Alkohol- und Nikotinkonsum
- Gesundheit und Arbeit
- Vorsorgeuntersuchung

Gesundheitszustand

„Nehmen Sie bzw. müssen Sie Medikamente regelmäßig, gelegentlich nehmen oder nicht?“ 16% tun dies regelmäßig, weitere 21% gelegentlich. 61% der Männer nehmen keine Medikamente (von 2% fehlt die Angabe dazu).

Psychisch ganz gesund fühlen sich mit 47% deutlich mehr Männer als körperlich gesund (38%). Regelmäßigen Sport betreiben 35%.

Tabelle 57: Wie gesund Männer sind

	ja				nein
Ich betreibe regelmäßig Sport.	20%	14%	24%	20%	22%
Ich fühle mich körperlich gesund.	37%	35%	18%	6%	2%
Ich fühle mich seelisch gesund.	48%	31%	15%	4%	2%

MÄNNER 2002©

Nimmt man diese Informationen über einen Mann als Grundlage für einen Index „gesund“, dann erweisen sich 39% als sehr gesund, weitere 46% als gesund. 13% gelten als krank, 1% als sehr krank. Für 2% ließ sich der Index nicht errechnen. – Die Zahlen für die Frauen sind ganz ähnlich.

Bemerkenswert ist, dass die Modernen (Männer wie Frauen) sich merklich gesünder fühlen als die Traditionellen (Männer wie Frauen).

Tabelle 58: Gesundheitszustand

		sehr gesund	gesund	krank	sehr krank
Männer	traditionell	34%	46%	17%	2%
	pragmatisch	33%	51%	11%	5%
	unbestimmt	41%	43%	15%	1%
	modern	41%	50%	8%	1%
	ALLE	39%	46%	13%	2%
Frauen	traditionell	27%	37%	26%	10%
	pragmatisch	21%	60%	12%	7%
	unbestimmt	39%	44%	15%	2%
	modern	48%	43%	8%	1%
	ALLE	37%	46%	13%	4%
ALLE		38%	46%	13%	3%

MÄNNER – FRAUEN 2002©

Gesund leben

72% der befragten Männer trinken Alkohol, 23% trinken keinen. Von über 5% wissen wir es nicht. 45% sind Raucher, 49% nicht (wieder fehlt bei 3% die Information).

45% bemühen sich um eine gesunde Ernährung, 54% schlafen ausreichend, 34% kümmern sich um ihre Gesundheit.

Tabelle 59: Wie gesund Männer leben

	ja				nein
Ich bemühe mich um eine gesunde Ernährung.	20%	25%	33%	13%	8%
Ich schlafe ausreichend.	31%	22%	24%	15%	8%
Ich kümmere mich sehr bewusst um meine Gesundheit.	13%	21%	34%	19%	12%

MÄNNER 2002©

Aus all diesen zusammengehörigen Aussagen bilden wir den Index „gesund leben". „Gesund Lebende" kümmern sich um ihre Gesundheit, um gesunde Ernährung und schlafen ausreichend. Sie trinken und rauchen nicht. Zur Gruppe der Sehr-gesund-Lebenden gehören 20%. Weitere 42% leben gesund. 29% gehören zu jenen, die eher ungesund leben, 9% leben sehr ungesund. Es sind eher die traditionellen Männer (28%), die sehr gesund leben, denn die modernen (18%). Die modernen Männer holen allerdings bei der zweiten Kategorie „eher gesund" auf.

Doppelt so viele Frauen (41%) wie Männer (20%) leben sehr gesund.

Tabelle 60: Gesund leben

		leben sehr gesund	leben gesund	leben ungesund	leben sehr ungesund
Männer	traditionell	28%	36%	25%	10%
	pragmatisch	24%	37%	28%	11%
	unbestimmt	17%	44%	31%	8%
	modern	18%	47%	26%	9%
	alle Männer	20%	42%	29%	9%
Frauen	traditionell	43%	47%	10%	0%
	pragmatisch	44%	47%	8%	2%
	unbestimmt	41%	48%	10%	2%
	modern	40%	41%	16%	3%
	alle Frauen	41%	45%	12%	2%
ALLE		32%	44%	19%	5%

MÄNNER – FRAUEN 2002©

Alkohol- und Nikotinkonsum

24% der befragten Männer trinken keinen Alkohol. Bei den Frauen sind es 43%. 50% der Männer und 65% der Frauen rauchen nicht.

Die Verwendung von Suchtmitteln ist bei einem Teil der Männer intensiv. 13% trinken mehr als wöchentlich zwei Flaschen Wein, 68% rauchen mehr als 10 Zigaretten pro Tag. Rauchen ist weiter verbreitet als Trinken.

Tabelle 61: Trinken und rauchen

	von denen, die trinken/rauchen	von Bevölkerung
mehr als zwei Flaschen Wein oder 10 Flaschen Bier pro Woche	13%	9%
etwa eine Flasche Wein oder 5 Flaschen Bier pro Woche	31%	22%
weniger als eine Flasche Wein pro Woche	56%	40%
mehr als 10 Zigaretten pro Tag	68%	33%
5-10 Zigaretten pro Tag	21%	10%
weniger als 5-10 Zigaretten pro Tag	11%	5%

MÄNNER 2002©

Beide Konsumverhalten lassen sich kombinieren.[24] Auf dieser Basis gelten 43% (bei den Frauen 27%) als süchtig: Es sind Männer, die viel trinken und rauchen. 42% (Frauen 40%) trinken viel, rauchen aber wenig. 15% (bei den Frauen 34%) sind abstinent – sie rauchen und trinken nicht.

Tabelle 62: Trinken

		nichts	wenig	etwas	viel
Männer	traditionell	28%	36%	24%	12%
	pragmatisch	26%	40%	26%	8%
	unbestimmt	23%	44%	24%	9%
	modern	22%	47%	19%	12%
	alle Männer	24%	43%	23%	10%
Frauen	traditionell	56%	29%	13%	2%
	pragmatisch	54%	42%	1%	3%
	unbestimmt	52%	42%	5%	1%
	modern	33%	54%	9%	4%
	alle Frauen	46%	45%	7%	3%
ALLE		36%	44%	14%	6%

MÄNNER - FRAUEN 2002©

24 Abbildung: Clusterbildung für Suchtverhalten

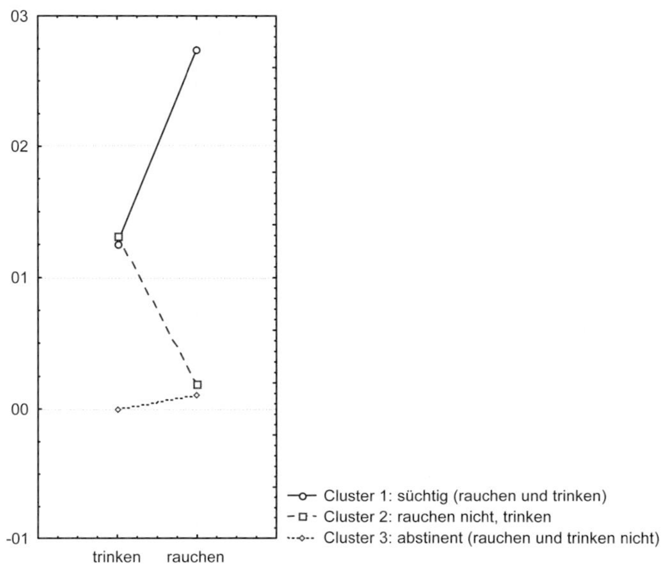

MÄNNER - FRAUEN 2002©

Tabelle 63: Rauchen

		nicht	wenig	etwas	viel
Männer	traditionell	59%	3%	7%	31%
	pragmatisch	45%	5%	13%	37%
	unbestimmt	52%	5%	11%	32%
	modern	47%	7%	10%	37%
	alle Männer	51%	5%	10%	34%
Frauen	traditionell	75%	4%	9%	12%
	pragmatisch	67%	4%	8%	21%
	unbestimmt	69%	8%	7%	16%
	modern	59%	9%	12%	21%
	alle Frauen	65%	7%	9%	18%
ALLE		58%	6%	10%	26%

MÄNNER – FRAUEN 2002©

Frauen rauchen deutlich weniger als Männer. Das Rauchen nimmt zu den Modernen hin zu: bei den Frauen (16 Prozentpunkte weniger Nichtraucher) stärker als bei den Männern (12 Prozentpunkte weniger). Dasselbe gilt für die Trinkgewohnheiten von Männern (6 Prozentpunkte weniger) und Frauen (23 Prozentpunkte weniger trinken nichts).

Tabelle 64: Suchtanfälligkeit

		0= abstinent	1	2	3	4	5	6= süchtig	Mittelwert
Männer	traditionell	22%	21%	15%	11%	15%	9%	7%	2,33
	pragmatisch	16%	18%	16%	16%	18%	12%	5%	2,55
	unbestimmt	13%	26%	16%	15%	14%	10%	6%	2,43
	modern	13%	23%	12%	17%	19%	7%	7%	2,57
	alle Männer	15%	23%	15%	15%	16%	10%	6%	2,47
Frauen	traditionell	42%	25%	15%	7%	8%	2%	0%	1,21
	pragmatisch	34%	33%	6%	17%	8%	1%	1%	1,37
	unbestimmt	40%	30%	11%	9%	8%	2%	1%	1,25
	modern	24%	34%	10%	14%	11%	6%	1%	1,78
	alle Frauen	33%	32%	10%	12%	9%	3%	1%	1,48
ALLE		24%	28%	12%	13%	13%	6%	3%	1,94

MÄNNER – FRAUEN 2002©

Die durchschnittliche Anfälligkeit von Frauen für Suchtmittel ist in Richtung moderne Frauen deutlich höher als bei modernen Männern.

Gesundheit und Arbeit

Männer gelten traditionellerweise als arbeitsorientiert. Steht ein Mann vor der Wahl Arbeit oder Gesundheit, so erhält die Arbeit zumeist den Vorrang. Männer achten wenig auf ihre Gesundheit, so die landläufige Meinung.

Wir haben dazu zwei Aussagen formuliert, die eine auf sich selbst bezogen („*Ich arbeite mehr, als es für meine Gesundheit zuträglich ist*"), die andere auf die Männer allgemein („*Männer stellen ihre Arbeit über die Gesundheit*").

Tabelle 65: Arbeit und/oder Gesundheit

	ja				nein
Ich arbeite mehr, als es für meine Gesundheit zuträglich ist.	19%	17%	27%	18%	18%
Männer stellen ihre Arbeit über die Gesundheit.	17%	29%	29%	12%	12%

Aus beiden Informationen bilden wir den Index „Arbeitsorientierung versus Gesundheitsorientierung". 31% der Männer sind sehr arbeitsorientiert. Sie stellen die Arbeit über ihre Gesundheit. Weitere 34% sind eher arbeitsorientiert. 25% gehören zu den eher gesundheitsorientierten Männern, 10% sind sehr auf ihre Gesundheit bedacht und stellen Arbeitsanforderungen zurück.

Männer sind (in allen vier Typen) mehr arbeitsorientiert als Frauen, Moderne (bei den Männern 35%, bei den Frauen 28%) deutlich weniger als Traditionelle (bei den Männern 22%, bei den Frauen 18%).

Tabelle 66: Arbeits- oder Gesundheitsorientierung

		sehr arbeits-orientiert	arbeitsorientiert	gesundheits-orientiert	sehr gesundheits-orientiert
Männer	traditionell	35%	35%	24%	6%
	pragmatisch	36%	35%	21%	8%
	unbestimmt	32%	33%	27%	8%
	modern	22%	33%	27%	18%
	alle Männer	31%	34%	25%	10%
Frauen	traditionell	28%	48%	18%	6%
	pragmatisch	36%	43%	18%	3%
	unbestimmt	27%	40%	27%	5%
	modern	18%	43%	24%	14%
	alle Frauen	26%	43%	23%	8%
ALLE		28%	38%	24%	9%

MÄNNER – FRAUEN 2002©

Umgang mit Erkrankungen

Es wurde auch in Erfahrung gebracht, welchen Grad eine Krankheit haben muss, damit ein Mann nicht zur Arbeit geht. 10% der befragten Männer tun dies schon bei leichten Beschwerden, weil ihnen ihre Gesundheit wichtiger ist. 41% bleiben lediglich bei stärkeren Beschwerden daheim, weitere 43% nur bei wirklich ernsthafter Krankheit.

Tabelle 67: Wann Männer nicht zur Arbeit gehen

Hier auf dieser Liste finden Sie verschiedene Reaktionen, wie man auf Unwohlsein bzw. Erkrankungen reagieren kann. Bitte nenne Sie mir jene Nummer, die Sie am besten beschreibt.

10%	Ja, auch bei leichten Beschwerden bleibe ich zu Hause, meine Gesundheit ist mir wichtiger.
40%	Ja, aber nur bei höherem Fieber bzw. bei stärkeren Beschwerden.
45%	Ja, aber nur wenn ich wirklich ernsthaft krank bin.
3%	Ich bin noch nie krank gewesen.
2%	keine Angabe

MÄNNER 2002©

Ob jemand arbeits- oder eher gesundheitsorientiert denkt, wirkt sich moderat auf die Frage aus, bei welchem Grad von Beschwerden jemand der Arbeit fernbleibt.

Sehr arbeitsorientierte Männer bleiben bei leichten Beschwerden seltener (8%) der Arbeit fern als sehr gesundheitsorientierte (14%). Sie tun dies eher bei wirklich ernsthafter Krankheit (53%) – bei den Gesundheitsorientierten finden sich hier nur 42%.

Tabelle 68: Arbeits- bzw. Gesundheitsorientierung formt das faktische Verhalten bei Krankheit leicht mit

		bei leichten Beschwerden	bei stärkeren Beschwerden	wirklich ernsthaft krank	nie krank
Männer	sehr arbeitsorientiert	8%	37%	53%	2%
	arbeitsorientiert	9%	45%	45%	1%
	gesundheitsorientiert	13%	43%	41%	3%
	sehr gesundheitsorientiert	14%	41%	42%	2%
	alle Männer	10%	42%	46%	2%
Frauen	sehr arbeitsorientiert	5%	37%	48%	4%
	arbeitsorientiert	11%	45%	40%	1%
	gesundheitsorientiert	10%	49%	32%	4%
	sehr gesundheitsorientiert	17%	45%	30%	4%
	alle Frauen	10%	44%	39%	3%
ALLE		10%	43%	43%	2%

Vorsorgeuntersuchung

„Wie handhaben Sie es eigentlich mit der Vorsorgeuntersuchung. Ich meine, gehen Sie jährlich, alle zwei Jahre oder gehen Sie nur zum Arzt, wenn Sie krank sind?" 23% gehen jährlich, 13% alle zwei Jahre. Der Großteil von 62% nimmt aber eine Vorsorgeuntersuchung nur im Krankheitsfall in Anspruch. Von 3% fehlt die Angabe.

Gefragt wurde auch nach der Einstellung zur Vorsorgeuntersuchung.

Tabelle 69: Vorsorgeuntersuchung

	ja				nein
Ich gehe regelmäßig zur Vorsorgeuntersuchung	20%	10%	10%	12%	50%

Aus beiden Angaben errechnen wir den Index der Vorsorgebereitschaft. 23% der Männer können als sehr vorsorgebereit gelten, weitere 13% als eher vorsorgebereit. Wenig vorsorgend sind 15%, überhaupt nicht vorsorgend der Großteil von 48%. Moderne Männer sind (überraschenderweise) weniger vorsorgebereit als traditionelle.

Frauen sind im Vergleich zu Männern deutlich vorsorgebereiter: 36% können als sehr vorsorgebereit gelten – bei den Männern sind es dagegen nur 23%.

Tabelle 70: Vorsorgebereitschaft

		sehr vorsorgebereit	vorsorgebereit	wenig vorsorgebereit	nicht vorsorgebereit
Männer	traditionell	24%	14%	17%	45%
	pragmatisch	27%	16%	14%	43%
	unbestimmt	24%	11%	17%	48%
	modern	19%	15%	13%	53%
	alle Männer	23%	13%	15%	48%
Frauen	traditionell	39%	23%	15%	24%
	pragmatisch	36%	23%	14%	27%
	unbestimmt	32%	16%	21%	31%
	modern	38%	9%	16%	38%
	alle Frauen	36%	16%	17%	32%
ALLE		30%	15%	16%	39%

MÄNNER – FRAUEN 2002©

Männer und ihre Gesundheit – ein Überblick

Zusammenfassend lässt sich sagen: Mehrheitlich fühlen sich Männer gesund. Schon weniger leben auch gesund. Es sind weniger Männer, die nie trinken (22%) als solche, die nicht rauchen (47%). Noch weniger Männer sind vorsorgebereit. Arbeit zählt für zwei Drittel mehr als Gesundheit.

Tabelle 71: Überblick über Indizes zur Gesundheit

	fühlen sich gesund	leben gesund	arbeits-orientiert	vorsorge-bereit
sehr stark	34%	28%	35%	21%
stark	33%	24%	36%	13%
schwach	41%	17%	32%	5%
sehr schwach	41%	18%	22%	58%

Wer arbeitsorientiert ist, hat einen schlechteren Gesundheitszustand.

Wer gesund lebt, geht auch eher zur Vorsorge.

Tabelle 72: Gesund leben und Vorsorgebereitschaft

	sehr vorsorgend	vorsorgend	wenig vorsorgend	nicht vorsorgend
leben sehr gesund	48%	13%	5%	35%
leben gesund	22%	18%	5%	55%
leben ungesund	10%	9%	5%	76%
leben sehr ungesund	4%	6%	8%	83%

Mit den drei Indizes gesund leben, vorsorgebereit, arbeits- oder gesundheitsorientiert werden drei Cluster gebildet.[25] Dabei schälen sich drei Gruppen heraus:

- Arbeitsorientierte Männer (42%) sind sehr arbeitsorientiert, aber sie achten nicht auf ihre Gesundheit und sind nicht vorsorgebereit; unter den Frauen gibt es davon nur 23%.
- Gesundheitsorientierte Männer (23%) achten zwar weniger auf gesundes Leben, sind aber gesundheitsorientiert, jedoch nicht vorsorgebereit. Unter den Frauen sind 16% von dieser Art.
- Vorsorgebereite Männer sind eher arbeitsorientiert, sie achten (deshalb? in diesem Zusammenhang?) auf gesundes Leben; sie sind in hohem Maß vorsorgebereit (35%); von diesem der drei Typen gibt es die meisten Frauen (51%).

Von den Traditionellen zu den Modernen nimmt die Arbeitsorientierung ab und die Gesundheitsorientierung zu. Die Vorsorgebereitschaft nimmt insbesondere von den traditionellen zu den modernen Frauen deutlich ab.

---

[25] Abbildung: Clusteranalyse Gesundheit

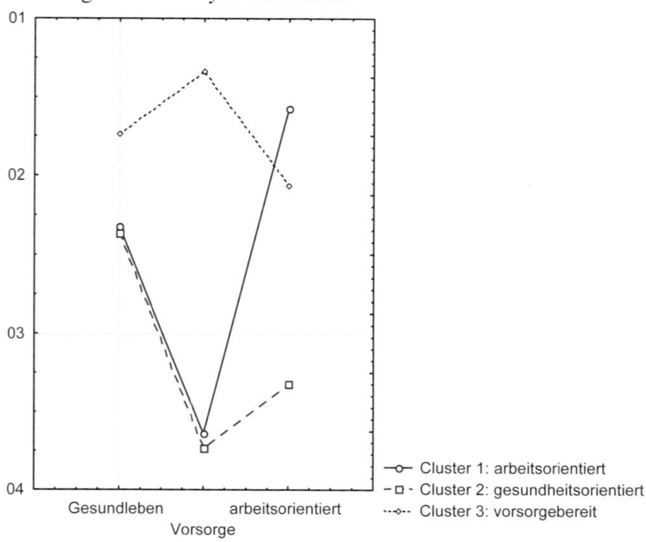

MÄNNER – FRAUEN 2002©

Tabelle 73: Gesundheitstypen

		arbeitsorientiert	gesundheits-orientiert	vorsorgend
Männer	traditionell	46%	17%	37%
	pragmatisch	39%	19%	42%
	unbestimmt	45%	22%	33%
	modern	36%	32%	32%
	alle Männer	42%	23%	35%
Frauen	traditionell	35%	4%	61%
	pragmatisch	32%	10%	58%
	unbestimmt	36%	17%	47%
	modern	30%	24%	46%
	alle Frauen	33%	16%	51%
ALLE		37%	19%	43%

Sexualität

„*Nur ein sexuell aktiver Mann ist ein richtiger Mann.*" Ein Drittel (35%) hält diesen Satz eher für richtig, 36% lehnen ihn eher ab. Ein Drittel (31%) liegt in der unentschlossenen Mitte. Zu dieser Ansicht neigen die traditionellen Männer erheblich mehr (48%) als die modernen (25%). Den höchsten Wert erreichen die pragmatischen Männer (49%).

Für den Großteil der Männer (89%) ist klar, dass sie *gemeinsam mit der Partnerin die Kinderzahl bestimmen*. 35% der Männer (Frauen 48%) sagen uneingeschränkt, weitere 30% (Frauen 31%) mit Einschränkung, dass sich auch *Männer mehr um die Verhütung kümmern sollten*. Für 19% (Frauen 17%) ist das eindeutig Frauensache, da die Frau dafür mehr Möglichkeiten hat. Weitere 22% (Frauen 18%) sehen das etwas abgeschwächt auch so.

Tabelle 74: Verhütung

MÄNNER	ja				nein	k. A.
Wie viele Kinder eine Familie haben will, sollen Mann und Frau gemeinsam bestimmen.	76%	13%	8%	2%	2%	1%
Für die Verhütung sorgt die Frau, da sie mehr Möglichkeiten hat.	19%	22%	30%	13%	16%	1%
Auch Männer sollen sich mehr um die Verhütung kümmern.	35%	30%	23%	5%	5%	1%

FRAUEN	ja				nein	k. A.
Wie viele Kinder eine Familie haben will, sollen Mann und Frau gemeinsam bestimmen.	76%	13%	8%	2%	2%	1%
Für die Verhütung sorgt die Frau, da sie mehr Möglichkeiten hat.	19%	22 5	30%	13%	16%	1%
Auch Männer sollen sich mehr um die Verhütung kümmern.	35%	30%	23%	5%	5%	1%

MÄNNER – FRAUEN 2002©

Sexualität hat eine kommunikative und einer generative Seite. 71% der befragten Männer (Frauen 57%) sehen sich als *einfühlsam, was die Wünsche des anderen beim sexuellen Verkehr* betrifft. Für 40% ist die *sexuelle Begegnung ein vorzüglicher Weg zur Person des anderen* – 32% der Frauen sehen das so. Zwei Drittel der Männer (68%) wären in *ihrem Leben ohne Sexualität sehr unzufrieden*; bei Frauen hat diese Aussage mit 48% eine deutlich geringere Zustimmung gefunden.

Tabelle 75: Kommunikativer Sex

MÄNNER	ja				nein	k. A.
Ohne Sexualität wäre ich mit meinem Leben sehr unzufrieden.	38%	28%	21%	7%	5%	1%
Sexuelle Begegnung ist für mich ein vorzüglicher Weg zur Person des anderen.	15%	25%	36%	12%	9%	3%
Ich nehme die Wünsche des anderen beim sexuellen Vollzug wahr.	38%	33%	19%	5%	3%	2%

FRAUEN	ja				nein	k. A.
Ohne Sexualität wäre ich mit meinem Leben sehr unzufrieden.	24%	24%	31%	11%	8%	3%
Sexuelle Begegnung ist für mich ein vorzüglicher Weg zur Person des anderen.	11%	21%	33%	15%	16%	4%
Ich nehme die Wünsche des anderen beim sexuellen Vollzug wahr.	26%	31%	28%	6%	6%	4%

MÄNNER – FRAUEN 2002©

Nur 17% der Männer (bei den Frauen sind es 9%) behaupten, es ginge ihnen bei *sexuellen Begegnungen nur um die Triebbefriedigung* (die 11% ohne Antwort sind bei dieser Frage erstaunlich wenige). Ein kräftiges Drittel (36%, Frauen 43%) ist der Ansicht, dass sich *Männer schwer tun, über Sexualität mit ihrer Partnerin zu reden.* 41% halten *sexuelle Belästigung für ein beziehungsarmes Machtmittel:* Hier haben die Frauen mit 62% einen bedeutend höheren Wert.

Tabelle 76: Nichtkommunikativer Sex

MÄNNER	ja				nein	k. A.
Sexuelle Belästigung sind ein Mittel, um Macht auszuüben.	22%	19%	24%	12%	22%	1%
Männer tun sich schwer, über Sexualität mit ihrer Partnerin zu sprechen.	12%	24%	31%	16%	15%	1%
Bei sexuellen Begegnungen geht es mir vorrangig um Triebbefriedigung.	7%	10%	25%	23%	26%	10%

FRAUEN	ja				nein	k. A.
Sexuelle Belästigung sind ein Mittel, um Macht auszuüben.	34%	28%	21%	6%	10%	1%
Männer tun sich schwer, über Sexualität mit ihrer Partnerin zu sprechen.	14%	29%	36%	11%	9%	1%
Bei sexuellen Begegnungen geht es mir vorrangig um Triebbefriedigung.	3%	6%	22%	18%	40%	11%

MÄNNER – FRAUEN 2002©

Verhütung, kommunikative und nichtkommunikative Sexualität: Das sind auch statistisch drei abgrenzbare Dimensionen in den Einstellungen der befragten Männer zur Sexualität.

- Die Bereitschaft zu partnerschaftlicher Sorge um die Verhütung ist bei 42% der Befragten sehr stark. Für 47% der Männer ist die Beziehungsseite der sexuellen Begegnung sehr wichtig. 10% sehen die Triebbefriedigung im Vordergrund.
- Die gemeinsame Verantwortung um die Kinderzahl ist primär Sache der modernen Männer (68%, dagegen 26% bei den traditionellen). Hinsichtlich der kommunikativen Seite der Sexualität unterscheiden sich die Männertypen wenig. Etwas stärker sind die Differenzen bei der Bewertung der Triebseite der Sexualität.

Tabelle 77: Verantwortung für Verhütung

		sehr hoch	hoch	niedrig	sehr niedrig
Männer	traditionell	26%	51%	21%	2%
	pragmatisch	32%	56%	11%	1%
	unbestimmt	39%	52%	8%	1%
	modern	68%	25%	6%	0%
	alle Männer	42%	46%	10%	1%
Frauen	traditionell	36%	52%	11%	0%
	pragmatisch	38%	54%	7%	0%
	unbestimmt	49%	40%	10%	0%
	modern	78%	19%	2%	0%
	alle Frauen	56%	37%	7%	0%
ALLE		50%	41%	9%	0%

MÄNNER – FRAUEN 2002©

Tabelle 78: Kommunikativer Sex nach Typen

		sehr hoch	hoch	niedrig	sehr niedrig
Männer	traditionell	47%	44%	8%	2%
	pragmatisch	53%	37%	8%	2%
	unbestimmt	42%	46%	11%	1%
	modern	50%	32%	14%	4%
	alle Männer	47%	41%	10%	2%
Frauen	traditionell	18%	47%	15%	19%
	pragmatisch	30%	48%	16%	6%
	unbestimmt	22%	55%	21%	2%
	modern	36%	46%	14%	4%
	alle Frauen	28%	50%	16%	6%
ALLE		37%	45%	14%	4%

MÄNNER – FRAUEN 2002©

Tabelle 79: Nichtkommunikativer Sex nach Typen

		sehr hoch	hoch	niedrig	sehr niedrig
Männer	traditionell	11%	47%	33%	9%
	pragmatisch	21%	47%	22%	10%
	unbestimmt	8%	39%	42%	10%
	modern	8%	37%	38%	18%
	alle Männer	10%	41%	36%	12%
Frauen	traditionell	8%	62%	26%	3%
	pragmatisch	15%	48%	30%	7%
	unbestimmt	9%	56%	32%	4%
	modern	11%	47%	35%	6%
	alle Frauen	11%	51%	32%	5%
ALLE		11%	47%	34%	9%

MÄNNER - FRAUEN 2002©

Tabelle 80: Dimensionen männlicher Sexualität

	Verhütung	kommunikative Sexualität	nichtkommunikative Sexualität
traditionell	28%	44%	12%
pragmatisch	33%	55%	22%
unbestimmt	35%	41%	8%
modern	67%	48%	7%
ALLE	43%	46%	11%

MÄNNER 2002©

Clustert man diese drei Indizes[26], lassen sich drei Typen abgrenzen: Männer (36%, Frauen 24%), denen sehr an der kommunikativen Seite der Sexualität („Beziehungssex") liegt (das sind mit 42% überdurchschnittlich die modernen Männer), jene, die der Sexualität in keiner Form eine größere Bedeutung beimessen (Männer 13%, Frauen 22%), und jene, welche sowohl die kommunikative sehen, sowie die nichtkommunikative Seite der Sexualität („Vollsex") schätzen (Männer 51%, Frauen 54%). Hier liegen die pragmatischen und die traditionellen Männer deutlich über dem Durchschnitt.

---

[26] Abbildung: Clusterbildung Sexualität

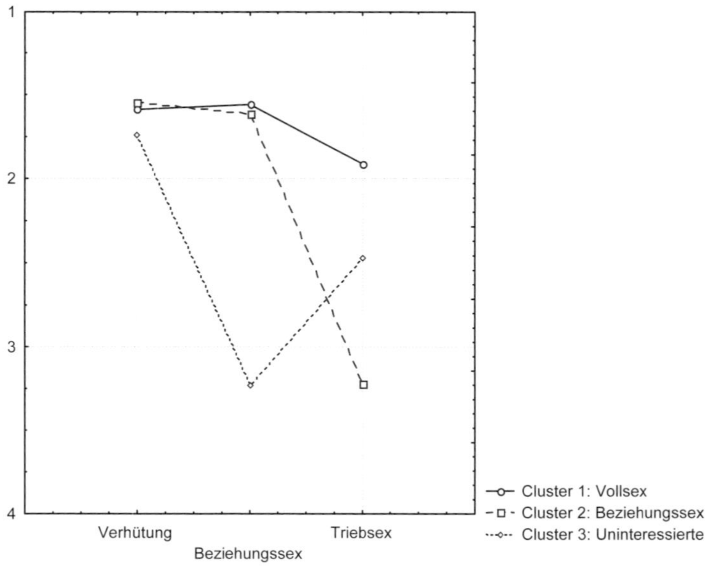

MÄNNER – FRAUEN 2002©

Tabelle 81: Sexualitätstypen - nach Geschlechtertypen

		Vollsex	Beziehungssex	Uninteressierte
Männer	traditionell	55%	29%	15%
	pragmatisch	66%	25%	10%
	unbestimmt	49%	39%	12%
	modern	42%	42%	16%
	alle Männer	51%	36%	13%
Frauen	traditionell	54%	12%	34%
	pragmatisch	52%	26%	23%
	unbestimmt	54%	21%	25%
	modern	55%	29%	16%
	alle Frauen	54%	24%	22%
ALLE		53%	29%	18%

MÄNNER - FRAUEN 2002©
Skalenwert 1 auf vierteiliger Indexskala.

Umgang mit Problemen

Wenn ein Mann ein Problem hat, dann reißt er sich zusammen (56% tun dies üblicherweise). Männer sprechen mit der Partnerin/dem Partner darüber (51%). Ein Viertel (24%) berät sich mit Freunden, 15% mit Freundinnen. 17% suchen üblicherweise Trost bei einem anderen Menschen. Eine verschwindende Minderheit von 4% treffen wir in Beratungsstellen – 88% nehmen eine solche „eher nicht" in Anspruch. 24% der Männer ziehen sich üblicherweise zurück, 28% tun dies eher nicht.

Tabelle 82: Umgang mit Problemen

Man kann mit Problemen sehr unterschiedlich umgehen. Wie ist das bei Ihnen? Bitte legen Sie die Karten auf das entsprechende Feld.

	Männer				Frauen			
	mache ich üblicherweise	mache ich gelegentlich	mache ich eher nicht	keine Angabe	mache ich üblicherweise	mache ich gelegentlich	mache ich eher nicht	keine Angabe
Ich reiße mich zusammen.	54%	33%	9%	4%	50%	36%	12%	2%
Ich spreche mit meiner Partnerin/ meinem Partner.	48%	30%	15%	7%	51%	26%	18%	5%
Ich ziehe mich zurück.	23%	46%	26%	5%	25%	46%	27%	3%
Ich berate mich mit Freunden.	22%	43%	29%	6%	28%	38%	31%	2%
Ich suche Trost bei einem anderen Menschen.	16%	40%	39%	6%	37%	39%	21%	3%
Ich berate mich mit Freundinnen.	13%	24%	55%	8%	36%	29%	21%	4%
Ich gehe in eine Beratungsstelle oder Therapie.	4%	7%	82%	7%	7%	11%	78%	4%

MÄNNER – FRAUEN 2002©

Faktorenanalytisch[27] zeigen sich beim Umgang mit Problemen drei Dimensionen:

- Mann reißt sich zusammen und geht eher nicht in eine Beratung (von jenen, die sich üblicherweise zusammenreißen, gehen 91% eher nicht in die Beratung, von jenen, die sich eher nicht zusammenreißen, gehen 81% nicht);
- Mann zieht sich zurück und spricht eher nicht mit seiner Partnerin/dem Partner (von jenen, die sich üblicherweise zurückziehen, reden 34% mit der Partnerin, von jenen, die sich eher nicht zurückziehen, reden 60% mit ihr);
- Mann redet sich mit Freunden, Freundinnen, anderen Menschen aus.

Tabelle 83: Umgang mit Problemen – nach Männertypen

	Männer			Frauen		
	zusammenreißen	zurückziehen	ausreden	zusammenreißen	zurückziehen	ausreden
traditionell	90%	27%	7%	69%	35%	17%
pragmatisch	75%	24%	9%	76%	23%	30%
unbestimmt	86%	21%	9%	76%	21%	28%
modern	82%	21%	16%	80%	19%	38%
ALLE	84%	23%	10%	77%	22%	31%

MÄNNER 2002©

84% (Frauen 77%) aller befragten Männer tendieren sehr stark (Skalenwert 1 auf der vierteiligen Indexskala) zum Zusammenreißen. 23% (Frauen 22%) neigen sehr zum Rückzug, 10% (Frauen 31%) reden sich aus.

Die Unterschiede zwischen den Männertypen sind in dieser Hinsicht geringfügig. Es zeigt sich von den traditionellen hin zu den modernen Männern eine

[27] Faktorenanalyse: Umgang mit Problemen

	aussprechen	zurückziehen	zusammenreißen
Ich gehe in eine Beratungsstelle oder Therapie.	0,08	0,30	0,68
Ich reiße mich zusammen.	-0,03	0,22	-0,71
Ich ziehe mich zurück.	-0,06	0,73	0,19
Ich spreche mit meiner Partnerin/meinem Partner.	0,06	-0,70	0,21
Ich berate mich mit Freundinnen.	0,77	0,02	0,15
Ich berate mich mit Freunden.	0,83	-0,07	-0,12
Ich suche Trost bei einem anderen Menschen.	0,59	-0,07	0,22

leichte Verschiebung vom Zusammenreißen und Zurückziehen hin zum Ausreden. Moderne Frauen hingegen übernehmen das Muster des Zusammenreißens (nicht aber des Zurückziehens). Das Ausreden ist bei den modernen Frauen auch überdurchschnittlich ausgeprägt.

Gewalt

Macht und Gewalt werden mit „dem Mann“ in Verbindung gesehen. Hier sind Differenzierungen angebracht. Daher wurden die Fragen in unterschiedliche Richtung formuliert. Die faktorenanalytische Durchleuchtung der Ergebnisse bestätigt die Vermutungen. Drei Formen von Macht werden sichtbar:

- Gewalt durch Männer („Männergewalt“)
- Gewalt durch Frauen („Frauengewalt“)
- „Gestaltungsmacht“

Tabelle 84: Gewalt, die Männer kennzeichnet („Männergewalt")

A Manchmal muss man Kindern einen Klaps oder eine Ohrfeige geben, damit sie zur Vernunft kommen.[28]

B Ein Mann muss sich vor den anderen auch durch Kraftakte erweisen.

C Ein Mann muss sich unter Männern auch notfalls mit Gewalt durchsetzen.

D Macht ist Männersache.

	Männer						Frauen					
	ja				nein	k. A.	ja				nein	k. A.
A	15%	21%	23%	19%	22%	1%	11%	19%	27%	19%	23%	1%
B	5%	13%	24%	22%	36%	2%	7%	8%	21%	19%	45%	1%
C	6%	10%	21%	21%	41%	1%	4%	7%	15%	21%	53%	1%
D	6%	15%	29%	20%	27%	2%	4%	12%	22%	22%	39%	1%

MÄNNER – FRAUEN 2002©

[28] 1992 hatten dieser und andere einschlägige Sätze folgende Zustimmungen (1 = sehr richtig und 2 = richtig auf fünfteiliger Skala): Manchmal muss man Kinder schlagen, damit sie zur Vernunft kommen (16%); Ein Mann muss sich vor den anderen auch durch Kraftakte erweisen (10%); Wenn eine Frau vergewaltigt wird, hat sie wahrscheinlich den Mann provoziert (10%); Die weiße Rasse ist am besten dazu geeignet, Führung und Verantwortung zu übernehmen (21%).

Tabelle 85: Gewalt, die mit Frauen in Verbindung gebracht wird („Frauengewalt")

A Wenn eine Frau vergewaltigt wird, hat sie wahrscheinlich den Mann provoziert.

B Frauen fällt es schwer, Macht offen zu zeigen.

C Wenn die Frau stark provoziert, ist es durchaus verständlich, dass ein Mann auch einmal zuschlägt.

D Frauen üben Gewalt auf psychischer Ebene aus.

	Männer						Frauen					
	ja				nein	k. A.	ja				nein	k. A.
A	4%	6%	15%	17%	56%	2%	3%	6%	12%	13%	65%	1%
B	7%	17%	39%	19%	17%	2%	5%	22%	40%	16%	16%	1%
C	4%	9%	18%	17%	49%	2%	5%	7%	19%	16%	53%	1%
D	12%	24%	34%	16%	14%	2%	9%	22%	34%	18%	16%	1%

MÄNNER - FRAUEN 2002©

Tabelle 86: Gestaltungsmacht

A Ich gestalte gern das Zusammenleben von Menschen und übe auf diese Weise bewusst Macht aus.

B Ich übernehme in Gruppen oder bei Entscheidungsvorgängen oft die Führung.

	Männer						Frauen					
	ja				nein	k. A.	ja				nein	k. A.
A	4%	10%	32%	26%	26%	2%	2%	12%	32%	23%	40%	1%
B	10%	23%	30%	18%	18%	2%	9%	15%	28%	20%	27%	1%

MÄNNER - FRAUEN 2002©

Am stärksten ist bei den untersuchten Männern die Gestaltungsmacht anzutreffen (48% stark). Bei einem Drittel (33%) ist die Männergewalt stark ausgeformt, bei 26% die Frauengewalt.

Tabelle 87: Übersicht über Macht und Gewalt

	Männer				Frauen			
	Män-ner-gewalt	Frau-en-gewalt	Gestal-tungs-macht	SUM-ME	Män-ner-gewalt	Frau-en-gewalt	Gestal-tungs-macht	SUM-ME
traditionell	47%	36%	47%	130	26%	24%	27%	77
pragmatisch	61%	45%	64%	170	42%	35%	50%	127
unbestimmt	28%	24%	47%	99	24%	21%	45%	90
modern	18%	12%	39%	69	8%	10%	33%	51
ALLE	33%	28%	49%	110	22%	20%	39%	81

MÄNNER - FRAUEN 2002©
1=sehr stark und 2=stark auf vierteiliger Indexskala.

Diese drei Dimensionen (und ihre jeweiligen Indizes) bilden das Ausgangsmaterial für eine Clusteranalyse.[29] Vier Typen wurden errechnet. Dabei zeigen sich

- *die Gestalterischen:* Sie haben niedrige Werte bei der Männergewalt wie bei der Frauengewalt, aber hohe Werte bei der Gestaltungsmacht – 29% der Männer und 28% der Frauen gehören zu diesem Typ;

---

[29] Abbildung: Clusteranalyse Macht und Gewalt

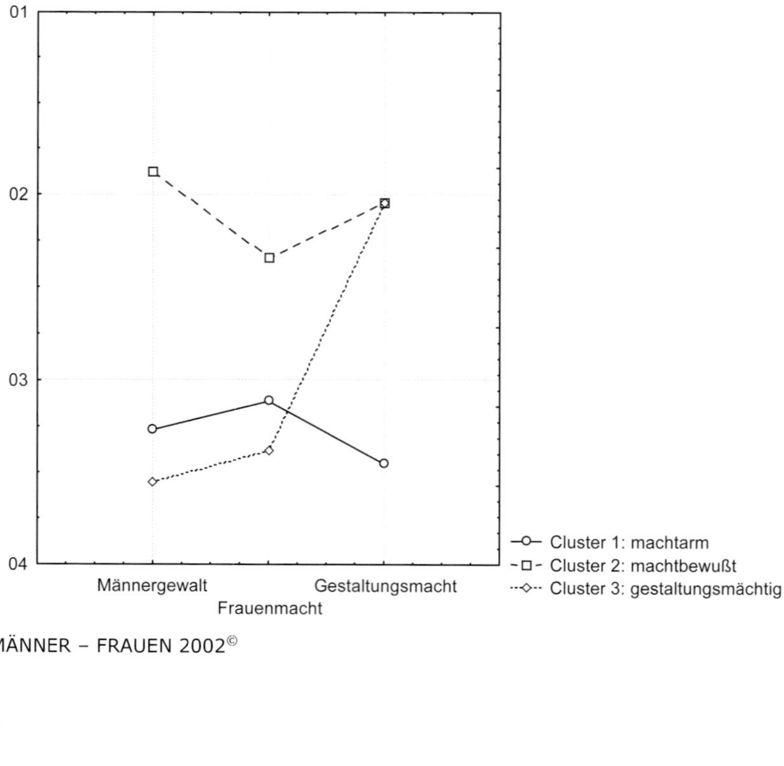

MÄNNER - FRAUEN 2002©

- *die Machtbewussten,* die bei allen drei Indikatoren hohe Werte haben. Unter den Männern sind 32% von dieser Art, unter den Frauen mit 21% deutlich weniger;
- *die Machtarmen*, die bei allen drei Indizes niedrige Werte aufweisen (39% der Männer, 51% der Frauen).

Tabelle 88: Macht- und Gewalttypen

		machtarm	machtbewusst	gestaltungs-mächtig
Männer	traditionell	36%	43%	22%
	pragmatisch	26%	51%	22%
	unbestimmt	43%	28%	29%
	modern	44%	15%	41%
	alle Männer	39%	32%	29%
Frauen	traditionell	62%	20%	17%
	pragmatisch	40%	39%	21%
	unbestimmt	50%	24%	26%
	modern	55%	8%	37%
	alle Frauen	51%	21%	28%
ALLE		45%	26%	29%

MÄNNER – FRAUEN 2002©

Autoritarismus und Macht/Gewalt

Diese aufgedeckten Formen von Gewalt und Macht hängen eng mit dem Persönlichkeitsmerkmal des Autoritarismus zusammen. Dieser beschreibt eine Unterwerfungsbereitschaft einer Person unter Führer und Ordnungen. Eine Grundannahme lautet: „Recht hat, wer oben ist.“

Tabelle 89: Autoritarismus

A Wo strenge Autorität ist, dort ist auch Gerechtigkeit.

B Das Wichtigste, was Kinder lernen müssen, ist Gehorsam.

C Mitreden und mitentscheiden soll man erst, wenn man durch harte Arbeit eine Position erreicht hat.

D Die viele Freiheit, die heute die jungen Menschen haben, ist sicher nicht gut.

MÄNNER	ja				nein	k. A.
A	9%	18%	32%	18%	22%	2%
B	15%	23%	35%	15%	12%	1%
C	8%	20%	29%	23%	19%	1%
D	13%	21%	30%	19%	15%	1%

FRAUEN	ja				nein	k. A.
A	8%	15%	33%	20%	22%	3%
B	15%	20%	36%	17%	12%	0%
C	6%	17%	23%	27%	25%	1%
D	13%	20%	31%	20%	16%	1%

MÄNNER - FRAUEN 2002©

Tabelle 90: Autoritarismus - nach Geschlechtertypen

		sehr stark	stark	schwach	sehr schwach
Männer	traditionell	29%	40%	25%	6%
	pragmatisch	23%	55%	20%	3%
	unbestimmt	10%	41%	37%	12%
	modern	7%	21%	42%	31%
	alle Männer	15%	38%	33%	14%
Frauen	traditionell	40%	35%	19%	6%
	pragmatisch	25%	44%	24%	7%
	unbestimmt	7%	42%	39%	11%
	modern	3%	21%	46%	30%
	alle Frauen	13%	34%	36%	17%
ALLE		14%	36%	35%	15%

MÄNNER - FRAUEN 2002©

Mit diesen in vielen Studien bewährten Testsätzen wird der Index Autoritarismus gebildet. Danach erweisen sich 15% der Männer als sehr autoritär, weitere 38% sind eher autoritär. Als eher nicht autoritär gelten 33% der befragten Männer, 14% sind nicht autoritär. Die Zahlen sind für die Frauen nahezu deckungsgleich.

Tabelle 91: Machttypen und Autoritarismus

AUTORITARISMUS	machtarm	machtbewusst	gestaltungsmächtig
sehr stark	36%	51%	13%
stark	45%	32%	23%
schwach	49%	17%	34%
sehr schwach	49%	8%	43%
ALLE	46%	26%	29%

MÄNNER - FRAUEN 2002©

Die Autoritären setzen Gewalt und Macht mit einem Mann in Verbindung. Überdurchschnittlich autoritär sind somit die „Machtbewussten". Im Gegensatz dazu sind jene Männer, die nicht Gewalt, sondern Gestaltungsmacht beanspruchen, deutlich weniger autoritär. Ähnliches trifft auf die „Gewaltlosen" zu.

Nun ist die Ausstattung der Männertypen mit Autoritarismus drastisch verschieden. Finden wir unter den traditionellen Männern 69% eher autoritäre Personen (bei den pragmatischen sind es mit 78% noch mehr), so sind es unter den modernen Männern lediglich 28%.

Abbildung 18: Autoritarismus nach Männertypen

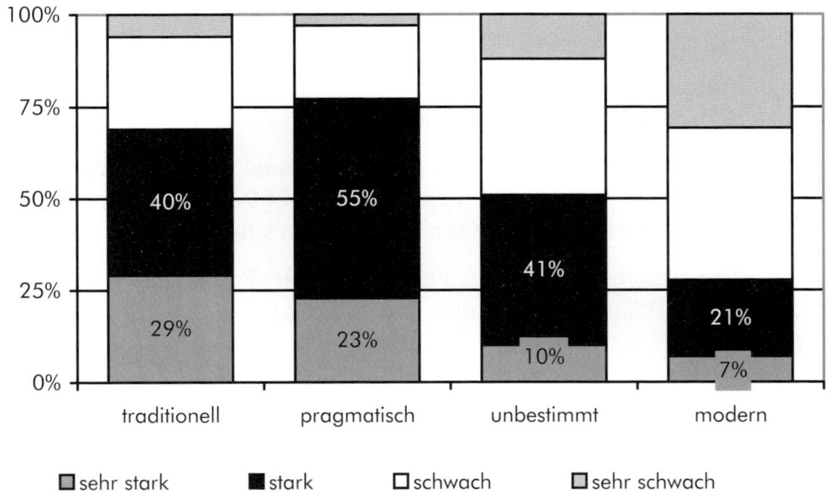

MÄNNER 2002©

So überrascht es nicht, dass auch die Machttypen sich auf die Männertypen unterschiedlichst verteilen: Traditionelle Männer (und auch pragmatische) setzen Gewalt und Macht mit einem Mann in eine enge Verbindung – bei diesen beiden Männertypen sind vor allem die „Machtbewussten" und die „Machtvollen" anzutreffen. Bei den modernen Männern hingegen dominieren die „Gestaltungsmächtigen" wie die „Machtarmen": Zusammen sind es 82%.

Abbildung 19: Männertypen und Machttypen

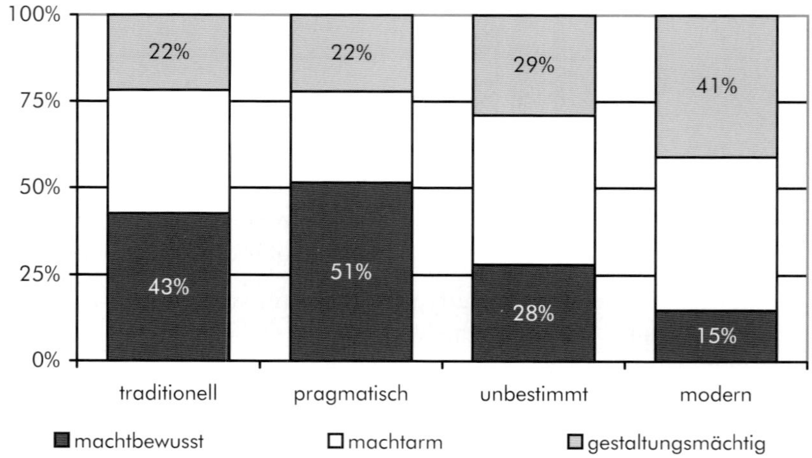

MÄNNER 2002©

Männer unterscheiden sich also in ihrem Verhältnis zu Gewalt und Macht stark. Die Unterschiede entspringen zu einem guten Teil dem Inneren der Person, nämlich dem Persönlichkeitsmerkmal des Autoritarismus.

Gewalt wird nicht nur von Männern ausgeübt. Sie kann sich auch gegen Männer richten. So haben wir in unserer Studie MÄNNER 2002© die Frage danach gestellt, ob Männer selbst Opfer von Gewalt geworden sind.

Zunächst ist überraschend, dass der Prozentwert für die Nichtantwortenden bei Männern nur bei 5%, bei den Frauen bei 6% liegt. Das Thema scheint nicht mehr tabu zu sein.

Mehr Männer (16%) als Frauen (12%) wurden Opfer von Männergewalt. Ganz kleine Gruppen von Männern (2%) und auch von Frauen (1%) haben Gewalt von Seiten einer Frau erlebt. Insgesamt ist demnach der Anteil jener Männer, die von niemandem Gewalt erlitten haben, mit 77% etwas niedriger als jener bei den Frauen (81%).

Tabelle 92: Opfer von Gewalt?

Sind Sie schon einmal Opfer von Gewalt geworden?

Handelt es sich um sexuelle Gewalt?

	Männer		Frauen	
	Gewalt	davon sexuelle Gewalt*)	Gewalt	davon sexuelle Gewalt*)
von einem Mann	16%	2%	12%	43%
von einer Frau	2%	41%	1%	0%
von niemandem	77%		81%	
keine Angabe	5%		6%	

MÄNNER - FRAUEN 2002©

*) Grundlage ist die erlittene Gewalt.

Es wurde nachgefragt, ob es sich bei der erlittenen Gewalt um sexuelle Gewalt handle. Gewalt von Männern gegen Männer ist nur in ganz seltenen Fällen sexuell gefärbt (2%). Nicht so bei der Gewalt von Männern gegen Frauen: diese wird von den Frauen, die Opfer von Gewalt wurden, zu 43% als sexuelle Gewalt erlebt. Frauen üben gegen Frauen keine sexuelle Gewalt aus. Anders steht es bei der (im Übrigen sehr seltenen) Gewalt von Frauen gegen Männer. Jene wenigen Männer, die eine solche gegen sie gerichteten Frauengewalt angaben, sahen sich zu 41% sexuell misshandelt.

Offenkundig ist die Sensibilität der Modernen (Männer wie Frauen) für Männergewalt höher als bei den Traditionellen (Männer wie Frauen).

Tabelle 93: Gewalterfahrungen - nach Geschlecht und Geschlechtertypen

		von einem Mann	von einer Frau	von niemandem	k. A.
Männer	traditionell	14%	1%	82%	3%
	pragmatisch	13%	2%	82%	3%
	unbestimmt	16%	1%	78%	4%
	modern	21%	3%	71%	5%
	alle Männer	16%	1%	78%	4%
Frauen	traditionell	8%	0%	85%	7%
	pragmatisch	5%	1%	87%	7%
	unbestimmt	10%	0%	84%	5%
	modern	18%	1%	76%	4%
	alle Frauen	12%	1%	82%	6%
ALLE		14%	1%	80%	5%

MÄNNER - FRAUEN 2002©

Tabelle 94: Gewalt von einem Mann – nach Geschlecht und Alter

Alter	Männer	Frauen
15-24 Jahre	23%	14%
25-29 Jahre	26%	12%
30-39 Jahre	19%	11%
40-49 Jahre	12%	11%
50-59 Jahre	12%	18%
60 u. m. Jahre	11%	8%
ALLE	16%	12%

MÄNNER – FRAUEN 2002©

Die Sensibilität gegenüber Männergewalt nimmt zu den jüngeren Männern hin zu.

Gefühle

„Männer drücken ihre Gefühle anders aus als Frauen." Dieser plausible Satz findet bei zwei Drittel der befragten Männer (68%) Zustimmung. Das kann bedeuten, dass sich Männer dagegen wehren, als „gefühllos" zu gelten. Nicht ob sie Gefühle haben, sondern wie sie diese ausdrücken, unterscheide sie von Frauen.

Insgesamt gibt es drei „Gefühlsstile" bei Männern, so unsere differenzierten Daten:

- Der Zugang zu Gefühlen ist erschwert.
- Der Mann ist gefühlsmäßig verschlossen.
- Ein Mann geht realistisch mit Gefühlen um.

Allerdings sind auch im Jahre 2002 38% der Männer der Ansicht, es *falle Männern der Zugang zu ihren Gefühlen schwer* (1992 waren in Österreich 43% dieser Auffassung). Ähnlich viele (37%) glauben, es *falle Männern schwer, sanfte Gefühle auszudrücken.*

Tabelle 95: Erschwerter Gefühlszugang

	ja				nein	k. A.
Männern fällt es schwer, sanfte Gefühle auszudrücken.	9%	28%	29%	17%	15%	2%
Männern fällt der Zugang zu ihren Gefühlen schwer.	10%	28%	36%	15%	10%	2%
Männer drücken ihre Gefühle anders aus als Frauen.	32%	36%	21%	5%	5%	1%

MÄNNER 2002©

Es gibt allerdings auch Männer, die es für *unnötig halten, mit anderen über Gefühle zu reden.* Sie halten das sichtlich für unmännlich oder zumindest als ihrer Person nicht angemessen. Es ist wieder ein Drittel der Befragten, das so denkt. Der Mann müsse eher *bereit sein, viel zu riskieren* (34%) und notfalls (wie beispielsweise bei Scheidung oder Trennung) *leiden, wenn er im Risiko scheitert.* Ein Mann macht dann sein Gesicht „hart wie Kiesel" (Jes 50,7).

Tabelle 96: Kieselmann

	ja				nein	k. A.
Männer leiden unter Scheidung/ Trennung mehr als Frauen.[30]	13%	18%	39%	14%	14%	2%
Ich brauche es nicht, über Gefühle mit anderen zu sprechen.	12%	19%	32%	20%	16%	2%
Ein richtiger Mann muss bereit sein, viel zu riskieren.	13%	22%	35%	16%	13%	2%

MÄNNER 2002©

Es findet sich als dritte noch eine realistische Haltung. Dann steht im Vordergrund, dass ein Mann eben mit dem Scheitern leben kann (64%). Er kann auch darüber reden, wie es ihm wirklich geht (42%).

[30] 1992 waren 26% der Befragten der Ansicht: *„Männer leiden unter Scheidung/Trennung mehr als Frauen"* (Skalenwert 1+2/5). Dieser Wert ist hin zu 2002 auf 30% leicht angestiegen.

Tabelle 97: Realitätssinn

	ja				nein	k. A.
Ich kann gut darüber reden, wie es mir wirklich geht.	15%	27%	34%	16%	7%	2%
Wer viel riskiert, muss auch mit dem Scheitern leben können.	36%	29%	24%	7%	3%	1%

MÄNNER 2002©

Aus diesen einzelnen Datenblöcken lassen sich Indizes bilden, denen wir die Namen Gefühlszugang, Kieselmann und Realitätssinn geben.

- Solcher Realitätssinn ist unter den Männern am stärksten anzutreffen. Er ist bei 43% der Männer sehr stark, bei weiteren 43% stark. Das macht zusammen 86%. Die Frauen erreichen mit 84% einen ähnlich hohen Wert.
- Dass Männer einen eigenwilligen, wenngleich erschwerten Zugang zu ihren Gefühlen haben, das meinen 28% sehr klar, weitere 48% etwas abgemildert. Zusammen: 76%. Bei den Frauen sind es 82%.
- 14% vertreten die Position des Risikos und des Durchhaltens. Sie sind „Kieselmänner". Weitere 46% tragen stärkere Anteile davon in sich. Das sind zusammen 60%. Die Frauen sehen die Männer etwas weniger hart: Nur 44% sind nach ihrer Einschätzung „Kieselmenschen".

Abbildung 20: Indizes zur Gefühlskompetenz der Männer

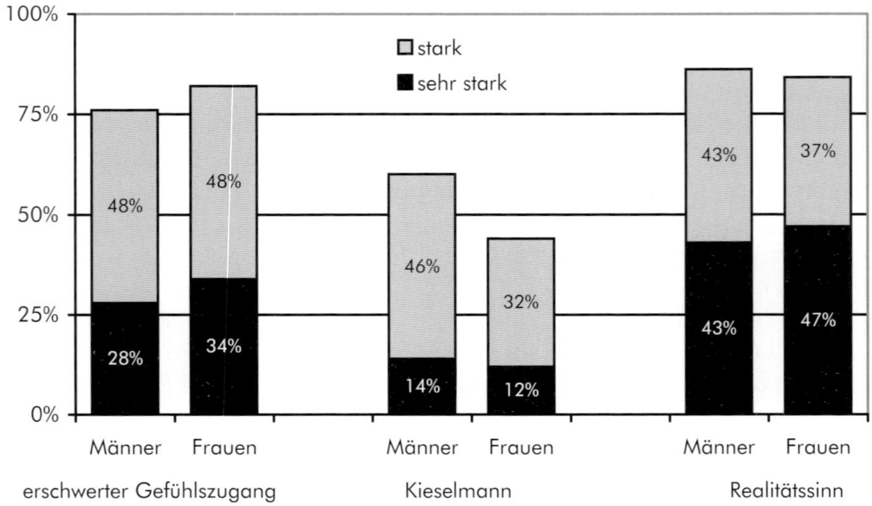

MÄNNER – FRAUEN 2002©

Im Vergleich der Männertypen zeigen sich nur geringe Unterschiede beim Realitätssinn: Der Mann muss riskieren und notfalls leiden. Schon deutlicher sind die Differenzen beim „Kieselmann“: Ein solcher ist eher der traditionelle Mann (24% sehr stark), nicht der moderne (7% sehr stark). Ähnlich ist die Ansicht über den erschwerten, wenngleich eigenwilligen Zugang zu den eigenen Gefühlen. Diesen halten auch eher die traditionellen Männer für erschwert (36% sehr stark) denn die modernen Männer (21% sehr stark).

Tabelle 98: Geschlechtertypen und Gefühlskompetenz von Männern

	erschwerter Gefühlszugang		Kieselmann		Realitätssinn	
	Männer	Frauen	Männer	Frauen	Männer	Frauen
traditionell	37%	34%	21%	16%	45%	51%
pragmatisch	36%	40%	26%	25%	45%	47%
unbestimmt	24%	27%	9%	9%	37%	37%
modern	21%	36%	7%	6%	50%	54%

MÄNNER – FRAUEN 2002©
Skalenwert 1 = sehr stark auf vierteiliger Indexskala

Insgesamt unterscheiden sich also die Männertypen hinsichtlich ihres Zugangs und Umgangs mit Gefühlen. Wächst die Gefühlskompetenz hin zum modernen Mann, oder wandelt sich diese lediglich, erhält eine andere Gestalt? 40% der traditionellen Männer sind der Ansicht, dass *Männer ihre Gefühle anders ausdrücken als Frauen.* Unter den modernen Männern finden wir hier nur 31%. Die vier Frauentypen unterscheiden sich in dieser Frage nur wenig.

Umgang mit Leid und Tod

Unsere Kultur ist leidabweisend, leidvermeidend. Das ist auf vermeidbares Leid hin sinnvoll. Die Frage bleibt, wie mit unvermeidbarem Leid umgegangen wird. Männer gelten zwar als „stark“, aber zugleich als „wehleidig“: Ihre Leidkompetenz sei geringer ausgeprägt als jene der Frauen. Sie hätten auch weniger leidverarbeitende Ressourcen zur Verfügung. 42% der befragten Männer (Skalenwert 1+2 auf fünfteiliger Skala) teilen die Ansicht, das *Frauen leidkompetenter sind als Männer.* Nach Männertypen aufgeschlüsselt sind 30% der pragmatischen und 21% der traditionellen Männer dieser Ansicht. Bei den modernen Männern schrumpft dieser Wert auf 17%.

Frauen haben eine andere Einschätzung ihrer Leidkompetenz im Vergleich zu den Männern. Halten 20% der Männer Frauen uneingeschränkt für leidkompetenter, sind es unter den Frauen 37%. Die Unterschiede halten sich bei den einzelnen Geschlechtertypen durch.

Tabelle 99: Leidkompetenz von Männern ist kleiner als von Frauen – nach Geschlechtertypen

Frauen können mit Leid besser umgehen als Männer.

	Männer	Frauen
traditionell	21%	44%
pragmatisch	30%	49%
unbestimmt	18%	32%
modern	17%	32%
ALLE	20%	37%

MÄNNER – FRAUEN 2002©

Skalenwert 1 = sehr richtig auf fünfteiliger Skala.

Wie gehen nun Männer mit Leid um? In der Umfrage waren mehrere Stile vorgelegt worden. Die faktorenanalytische Durchleuchtung der Daten lässt vier Richtungen erkennen:

- *kompetent:* Mann kann gut mit Leid umgehen und stellt sich diesem;
- *ängstlich:* Tod macht Angst, macht nachdenklich;
- *ausweichend:* Mann denkt über Leid und Tod lieber nicht nach, reißt sich dafür zusammen; Mann meint, dass Frauen mit Leid besser umgehen können;
- *gläubig:* Glaube gibt Kraft, sich dem Leid zu stellen und den Tod zu bewältigen.

Tabelle 100: Wie Männer mit Leid umgehen

	ja				nein	k. A.
Ich reiße mich zusammen.	35%	33%	25%	5%	2%	0%
Ich stelle mich den Leiderfahrungen, um sie zu bewältigen.	24%	33%	29%	10%	5%	0%
Ich kann mit Leid gut umgehen.	22%	30%	33%	10%	4%	0%
Frauen könnten mit Leid besser umgehen als Männer.	20%	23%	30%	11%	16%	1%
Ich will lieber nicht über Leid nachdenken.	18%	22%	28%	17%	15%	0%
Mein Glaube gibt mir die Kraft, Leid zu bewältigen.	13%	16%	24%	19%	28%	1%

MÄNNER 2002©

Tabelle 101: Wie Männer mit Tod umgehen

	ja				nein	k. A.
Es macht mich nachdenklich.	24%	27%	22%	12%	14%	2%
Ich denke überhaupt nicht darüber nach.	19%	14%	24%	16%	26%	0%
Das macht mir Angst.	15%	13%	22%	16%	32%	2%
Mein Glaube gibt mir die Stärke, mich dem Tod zu stellen.	12%	14%	23%	17%	33%	2%

MÄNNER 2002©

Männer sagen zunächst mehrheitlich, sie könnten kompetent mit Leid umgehen, sie würden sich diesem stellen. 46% punkten hier sehr stark, weitere 37% stark – das sind zusammen 83% – bei den Frauen sind es 88%. Zugleich erweisen sich nicht wenige Männer als ängstlich (60%, Frauen 72%) und ausweichend (60%). 47% tendieren zu einer gläubigen Verarbeitung von Leid und Tod; Frauen, die religiös sind, haben entsprechend besseren Zugang zur gläubigen Leidbewältigung (55%). Das trifft insbesondere auf die traditionellen Frauen zu.

Kompetente und gläubige Verarbeitung von Leid und Tod gehen zumeist ebenso gemeinsam einher wie die ängstliche und ausweichende. Bei den traditionellen Männern finden wir eher die kompetent-gläubige Umgangsform. Aber auch das Ausweichen ist bei diesen überdurchschnittlich oft anzutreffen.

Tabelle 102: Umgangsformen mit Leid und Tod - nach Geschlechtertypen

	kompetent		ängstlich		ausweichend		gläubig	
	Männer	Frauen	Männer	Frauen	Männer	Frauen	Männer	Frauen
traditionell	49%	51%	31%	47%	24%	18%	25%	50%
pragmatisch	52%	53%	33%	46%	32%	27%	23%	37%
unbestimmt	43%	42%	24%	32%	20%	17%	19%	25%
modern	45%	48%	28%	40%	14%	20%	16%	20%
ALLE	46%	48%	28%	40%	21%	20%	20%	29%

MÄNNER - FRAUEN 2002©
Skalenwert 1 = sehr stark auf vierteiliger Indexskala

Todesbilder - Jenseitshoffnung

Die vier Formen des Umgangs mit Leid und Tod hängen eng an den Todesbildern der Männer und damit an der Jenseitshoffnung.

Tabelle 103: Todesbilder der Männer

	ja				nein	k. A.
Ich hoffe, dass es ein Weiterleben nach dem Tod gibt.	24%	21%	24%	11%	19%	2%
Mit dem Tod ist alles aus.	27%	12%	23%	15%	21%	2%
Die Menschen werden mit Leib und Seele von den Toten auferstehen.	8%	10%	26%	17%	37%	2%

Mit Hilfe von drei Aussagen dazu wird ein Index der Jenseits- bzw. Diesseitsorientierung gebildet. 15% gelten danach als sehr jenseitig, weitere 38% als jenseitig. 27% erleben sich als diesseitig, weitere 20% als sehr diesseitig.

Frauen sind erheblich mehr jenseitsorientiert. 22% sind sehr jenseitig, weitere 42% jenseitig. Das sind zusammen 64% (bei den Männern sind es 53%).

Tabelle 104: Jenseitige und Diesseitige – nach Geschlecht und Typ

		sehr jenseitig	jenseitig	diesseitig	sehr diesseitig
Männer	traditionell	22%	31%	26%	22%
	pragmatisch	15%	41%	21%	23%
	unbestimmt	13%	38%	30%	18%
	modern	13%	39%	28%	20%
	alle Männer	15%	38%	27%	20%
Frauen	traditionell	26%	44%	22%	8%
	pragmatisch	24%	43%	22%	11%
	unbestimmt	20%	45%	26%	9%
	modern	23%	38%	31%	9%
Ges.	alle Frauen	22%	42%	26%	9%
ALLE		19%	40%	27%	14%

Tabelle 105: Todesbilder und Leidbewältigung

	gläubig	ängstlich	ausweichend	kompetent
sehr jenseitig	46%	28%	19%	49%
jenseitig	20%	30%	22%	47%
diesseitig	12%	27%	19%	41%
sehr diesseitig	7%	26%	27%	44%

MÄNNER 2002©

Lediglich mit dem gläubigen Umgangsstil besteht ein enger Zusammenhang zur Jenseitigkeit. Diesseitige sind zudem mehr als Jenseitige geneigt, dem Leid auszuweichen. Mit der Angst hingegen haben Dies- bzw. Jenseitigkeit nicht viel zu tun.

Religion

Zur Innenseite eines Menschen zählt heute auch die weithin privatisierte und verinnerlichte Religion, die wir forscherisch als (personbezogene) Religiosität bezeichnen.[31] Die Person ist es denn auch, welche dann die über die Person hinausreichende Beziehungen zu religiösen Gemeinschaften und deren Lehren herstellt. Diese gemeinschaftsbezogene Seite der Religiosität nennen wir Religion.

Mit Hilfe des Forschungsinstruments von Carsten Wippermann werden weltanschauliche Ausrichtungen der Befragten sichtbar gemacht. Diese weisen, faktorenanalytisch, in drei Richtungen: in eine christliche, eine fernöstliche, eine naturhafte.

[31] Zulehner, Paul M. u. a.: Kehrt die Religion wieder? Religion im Leben der ÖsterreicherInnen 1970-2000, Ostfildern 2001.

Tabelle 106: Weltanschauliche Orientierungen - Männer

		ja			nein	k. A.
christlich	Die Zukunft liegt im von Jesus Christus verkündeten Reich Gottes.	13%	21%	27%	33%	6%
	Die Auferstehung von Jesus Christus gibt meinen Tod einen Sinn.	14%	20%	25%	36%	5%
	Es gibt einen Gott, der sich in Jesus zu erkennen gegeben hat.	22%	29%	22%	22%	5%
fernöstlich	Es gibt eine Reinkarnation (Wiedergeburt) der Seele in einem anderen Leben.	13%	19%	29%	34%	5%
	Ereignisse aus einem vorherigen Leben beeinflussen mein jetziges Dasein.	8%	15%	28%	46%	4%
naturhaft	Die höhere Macht ist der ewige Kreislauf zwischen Mensch, Natur und Kosmos.	31%	32%	17%	15%	5%
	Ich glaube an einen Gott, aber nicht, wie das Christentum ihn predigt.	24%	29%	21%	22%	5%

MÄNNER 2002©

Die jeweils zusammengehörenden Items werden zu den Indizes christlich/asiatisch-fernöstlich/naturhaft verrechnet. Am weitesten verbreitet ist (mit 28% sehr stark) eine naturhafte Orientierung, die nicht christlich ist, sondern den Menschen schicksalhaft in einen ewigen Kreislauf einbindet. An zweiter Stelle rangiert bei Männern die christliche Orientierung (19%), gefolgt von der asiatisch-fernöstlichen (9%).

Frauen erweisen sich generell als weltanschaulich stärker geprägt. Mehr von ihnen sind naturhaft (33% – Männer 28%), dann folgt die christliche Ausprägung (26% – Männer 19%) und schließlich die asiatisch-fernöstliche (16% – Männer 9%).

Tabelle 107: Weltanschauungen

	christlich		asiatisch		naturhaft	
	Männer	Frauen	Männer	Frauen	Männer	Frauen
traditionell	19%	38%	8%	13%	26%	29%
pragmatisch	22%	35%	10%	17%	29%	37%
unbestimmt	20%	23%	8%	16%	27%	26%
modern	14%	19%	10%	16%	30%	39%
ALLE	19%	26%	9%	16%	28%	33%

MÄNNER - FRAUEN 2002©
Skalenwert 1=sehr stark auf vierteiliger Indexskala.

Diese drei Orientierungen schließen einander nicht aus. Die christliche Orientierung geht bei einigen einher mit der asiatischen (c = 0,22), aber sie kann sich auch vereinzelt mit einer naturhaften Einstellungen verbinden (c = 0,09).

Mit Hilfe einer Clusteranalyse[32] werden vier weltanschauliche Typen herausgeschält:

- *Atheisierende* haben ganz niedrige Werte bei allen drei weltanschaulichen Indizes. Davon gibt es unter allen Männern 25%, unter den Frauen mit 16% deutlich weniger.
- *Naturalisten* fühlen sich als Moment an einem kosmisch-schicksalhaften Geschehen, sind gottgläubig, aber nicht im christlichen Sinn. Unter den Männern gehören 32% zu ihnen, unter den Frauen 29%.

[32] Abbildung: Clusterbildung Weltanschauungstypen

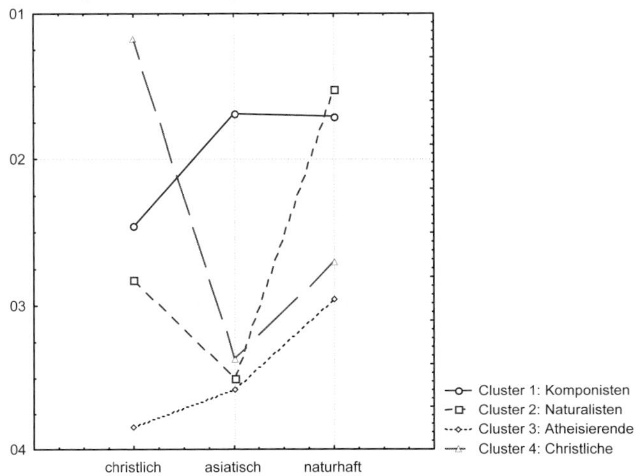

MÄNNER - FRAUEN 2002©

- *Komponisten* punkten auf allen drei Indizes hoch, wobei beim Index christlich die Werte am niedrigsten sind. Diesem Typ gelingt sichtlich die Synthese zwischen dem Christlichen, dem Asiatisch-Fernöstlichen (Reinkarnation) und dem Naturhaften. 29% der Männer und 42% der Frauen gehören diesem Typ an.
- *Christliche* bleiben als vierter Typ jener, der hohe Werte beim Index christlich hat. Von dieser Art sind 14% der Männer und 16% der Frauen – also eine relativ kleine Zahl von Personen.

Die vier Geschlechtertypen unterscheiden sich geringfügig. Lediglich die Atheisierenden nehmen zu den modernen Typen hin zu, insbesondere bei den Frauen. Unter den modernen Frauen gibt es auch deutlich weniger Christliche als unter den traditionellen Frauen.

Tabelle 108: Verteilung der Weltanschauungstypen

		Komponisten	Naturalisten	Atheisierende	Christliche
Männer	traditionell	26%	34%	23%	16%
	pragmatisch	35%	28%	25%	13%
	unbestimmt	27%	34%	26%	14%
	modern	29%	31%	27%	13%
	alle Männer	29%	32%	25%	14%
Frauen	traditionell	38%	25%	11%	26%
	pragmatisch	36%	25%	15%	24%
	unbestimmt	48%	27%	13%	12%
	modern	41%	26%	20%	13%
	alle Frauen	42%	26%	16%	16%
ALLE		36%	29%	20%	15%

MÄNNER – FRAUEN 2002©

Die Studie enthält weitere Einzelaussagen zu religiös-weltanschaulichen Fragen. Nahe am Index „christlich“ liegen die Aussagen, dass in *Jesus von Nazareth Gott Mensch geworden* ist und dass *Beten als Beziehung zu Gott wichtig* ist. Dass die *Menschen Gott nicht brauchen*, steht im Gegensatz zum Index christlich.

Tabelle 109: Weitere Items zur Glaubenswelt

	ja				nein	k. A.
Beten ist für mich wichtig, weil ich dadurch mit Gott in Beziehung treten kann.	10%	12%	23%	19%	35%	2%
In Jesus von Nazareth ist Gott Mensch geworden.	15%	13%	28%	16%	26%	2%
Wir Menschen brauchen Gott nicht.	9%	12%	28%	17%	32%	3%

MÄNNER 2002©

Auch das Gottesbild der Befragten hängt eng mit den weltanschaulichen Typen zusammen:

Tabelle 110: Gottesbild

	Männer	Frauen	Atheisierende	Naturalisten	Komponisten	Christliche
Es gibt einen leibhaftigen Gott.	20%	20%	2%	12%	21%	63%
Es gibt irgend ein höheres Wesen oder eine geistige Macht.	36%	46%	24%	50%	51%	28%
Ich weiß nicht richtig, was ich glauben soll.	16%	14%	25%	18%	15%	3%
Ich glaube nicht, dass es einen Gott, irgend ein höheres Wesen oder eine geistige Macht gibt.	13%	7%	32%	7%	5%	2%
unentschieden	10%	8%	16%	11%	7%	4%
keine Angabe	5%	5%	2%	2%	2%	0%
	100%	100%	100%	100%	100%	100%

MÄNNER – FRAUEN 2002©

Deutlich sind auch die Zusammenhänge mit der Aussage, dass *in Jesus von Nazareth Gott Mensch geworden* ist. Während unter den Christlichen 71% diesem christlichen Glaubenssatz zustimmen, sind es unter den Kompositorischen 36%, unter den Naturalisten 22% und unter den Atheisierenden immerhin noch

10% – was darauf hinweist, dass es sich bei diesem Weltanschauungstyp eben nicht um reine Atheisten handelt, sondern eben um Atheisierende.

76% der befragten Männer und 80% der befragten Frauen sind katholisch. 11% der Männer und 7% der Frauen waren das früher einmal. Die zweitgrößte Konfession sind (in Österreich) die Konfessionslosen. Dann folgen als Minderheit die Protestanten und die Muslime.

Tabelle 111: Konfessionszugehörigkeit

	Männer		Frauen	
	jetzt	früher	jetzt	früher
katholisch	76,1%	10,6%	80,1%	7,2%
evangelisch	3,4%	0,8%	2,6%	0,5%
islamisch	1,0%	0,2%	1,0%	
andere	2,5%	0,3%	2,5%	
zu keiner (nie einer angehört)	13,5%	0,5%	9,4%	1,5%
keine Angabe	3,3%		4,0%	

MÄNNER – FRAUEN 2002©

Kirchenzugehörigkeit korreliert mit den Weltanschauungstypen. Die Bindung an eine christliche Kirche begünstigt den Typ der Christlichen. Aber auch unter den Konfessionsangehörigen sind andere, nichtchristliche weltanschauliche Typen anzutreffen. Offensichtlich spielt für die Formung der personbezogenen Religiosität nicht nur die grundsätzliche Zugehörigkeit zu einer Kirche eine Rolle, sondern auch die Dichte der Kirchenbeziehung. Diese kommt in der Kirchgangshäufigkeit zum Vorschein.

Tabelle 112: Kirchgang

	Männer	Frauen
jeden Sonntag	20%	15%
monatlich	8%	10%
an hohen Festen	27%	38%
fast nie	39%	31%
keine Angabe	5%	5%

MÄNNER 2002©

Personen, die zu keiner der alten Konfessionen gehören, haben die höchste Beteiligung an der sonntäglichen Zusammenkunft (42% sonntags, 17% monatlich). Dann folgen die Mitglieder der katholischen Kirche (21%: überraschenderweise unter den Männern 20%, unter den Frauen nur 15%). Die sonntägliche Zusammenkunft wird in der islamischen Religionsgemeinschaft von 13% der Befragten frequentiert, bei den Protestanten sind es 6%. 74% von jenen, die zu keiner Konfession gehören, kommen (fast) nie zur Kirche – 23% immerhin an Festen, wohl zusammen mit Angehörigen zu biografischen Anlässen.

Tabelle 113: Kirchgangsfrequenz nach Konfessionszugehörigkeit

	sonntags	monatlich	an Festen	fast nie	k. A.
katholisch	21%	10%	37%	32%	1%
andere	42%	17%	11%	24%	6%
evangelisch	6%	13%	44%	35%	2%
islamisch	14%	8%	35%	43%	0%
keine	0%	0%	23%	74%	2%
ALLE	18%	9%	34%	36%	3%

MÄNNER - FRAUEN 2002©

Die sonntägliche Kommunikation mit einer Gottesdienstgemeinde formt die weltanschauliche Orientierung nachhaltig mit (wobei die Wirkung auch umgekehrt sein wird, dass eine starke christliche Orientierung den Gottesdienstbesuch begünstigt). Von den Sonntagskirchgängern sind 42% konsistent christlich Glaubende; unter jenen, die fast nie zur Kirche kommen, nur 7%. Christlichkeit erweist sich in pluralistischen Gesellschaften als sehr kirchengebunden: Sie formt sich im Austausch mit einem christlichen Netzwerk. Ohne Austausch mit einer Glaubensgemeinschaft erhalten die weltanschaulichen Positionen der Naturalisten und der Atheisierenden eine hohe Chance. Lediglich der Typ der Komponisten verteilt sich auf alle Kirchgangsfrequenzen.

Tabelle 114: Kirchgang und weltanschauliche Orientierung

	Christliche	Komponisten	Naturalisten	Atheisierende
sonntags	42%	34%	17%	7%
monatlich	30%	38%	28%	4%
an Festen	10%	37%	36%	17%
fast nie	7%	39%	25%	29%

MÄNNER - 2002©
Nur Katholiken.

Lebenssinn

In Verbindung mit Religion/Religiosität gehen wir auch der Frage nach, welchen Sinn die Befragten ihrem Leben geben, und welche Rolle Religion dabei spielt.

Lebenssinn lässt sich entweder mehr jenseits- bzw. gottorientiert oder mehr diesseitsorientiert definieren. Daneben steht die Möglichkeit, dass das Leben als sinnlos erfahren wird. Am meisten Zustimmung findet unter den befragten Männern die Aussage, dass der Sinn des Lebens darin besteht, zu versuchen, dabei das Beste herauszuholen (60%). Ein Drittel gibt dem Leben einen religiösen Sinn (32%). Eher sinnlos erfahren 16% ihr Leben.

Tabelle 115: Lebenssinn

	ja				nein	k. A.
Das Leben hat nur einen Sinn, weil es Gott gibt.	10%	12%	25%	18%	33%	1%
Der Sinn des Lebens ist, dass man versucht, dabei das Beste herauszuholen.	32%	28%	26%	7%	6%	1%
Ich weiß nicht, wozu der Mensch lebt.	8%	8%	27%	23%	32%	1%

MÄNNER 2002©

Mit diesen drei Items machen wir eine Clusteranalyse.[33] Drei Typen der Sinnkonzeption zeichnen sich ab:

- ein *religiöses* Sinnkonzept, das zugleich annimmt, dass es einen Lebenssinn nur gibt, weil es auch Gott gibt. Zugleich wollen sie aber aus diesem Leben das Beste herausholen – es handelt sich also keinesfalls um einen lebensflüchtigen religiösen Sinn. Diese Sinnkonzeption ist aber ziemlich von Sinnarmut bedroht;
- ein *diesseitiges* Sinnkonzept, das religiöse Sinndeutung ablehnt. Der Akzent liegt auf der Maximierung diesseitigen Glücks. Das gelingt auch – dieser Typ stimmt am wenigsten der Aussage zu, nicht zu wissen, wofür der Mensch lebt;
- schließlich jene, die ihr Leben eher als *sinnarm* erleben, nur halbherzig aus religiöser Sinnstiftung leben, aber auch nicht versuchen, das Beste herauszuholen.

Im Durchschnitt verteilen sich alle Befragten auf diese drei Sinntypen so: 40% deuten ihr Leben religiös, 35% rein diesseitig, 20% erleben ihr Leben als sinnarm. Männer und Frauen zeigen keine Unterschiede.

---

[33] Abbildung: Clusteranalyse Sinnkonzepte

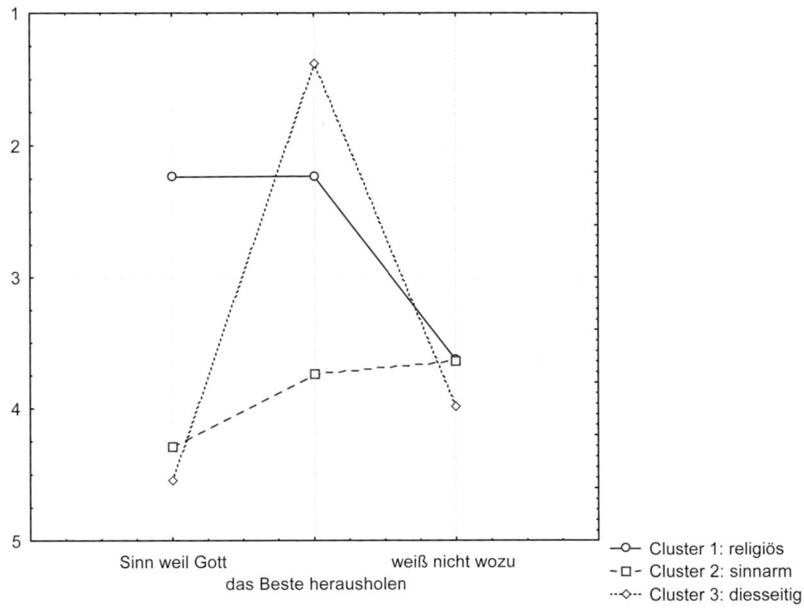

MÄNNER - FRAUEN 2002©

Wohl aber sind die vier Geschlechtertypen anders zugeordnet. Die Traditionellen (Männer 45%, Frauen 52%) deuten ihren Lebenssinn weit mehr religiös als die Modernen (Männer 31%, Frauen 29%). – Wenn der Weg von den Traditionellen zu den Modernen eine Entwicklung widerspiegelt, dann ist diese bei den Frauen deutlich stärker erfolgt als bei den Männern.

Anstelle religiöser Sinndeutung tritt (insbesondere bei den Frauen) eine diesseitige. Auch Sinnarmut nimmt zu.

Tabelle 116: Sinnkonzepte

		religiös	diesseitig	sinnarm
Männer	traditionell	45%	39%	16%
	pragmatisch	54%	28%	18%
	unbestimmt	44%	33%	23%
	modern	31%	41%	28%
	alle Männer	43%	35%	22%
Frauen	traditionell	52%	31%	17%
	pragmatisch	67%	29%	4%
	unbestimmt	50%	28%	22%
	modern	29%	47%	24%
Ges.	alle Frauen	46%	36%	18%
ALLE		44%	35%	20%

MÄNNER - FRAUEN 2002©

In religiöser Hinsicht kommt es – so der Überblick über alle einschlägigen Daten – zu einer Annäherung von Männern und Frauen. Das heißt konkreter, dass der Rückzug von religiösen und kirchlichen Mustern bei Frauen schneller verläuft als bei Männern. Beide treffen sich auf einem niedrigen Niveau an Religiosität und Kirchlichkeit, wobei in einzelnen Aspekten die Frauen sogar niedrigere Werte aufweisen.

Vor allem das Verhältnis der Frauen zu den christlichen Großkirchen erscheint gestört zu sein. Wenn Frauen religiös sind, dann eher in religionskompositorischer Art und Weise denn in konsistent christlicher. Bei den Männern findet dieses Religionskomponistische hingegen nicht so starken Anklang als bei den Frauen. Männer haben mehr für die atheisierende Position übrig.

SCHIEFLAGEN – ODER: WAS IST EIN MANN, WAS EINE FRAU?

Die Unisex-Zeit, in der Geschlechter einander möglichst ähnlich werden möchten, ist vorbei. Was in der Lebensinszenierung vieler Frauen und Männer, aber auch in der Geschlechterforschung wiederum zählt, ist die Differenz: der Unterschied. Dieser gilt als reizvoll. Er belebt die Begegnung zwischen den Geschlechtern, polarisiert, macht sie spannungsreich.

Ausgenommen von diesem Streben nach Differenz ist allein die Frage nach der Gerechtigkeit hinsichtlich der Verteilung der Lebenschancen: des Zugangs zu Entscheidungspositionen, zu Ämtern, zu Berufen, zu gleichem Einkommen.

Beides gilt es somit zu verbinden: Gleichheit in Bezug auf Gerechtigkeit, Differenz hinsichtlich des Grundverständnisses der Geschlechter.

Daher braucht es auf der einen Seite weiterhin umfassende Bemühungen, mehr Gerechtigkeit zu schaffen im Zugang zu den knapper werdenden Lebenschancen für Frauen und Männer. Zu sehen ist, worin die Gleichheit gründet.

Auf der anderen Seite stellt sich aber die Frage, was den Unterschied zwischen Mann und Frau ausmacht. Und weil es einerseits wegen der angestrebten Mehrung an Gerechtigkeit eine Veränderung in den Geschlechterrollen braucht, welche tendenziell Differenzen (im Zugang zu Lebenschancen) verringert, kommt es zur Frage, ob diese erforderliche Angleichung nicht auch eine ungewollte Angleichung dort bringt, wo die Differenz zwischen den Geschlechtern bleiben sollte. So erhebt sich die Frage, was an den Geschlechterrollen veränderbar ist, und was, will man die Differenz zwischen den Geschlechtern nicht fahrlässig und Schaden bringend verkleinern, eben auch vor Veränderung zu schützen ist. Oder anders gefragt: Was an den Geschlechterrollen ist „erfindbar", was ist „vorfindbar"?

Es ist eine späte Auseinandersetzung zwischen Aristoteles und Platon:

- Von Platon erbten wir die Vorstellung, dass alle Wirklichkeit in Urbildern vorgebildet sei. Also gebe es auch entsprechende Bilder von Mann und Frau, Vater und Mutter. Diesen Bildern nachzuleben sei der beste Weg zu intensivem Leben als Mann, als Frau.
- Aristoteles hingegen unterstützt Gestaltung und Veränderung. Jetzt ist im gemeinsamen Suchen herauszufinden, wie Mann und Frau sich am besten in jeweiliger kultureller Szene verwirklichen. Bilder sind vorfindbar, Rollen erfindbar.

Was aber ist nun erfindbar, was vorfindbar? Wir versuchen im Folgenden eine empirische Annäherung. Dazu stellen wir ein Phänomen vor, das sich schon in den Männerstudien Österreich 1992 und Deutschland 1998 abgezeichnet hat: das trotz Veränderungen in den Geschlechterrollen auftauchende Phänomen der bleibenden „Schieflagen" in zentralen Ergebnisfeldern der Studie.

Den Ausgangspunkt unserer Überlegungen bilden jene schon vorgestellten Forschungsergebnisse, die eine deutliche Veränderung von Traditionellen zu Modernen zeigen.

Die erfolgten Veränderungen hatten auch mit dem gesellschaftspolitischen Projekt zu tun, Frauen auf Grund der erlangten Bildung einen entsprechenden Zugang zur Erwerbsarbeit zu erschließen. Dazu musste für Frauen eine bessere Vereinbarkeit von Familienwelt und Erwerbswelt angestrebt werden, sollte die Gesellschaft nicht auf ihre eigene Reproduktion und sollten Frauen nicht auf Mutterschaft verzichten. Zur Entlastung der Frauen in der Familienwelt sollten aber die Männer/Väter eine größere Beteiligung am Haushalt und bei der Heranziehung der Kinder leisten – um der Frauen, aber auch um der Kinder und um ihrer selbst willen. Daher wurde eine Veränderung der Männerrolle angestrebt

- insbesondere auf die Tätigkeit mit ihren Kindern;
- auf die Beteiligung von Männern an den traditionell den Familienfrauen zugedachten Haushaltsarbeiten;
- hinsichtlich der Präsenz der Männer in der familialen Lebenswelt.
- Einen Abbau von Unterschieden erwartete man schließlich in der Frage, ob es nicht geschlechtsspezifische Eigenschaften gebe. Traditionellerweise hält man Frauen für emotional, Männer für rational. Frauen gelten als das (physisch) schwache Geschlecht, Männer als das starke.

Den Ausgangspunkt für die folgenden tiefer schürfenden Überlegungen einer „empirischen Anthropologie" bilden somit die Daten zu den Fragen:

- Wofür sind Männer in der familialen Lebenswelt zuständig?
- Was machen Väter mit ihren Kindern?
- An welchen Haushaltsarbeiten beteiligen sich Männer?
- Welche Eigenschaften werden von den befragten Männern und Frauen als männlich bzw. weiblich angesehen?

Veränderungen sollten sich im Querschnitt der Typen wie im Längsschnitt der verschiedenen Studien abzeichnen:

- So wird angenommen, dass die beiden Haupttypen der Traditionellen und der Modernen nicht nur nebeneinander stehen, sondern Ergebnis einer Entwicklung sind, in der nicht zuletzt auch die modernen Männer und Frauen sich aufeinander zu entwickeln.

- Einen Hinweis auf laufende Entwicklungen kann auch die Analyse der Ergebnisse nach Alterskohorten bringen.
- Schließlich nehmen wir hypothetisch an, dass sich einschlägige Ergebnisse zwischen 1992 und 2002 für alle Männer, vor allem für die „modernen“, verändert haben, insofern es eine Entwicklung der Geschlechter im Sinn der Annäherung gegeben hat.

Ein zentraler Begriff in den folgenden Überlegungen ist das Wort „Schieflage“, dem zumeist das Eigenschaftswort „bleibend“ beigefügt wird. Mit „bleibender Schieflage“ wird signalisiert, dass sich eine erwartete Entwicklung nicht einstellt: nämlich eine Angleichung der männlichen und weiblichen Lebenswelten (und dahinter der Männer und Frauen). Vielmehr bleiben „männer- und frauenspezifische“ Anteile trotz der beobachtbaren Entwicklung erhalten: in den Tätigkeiten mit Kindern, in der Beteiligung an Haushaltsarbeiten, in der Rolle innerhalb der familialen Lebenswelt und nicht zuletzt in den Frauen und Männern zugewiesenen Eigenschaften.

Schieflage 1: Rolle der Männer in der familialen Lebenswelt

Die Männer entwickeln sich in Richtung Partnerschaftlichkeit. Von den traditionellen hin zu den modernen Männern geht die Alleinzuständigkeit der Männer vor allem für das familiale „Einkommen“ zurück.

Allerdings bleibt auch bei den modernen Männern ein Überhang in der Sicherung der materiellen Existenz sowie ein Defizit bei der Pflege der Partnerschaft.

Mit Ausnahme der materiellen Existenzsicherung sehen Frauen nur wenig Alleinzuständigkeit der Männer im familiären Bereich.

Abbildung 21: Wofür Männer innerfamilial zuständig sind – nach Männertypen

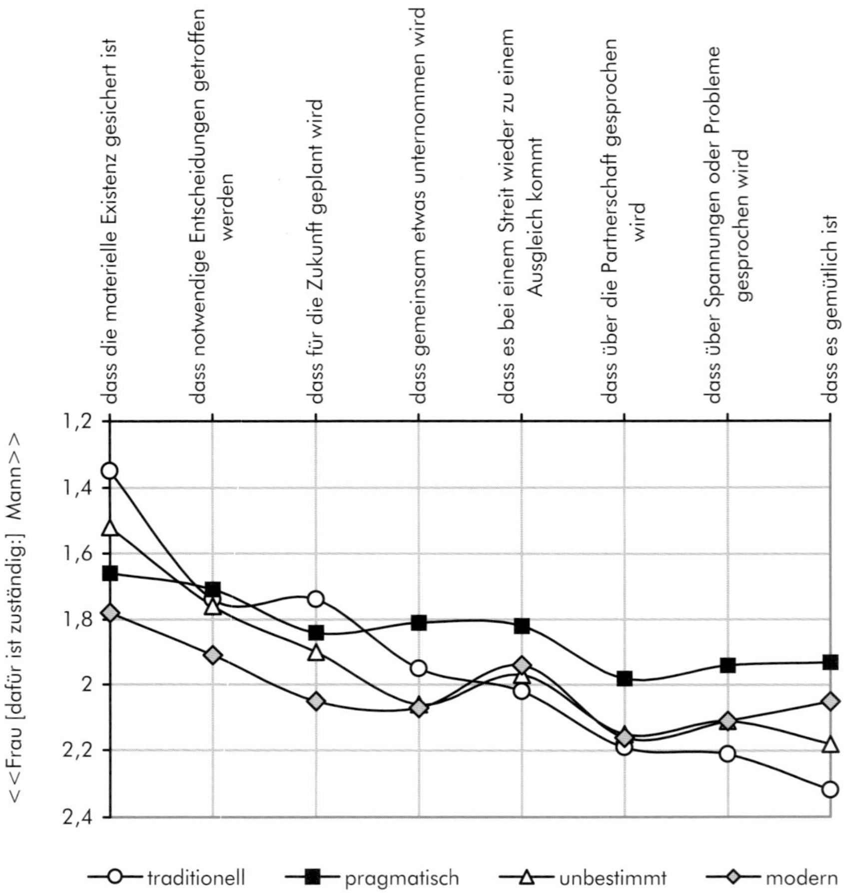

MÄNNER 2002©

Abbildung 22: Wofür Männer innerfamilial alleine zuständig sind

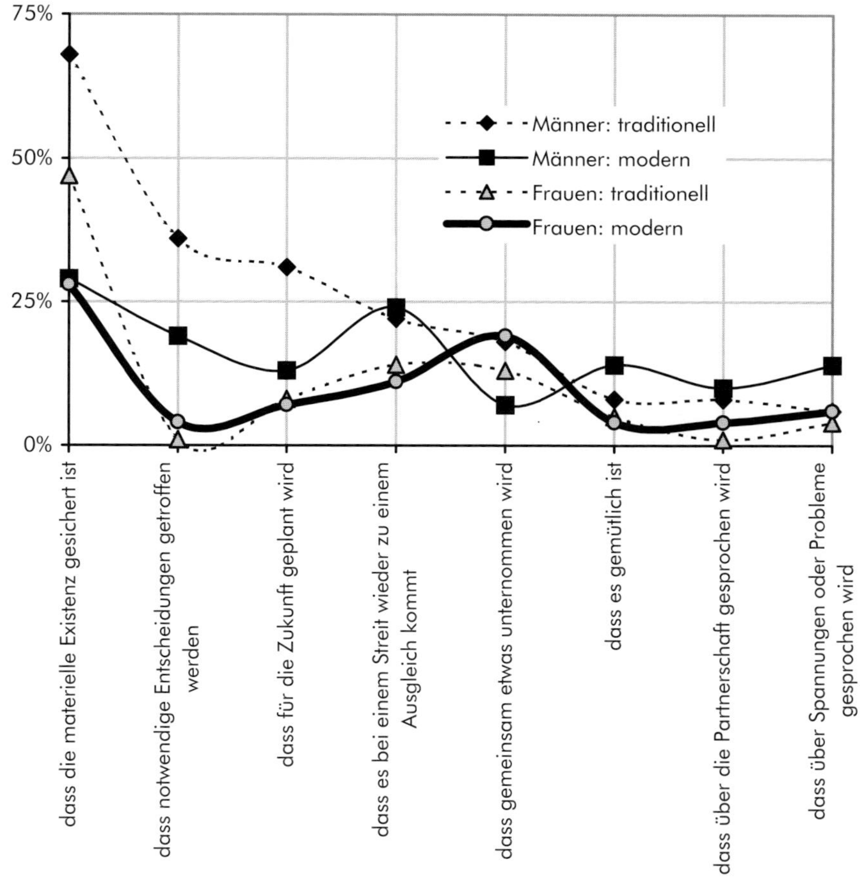

MÄNNER 2002©

Tabelle 117: Einkommen und Auskommen - nach Geschlechtern

Auskommen: dass über Spannungen oder Probleme gesprochen wird; dass über die Partnerschaft gesprochen wird; dass es bei einem Streit wieder zu einem Ausgleich kommt; dass gemeinsam etwas unternommen wird; dass es gemütlich ist.

Einkommen: dass die materielle Existenz gesichert ist; dass für die Zukunft geplant wird; dass notwendige Entscheidungen getroffen werden.

Dafür ist der Mann allein zuständig ...

	Männer		Frauen	
	Einkommen	Auskommen	Einkommen	Auskommen
traditionell	72%	6%	41%	1%
pragmatisch	49%	24%	23%	0%
unbestimmt	57%	9%	27%	1%
modern	32%	10%	29%	3%
ALLE	53%	12%	28%	2%

MÄNNER - FRAUEN 2002©
Skalenwert 1 = hoch auf dreiteiliger Indexskala.

Tabelle 118: Einkommen und Auskommen - nach Altersgruppen und Geschlecht

Alter	Männer		Frauen	
	Einkommen	Auskommen	Einkommen	Auskommen
60 u. m. Jahre	56%	14%	23%	1%
50-59 Jahre	49%	8%	29%	1%
40-49 Jahre	55%	12%	29%	0%
30-39 Jahre	56%	9%	36%	6%
25-29 Jahre	51%	10%	28%	1%
15-24 Jahre	42%	20%	27%	0%
ALLE	53%	12%	29%	2%

MÄNNER - FRAUEN 2002©

Die Ergebnisse – aufgeschlüsselt nach Männertyp und Alter – zeigen keine einheitliche Tendenz. Auch aus dieser Perspektive zeichnet sich eine Einebnung der vorhandenen geschlechtsspezifischen Schieflage nicht ab.

Tabelle 119: Einkommen und Auskommen - nach Typen und Alter

TYPOLOGIE	Alter	Einkommen	Auskommen
traditionell	60 u. m. Jahre	72%	4%
	50-59 Jahre	69%	8%
	40-49 Jahre	76%	6%
	30-39 Jahre	70%	6%
	25-29 Jahre	78%	0%
	15-24 Jahre	73%	13%
	ALLE	72%	6%
pragmatisch	60 u. m. Jahre	35%	35%
	50-59 Jahre	50%	7%
	40-49 Jahre	57%	20%
	30-39 Jahre	60%	18%
	25-29 Jahre	62%	23%
	15-24 Jahre	38%	39%
	ALLE	49%	24%
unbestimmt	60 u. m. Jahre	65%	9%
	50-59 Jahre	46%	4%
	40-49 Jahre	64%	15%
	30-39 Jahre	60%	9%
	25-29 Jahre	46%	4%
	15-24 Jahre	48%	13%
	ALLE	57%	9%
modern	60 u. m. Jahre	25%	16%
	50-59 Jahre	42%	13%
	40-49 Jahre	25%	4%
	30-39 Jahre	33%	4%
	25-29 Jahre	40%	12%
	15-24 Jahre	27%	20%
	ALLE	32%	10%
ALLE		53%	12%

MÄNNER - FRAUEN 2002©

Schieflage 2: Was Väter mit Kindern tun

Als Zweites sehen wir an, was Väter mit Kindern machen. Die Annahme ist, dass im Zuge der Veränderung der traditionellen Geschlechterrollen die Männer anfangen, im Lebensfeld von Kindern nicht nur qualitativ, sondern auch quantitativ mehr präsent zu sein. Moderne Väter machen mehr Tätigkeiten mit Kindern, sie verbringen auch mehr Zeit mit ihnen. Das gilt, so die Annahme, insofern für alle Männer: Im Schnitt machen die Männer des Jahres 2002 mehr mit Kindern als die Männer von 1992.

Die modernen Männer 2002 sind im Lebensfeld von Kindern deutlich stärker präsent als die traditionellen Männer des gleichen Jahres. Vor allem wenn es darum geht, Kinder ins Bett zu bringen oder die Babypflege zu übernehmen, engagieren sich die modernen Väter mehr.

Abbildung 23: Tätigkeiten mit Kindern – nach Männertypen

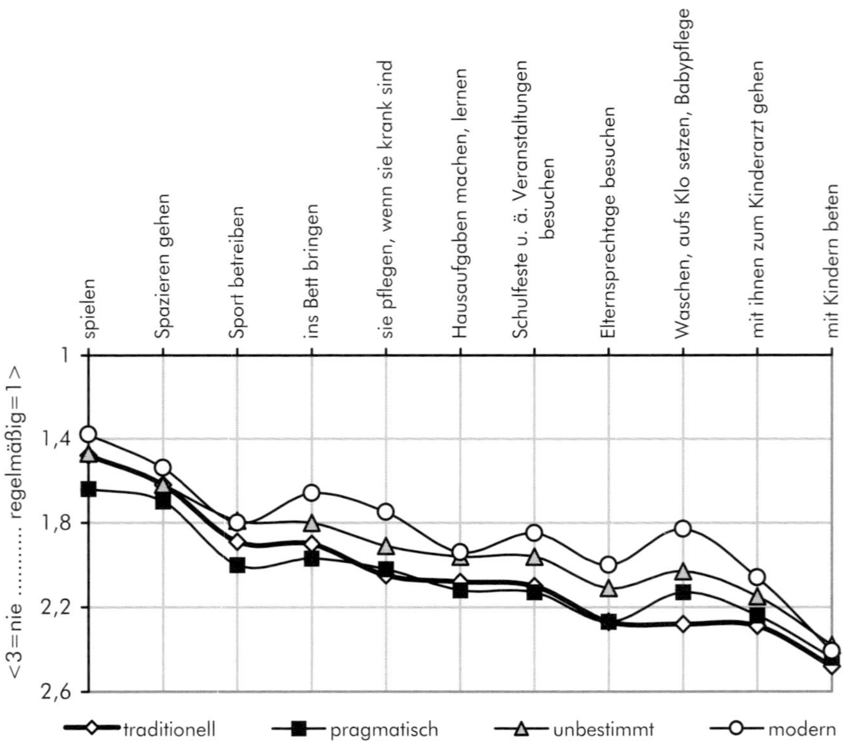

MÄNNER 2002© – Mittelwerte

Der Vergleich zwischen 1992 und 2002 kann zwar nicht exakt durchgeführt werden, weil in den beiden Studien die Antwortmöglichkeiten verschieden sind. Allerdings kann der Vergleich der Ergebnisse für die zweite Frage herangezogen werden, ob sich die Männer zwischen 1992 und 2002 in ihrer Präsenz im Lebensfeld ihrer Kinder qualitativ verändert hat. Näherhin, ob sie bislang den Müttern überlassene Aktivitäten wahrnehmen.

Hier ist das Ergebnis eindeutig und ernüchternd. Denn die Grundstruktur der Tätigkeiten hat sich bei den Männern in den letzten zehn Jahren so gut wie nicht verändert. Die Schieflage ist auch hier geblieben: zwischen den „Freizeit-Tätigkeiten" (spielen, spazieren gehen, Sport betreiben) und den „Versorgungs-Tätigkeiten" (pflegen, waschen, Hausaufgaben machen). Die Beteiligung an „Freizeit-Aktivitäten" hat eher noch zugenommen.[34]

Abbildung 24: Tätigkeiten mit Kindern 1992-2002

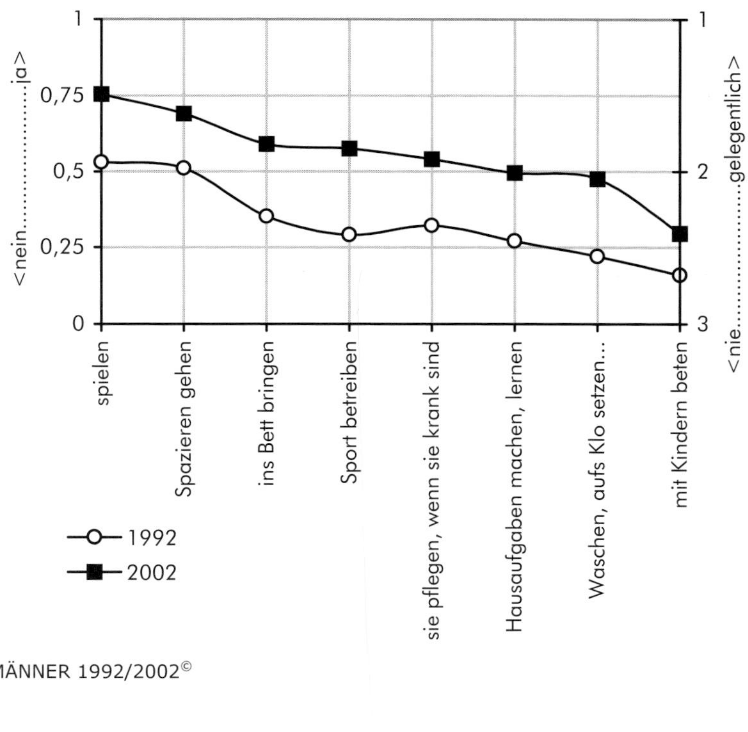

MÄNNER 1992/2002©

[34] „Mit den Kindern beten" hat in den letzten zehn Jahren bei den untersuchten Männern stark abgenommen – das mag aber die Veränderung in der sozioreligiösen Ausrichtung der Bevölkerung insgesamt widerspiegeln.

Die beobachtete Schieflage lässt sich in die Frage umformen, ob es nicht doch Tätigkeiten der Väter mit Kindern gibt, die eben „typisch väterlich" sind, während andere als „typisch mütterlich" angesehen werden und auch sind. Sollte das zutreffen, dann wäre verständlich, dass sich auch die modernen Väter eher in den „väterlichen Tätigkeiten" entwickeln, weniger aber in den „mütterlichen". Oder ist es lediglich eine Frage der Zeit, bis sozusagen ein „Gleichstand" hergestellt ist und die Verteilung der Aktivitäten letztlich innerhalb eines Paares ausgehandelt werden muss? Natürlich können solche Entwicklungen auch anders erklärt werden: Wer drängt denn auch schon gern in „Versorgungs-Aktivitäten", wenn er sich auch in „Freizeit-Aktivitäten" mehr engagieren kann?

Hier kann auch darauf verwiesen werden, dass allein erziehende Väter und Mütter das gesamte Set von Aktivitäten leisten bzw. zu leisten hätten. Allein erziehen könnte dann aber ganz anders gesehen auch bedeuten, dass bestimmte Tätigkeiten mit Kindern unterbelichtet bleiben: beim allein erziehenden Vater „mütterliche Tätigkeiten", bei der allein erziehenden Mutter „väterliche". Sollten also Kinder – um die Breite möglicher Tätigkeiten zu erleben – doch beide benötigen, Vater und Mutter? Erweist sich in dieser Frage das Verhältnis der Geschlechter zugunsten der Kinder als komplementär?

Das würde für allein Erziehende bedeuten, den eher „fremden Tätigkeiten" bevorzugt Aufmerksamkeit zu schenken, im eigenen Tun oder dadurch, dass eben dem Kind der Zugang zu einer andersgeschlechtlichen Bezugsperson (die nicht biologisch Vater oder Mutter sein muss) zu ermöglichen.

Detaillierte Analysen lassen erkennen, dass vor allem Geschiedene, die Kinder im Haushalt haben, offenbar ihre Tätigkeiten mit Kindern erheblich ausweiten. Das gilt moderat für geschiedene Väter, noch mehr aber für geschiedene Mütter. Die meisten Aktivitäten mit Kindern setzen aber verheiratete Frauen.

Abbildung 25: Familienstand und Tätigkeit mit Kindern im Haushalt

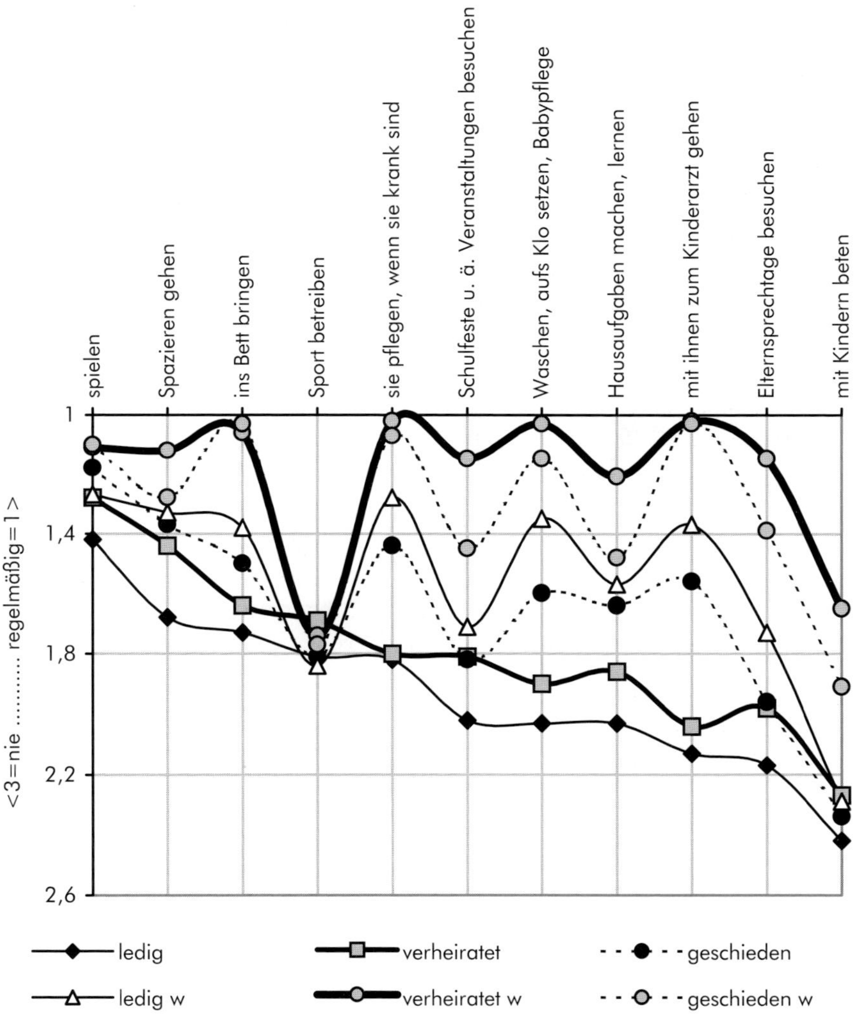

MÄNNER – FRAUEN 2002©
w = weiblich

Bemerkenswert ist, dass berufstätige Frauen mit Kindern im Haushalt im Vergleich zu arbeitslosen Frauen ein deutlich stärkeres Engagement für ihre Kinder zeigen. Bei den arbeitslosen Frauen sind jene Aufgaben weniger bespielt, die sich auf die Schule beziehen.

Ähnliches gilt für die Männer, obgleich hier die Unterschiede geringer ausfallen.

Abbildung 26: Berufstätigkeit und Tätigkeit mit Kindern im Haushalt

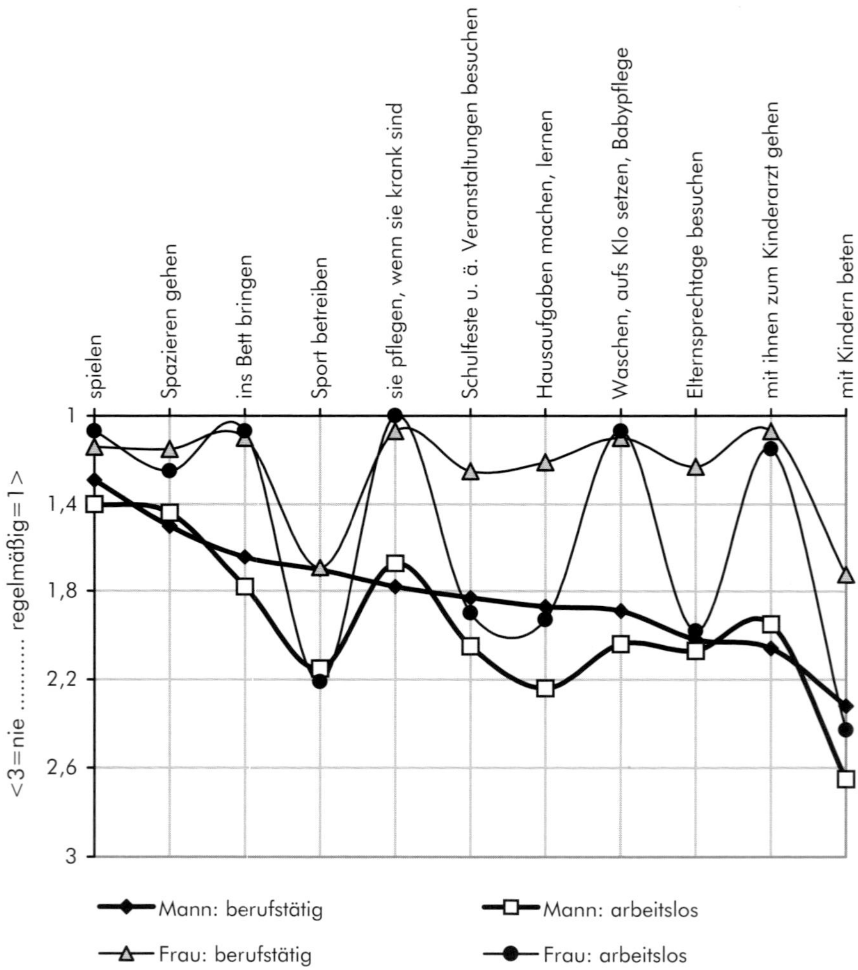

MÄNNER – FRAUEN 2002©

Zusammenfassend haben wir bereits festgestellt, dass – in moderater Weise – Tätigkeiten mit Kindern von den Frauen zu den Männern wandern. Doch kann nicht übersehen werden, dass im Bereich der Versorgungs-Aktivitäten auch die modernen Frauen nahezu doppelt so viel mit Kindern machen wie Männer. Die „Schieflage" ist somit nach wie vor gegeben.

Tabelle 120: Verteilung der Tätigkeiten mit Kindern

TYPOLOGIE	Männer			Frauen		
	Freizeit	Versorgung	Summe	Freizeit	Versorgung	Summe
traditionell	69%	20%	89	84%	95%	179
pragmatisch	64%	26%	90	82%	84%	166
unbestimmt	71%	27%	98	86%	90%	176
modern	80%	41%	121	78%	78%	156
ALLE	71%	29%	100	82%	85%	167

MÄNNER - FRAUEN 2002©

Schieflage 3: Haushaltstätigkeiten

In den letzten Jahrzehnten wurden viele Anstrengungen unternommen, dass Männer familiale Haushaltsaufgaben übernehmen. Das sollte berufstätige Frauen entlasten. Zugleich galt dies als ein Ausdruck neuer Partnerschaftlichkeit.

Nun zeigen die Analysen der Daten für das Untersuchungsjahr 2002, dass die modernen Männer tatsächlich merklich weniger Haushaltsarbeiten an die Partnerin delegieren als die traditionellen Männer. In den Summenwerten wird dies deutlich. Dieser Wert liegt bei den traditionellen Männern bei 674, bei den modernen Männern bei 447. Nicht übersehen werden darf dabei, dass es sich um ein „schönes Selbstbild“ der Männer handelt. Frauen sehen das Ganze weniger euphorisch. Denn bei diesen liegen die spiegelbildlichen Summenwerte für jene Aktivitäten, die sie selbst machen, nahezu doppelt so hoch: für die traditionellen Frauen bei 1183 (Männer: 674), für die modernen immer noch auf 984 (Männer: 447).

Die Veränderung bei den Männern betrifft insbesondere jene Haushaltsarbeiten, die wir als die „frauenspezifischen“ bezeichnet haben: Wäsche waschen, bügeln, putzen, Staubsaugen, abwaschen.

Abbildung 27: Haushaltsarbeiten, die eher die Partnerin macht – nach Männertypen

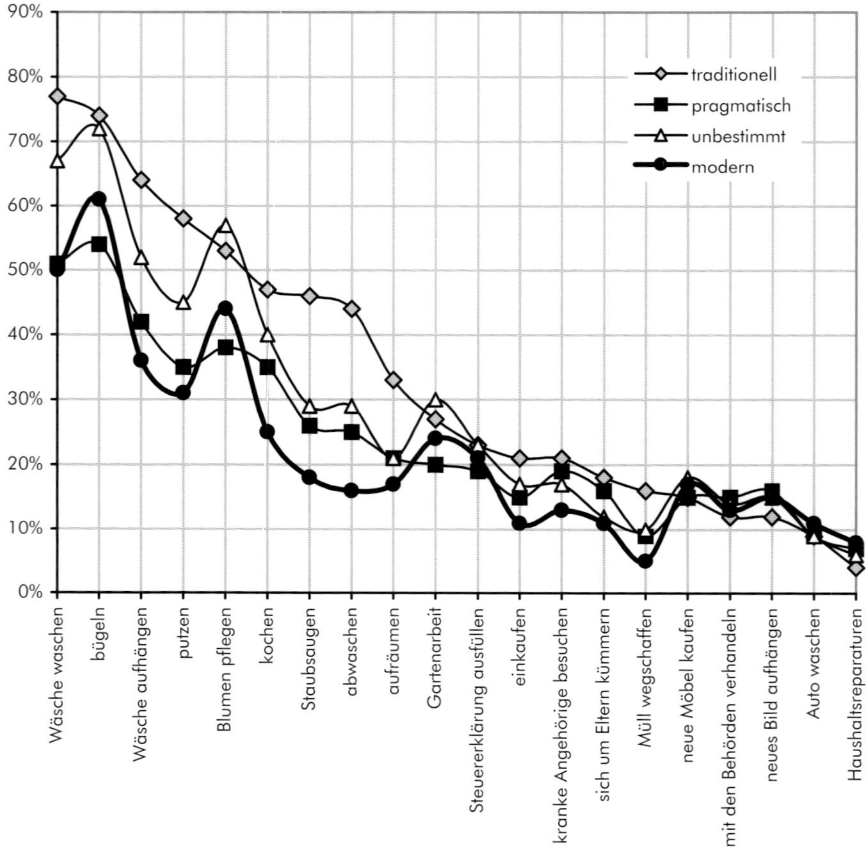

MÄNNER 2002©

Abbildung 28: Verteilung der Haushaltstätigkeiten bei Traditionellen und Modernen

Männer: wird an die Partnerin delegiert

Frauen: das mache ich

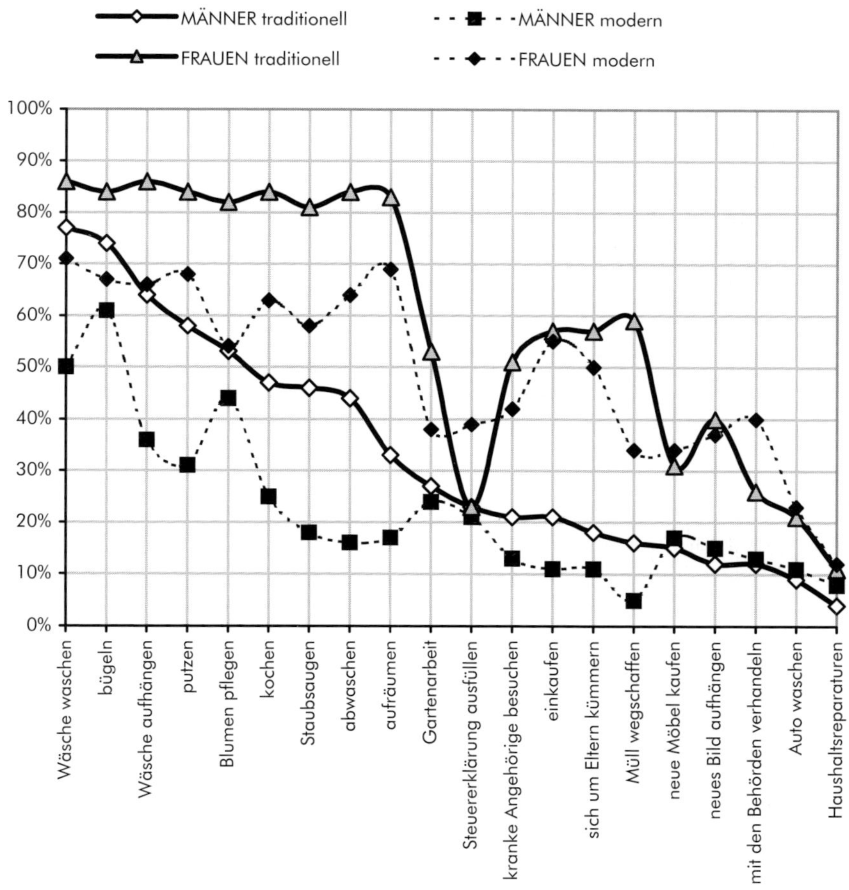

MÄNNER – FRAUEN 2002©

Die aufgedeckte Schieflage lässt sich an Hand der drei Gruppen von Haushaltsarbeiten übersichtlich zusammenfassen. Die drei Gruppen sind: Haushaltsarbeiten, die Männer mit Vorliebe machen, solche die bei den Frauen angesiedelt sind, und schließlich als dritte Gruppe jene, welche partnerschaftlich erledigt werden.

Schon die Durschnittswerte für „alle“ lassen erkennen, wie sehr die „männerspezifischen“ Haushaltsarbeiten bei den Männern und noch mehr die „frauenspezifischen“ bei den Frauen angesiedelt sind und Frauen überdurchschnittlich viele Haushaltsarbeiten faktisch machen, die als „partnerschaftlich“ gelten.

Die Zuordnung der männerspezifischen Aufgaben zu den Männern zieht sich durch alle männlichen Geschlechtertypen hindurch; analog dazu machen Frauen der unterschiedlichen Typen solche Arbeiten nur selten.

Bei den Männern gibt es auch nur geringfügige Unterschiede zwischen den Geschlechtertypen hinsichtlich der partnerschaftlichen wie der frauenspezifischen Haushaltsarbeiten.

Anders ist dies bei den Frauen: Moderne Frauen ziehen sich im Vergleich zu den traditionellen offensichtlich von den frauenspezifischen wie von den partnerschaftlichen zurück.

Die Lage wird auch ersichtlich an den Summenwerten: Die Unterschiede zwischen den Männertypen sind deutlich geringer als die zwischen den Frauentypen. Dabei liegen die Summenwerte aller Männer immer unter jenen der Frauen. Der Rückgang von den traditionellen (Summenwert 179) zu den modernen Frauen (Summenwert 125) ist deutlich erkennbar.

Tabelle 121: Verteilung der drei Gruppen von Haushaltsarbeiten auf Männer und Frauen – nach Geschlechtertypen

männerspezifisch – Eher von Männern erledigte Hausarbeiten: mit Behörden verhandeln; Steuererklärung ausfüllen; Haushaltsreparaturen; neues Bild aufhängen; Auto waschen; neue Möbel kaufen.

frauenspezifisch – Eher von Frauen erledigte Hausarbeiten: putzen; Wäsche waschen; Wäsche aufhängen; abwaschen; aufräumen; Staubsaugen; bügeln; kochen; Blumen pflegen; einkaufen.

partnerschaftlich – Eher partnerschaftlich erledigte Hausarbeiten: kranke Angehörige besuchen; sich um Eltern kümmern; Müll wegschaffen; Gartenarbeit.

	männerspezifisch		partnerschaftlich		frauenspezifisch		SUMMEN	
	Männer	Frauen	Männer	Frauen	Männer	Frauen	Männer	Frauen
traditionell	55%	18%	31%	69%	7%	92%	93	179
pragmatisch	50%	25%	37%	51%	23%	84%	110	160
unbestimmt	54%	19%	24%	39%	9%	80%	87	138
modern	52%	22%	38%	39%	17%	64%	107	125
ALLE	53%	21%	31%	45%	13%	76%	97	142

MÄNNER – FRAUEN 2002©
Skalenwert 1 = sehr stark auf vierteiliger Indexskala.

Eine Aufschlüsselung der Ergebnisse nach Geschlecht und Alter unterstreicht einige schon bekannte Phänomene: Jüngere Frauen machen weniger im Haushalt als ältere (der Summenwert sinkt von 164 auf 103 und erreicht fast den Männerdurchschnitt von 97). Unter den Männern hingegen haben die einzelnen Altersgruppen ein ähnliches Handlungsmuster. Die Summenwerte sind (sieht man von den 15- bis 24-Jährigen ab) sehr ähnlich.

Tabelle 122: Verteilung der Haushaltsarbeiten nach Geschlecht und Alter

	Alter	männerspezifisch	partnerschaftlich	frauenspezifisch	Summen
Männer	15-24 Jahre	35%	23%	12%	70
	25-29 Jahre	50%	31%	16%	97
	30-39 Jahre	61%	27%	8%	96
	40-49 Jahre	59%	35%	13%	107
	50-59 Jahre	49%	23%	11%	83
	60 u. m. Jahre	55%	43%	18%	116
	ALLE	53%	31%	13%	97
Frauen	15-24 Jahre	22%	27%	54%	103
	25-29 Jahre	15%	42%	77%	134
	30-39 Jahre	26%	37%	69%	132
	40-49 Jahre	13%	48%	71%	132
	50-59 Jahre	22%	53%	85%	160
	60 u. m. Jahre	24%	52%	88%	164
	ALLE	21%	45 %	76%	142
ALLE		36%	38%	48%	122

MÄNNER – FRAUEN 2002©

Schieflage 4: Männliche und weibliche Eigenschaften

Die Eigenschaftsprofile von Männern und Frauen unterscheiden sich deutlich. Überraschend ist, dass sich die Sicht der Frauen nicht entscheidend von der Perspektive der Männer abhebt. Die Zuweisung von Eigenschaften zu den Geschlechtern scheint ein gesamtkulturelles Phänomen zu sein.

- Die größten Differenzen bei den Eigenschaften, die Männern und Frauen zugeschrieben werden, finden sich zugunsten der Frauen bei mitfühlend, gesellig, aktiv, redet viel, ängstlich und erotisch.
- Männern hingegen wird eher zugeeignet, dass sie selbstständig sind, (willens)stark, dominierend und logisch.

Abbildung 29: Männliche und weibliche Eigenschaften – nach Geschlechtern

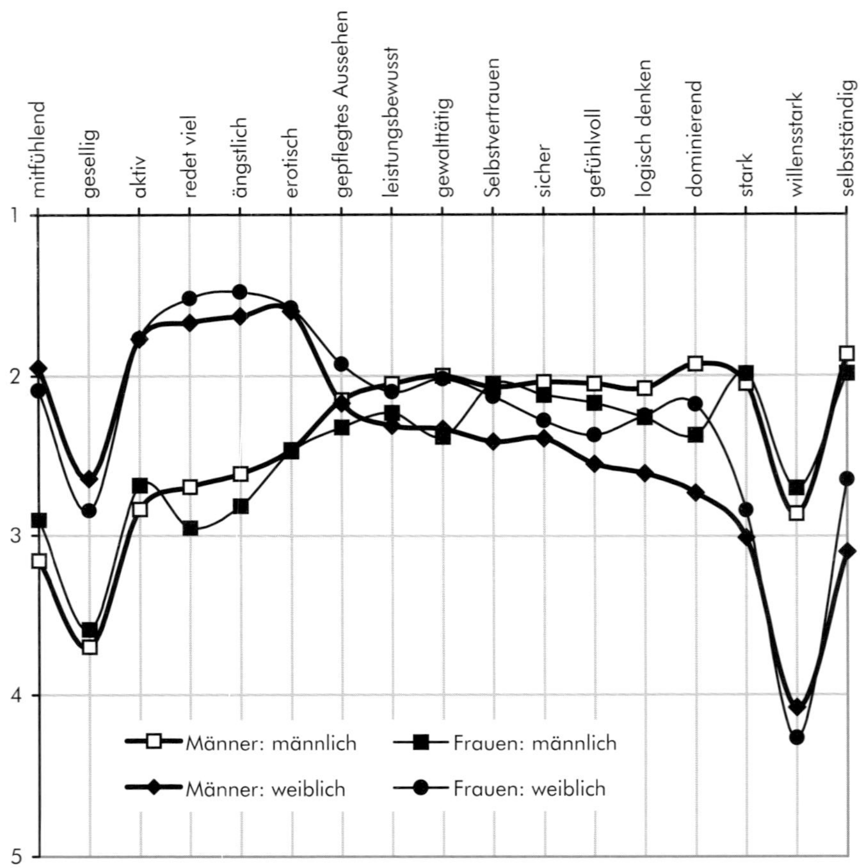

MÄNNER – FRAUEN 2002©

Dieses Bild hat sich in seiner Grundstruktur in den letzten zehn Jahren nicht verändert:

- Bei den Frauen zugeschriebenen Eigenschaften erfolgte eine Profilierung in Richtung sanfter und weniger rational.
- Bei den Männern hat in diesen zehn Jahren sich wenig verändert.

Abbildung 30: Männliche und weibliche Eigenschaften - 1992 auf 2002 (nur Männer, geordnet nach Differenz)

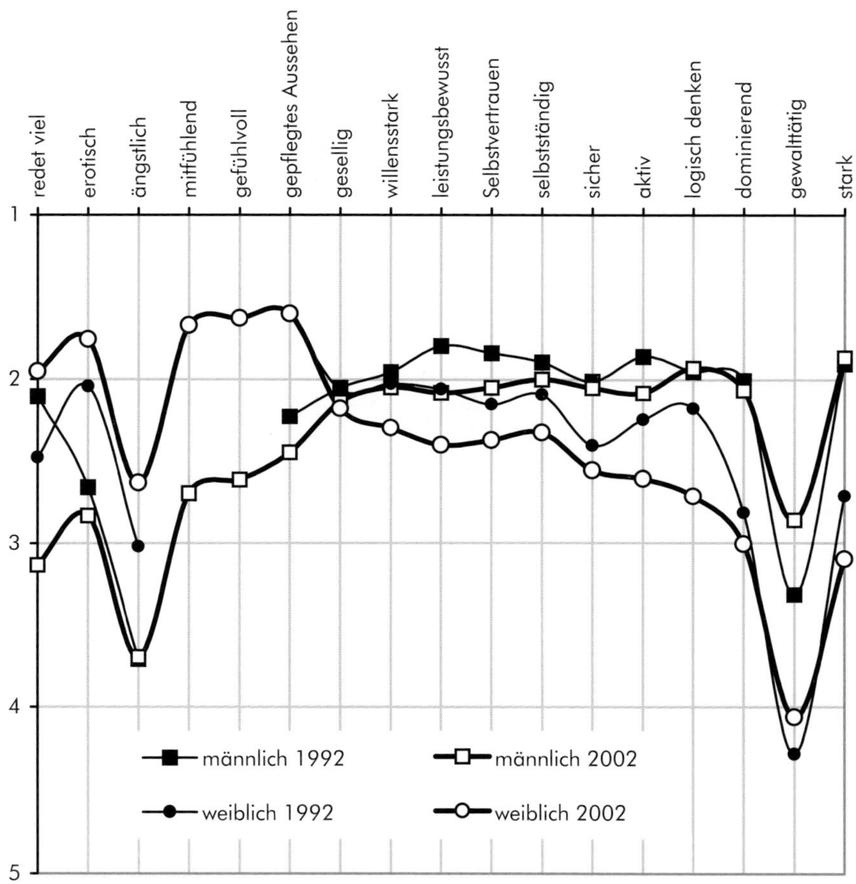

MÄNNER 1992/2002©

Die traditionellen Männer eignen dem Mann deutlich mehr starke und selbstbewusste Merkmale zu als die modernen. Moderne Frauen hingegen schwächen beim Mann die starke und selbstbewusste Seite etwas ab. In ihrer Selbstwahrnehmung als Frauen gibt es kaum Unterschiede zwischen den beiden Randtypen traditionell und modern.

Abbildung 31: Männliche und weibliche Eigenschaften bei traditionellen und modernen Männern

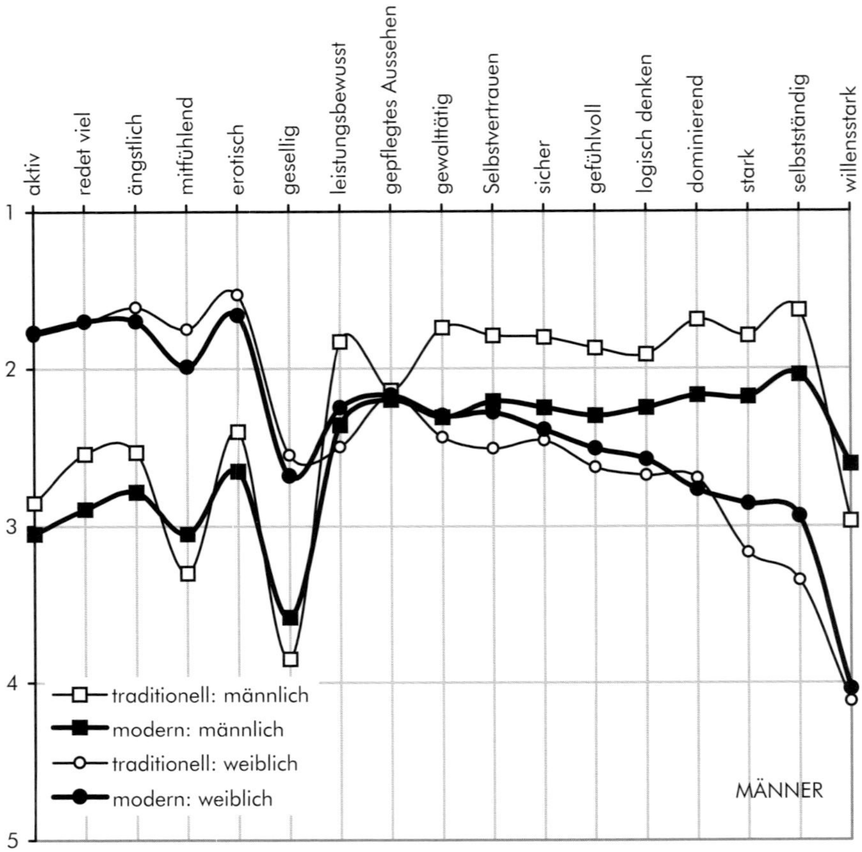

MÄNNER 2002©

Abbildung 32: Männliche und weibliche Eigenschaften bei traditionellen und modernen Frauen

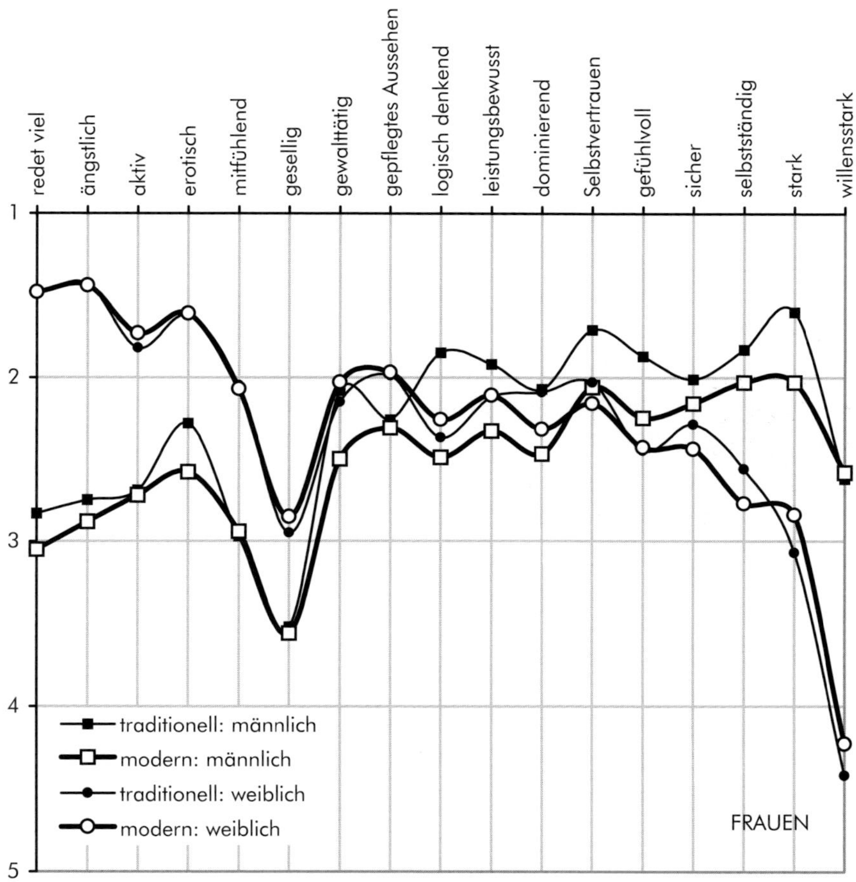

FRAUEN 2002©

Anhand einer Faktorenanalyse lassen sich diese vielfältigen Eigenschaften drei Töpfen zuordnen. Dementsprechend werden drei Indizes gebildet:

- Ein erster Index enthält Merkmale, die mit dominierend, aktiv, stark zu tun haben – negativ steht dazu ängstlich.
- Ein zweiter Index misst Selbstbewusstsein. Hierher gehören Eigenschaften wie leistungsbewusst, Selbstvertrauen haben, logisch denken, willensstark, sicher, selbstständig.

- Der dritte Index schließlich sammelt sanfte Eigenschaften: nicht gewalttätig, aber erotisch, gesellig, mit gepflegtem Aussehen, mitfühlend und gefühlvoll.

Männer und Frauen (und hier wiederum die einzelnen Geschlechtertypen) geben diesen drei Seiten der Geschlechter unterschiedliches Gewicht.

- Dabei wird das Sanfte von Männern und Frauen aller Typen eindeutig den Frauen zugewiesen.
- Ähnlich klar ist die Zuordnung des Starken zu den Männern, wenngleich diese Zuordnung von den Traditionellen zu den Modernen schwächer wird.
- Sanfte Eigenschaften werden von modernen Männern weniger den Männern zugeschrieben als von traditionellen und von pragmatischen. Frauen halten die sanfte Seite am Mann für am geringsten ausgeformt.
- Frauen sehen weit weniger Unterschiede zwischen Frauen und Männern hinsichtlich des Selbstbewusstseins. Frauen schätzen sich selbstbewusster ein, als Männer dies tun.
- Moderne Männer sehen die Frauen eher stark an; moderne Frauen hingegen betrachten sich selbst eher als (zu) schwach.

Abbildung 33: Was gilt als männlich, was als weiblich – drei Indizes

stark: dominierend/unterwürfig, aktiv/passiv, stark/schwach, ängstlich/tapfer (-),

selbstbewusst: leistungsbewusst/nicht leistungsbewusst, Selbstvertrauen/kein Selbstvertrauen, logisch denkend/unlogisch denkend, willensstark/willenschwach, sicher/unsicher, selbstständig/unselbstständig

sanft: gewalttätig/sanft (-), erotisch/unerotisch, gesellig/ungesellig, gepflegtes Aussehen/ungepflegtes Aussehen, mitfühlend/nicht mitfühlend, gefühlvoll/gefühllos

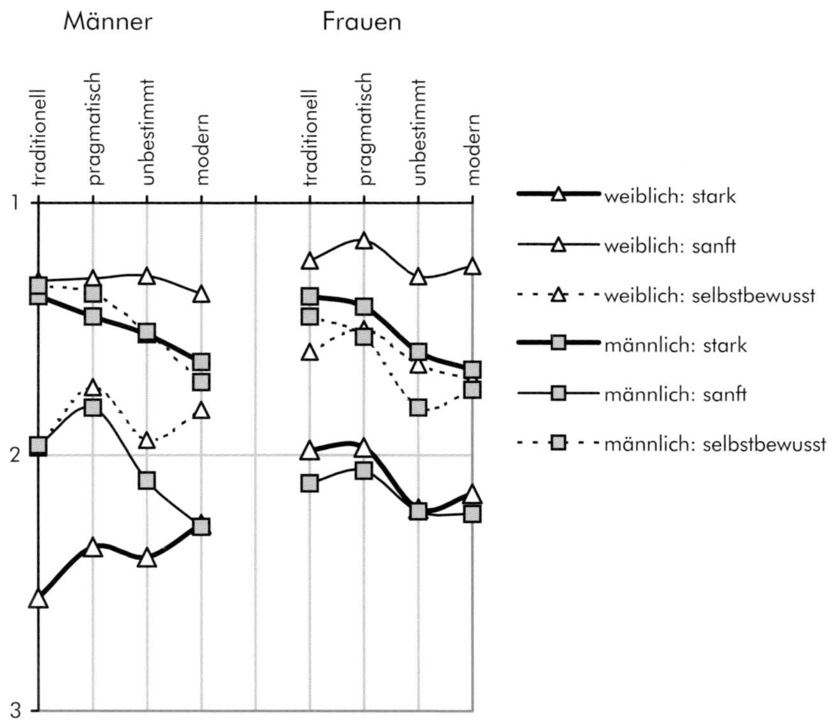

MÄNNER – FRAUEN 2002©

Der Grundbefund ist bei allen Geschlechtertypen gleich. Frauen sind eher mit sanften Eigenschaften versehen, Männer mit Stärke und Selbstbewusstsein. Die Entwicklung von Traditionellen zu Modernen ändert nichts an dieser Zuweisung. Die Schieflage bleibt bei allen Typen erhalten.

Zwischen den Altersgruppen sind die Unterschiede klein. Jüngere Männer verbinden sanfte Eigenschaften etwas mehr als ältere Männer mit weiblich. Im Gegensatz sehen sie den Mann mehr im Umkreis starker Merkmale.

Dass stark eine weibliche Eigenschaft ist, geht zu den jüngeren Männern hin klar zurück. Aber auch jüngere Frauen setzen wenig darauf. Weiblich ist sanft, nicht stark.

Abbildung 34: Männliche und weibliche Eigenschaften – nach Geschlecht und Alter

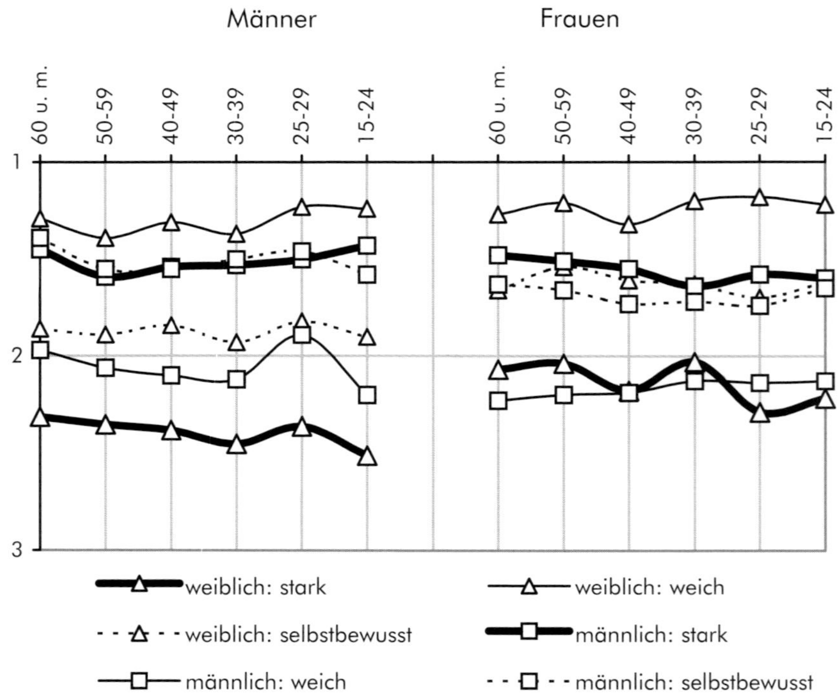

MÄNNER – FRAUEN 2002©

DEUTUNGSVERSUCH

Es ist nicht einfach, diese aufgedeckten Zusammenhänge zu deuten. Zu naiv wäre es, sich auf Mikroergebnisse zu konzentrieren und zu sagen: Bügeln gehöre eben zu den „vorfindbaren" und damit unveränderbaren Tätigkeiten von Frauen, wie es eben dem Mann angeboren sei, das Auto zu waschen.

Was nachdenklich macht, sind nicht solche Details. Gewicht bekommen die Daten vielmehr durch ihre Durchgängigkeit und Konsistenz. Es scheint Widerstände zu geben gegen eine Angleichung von Männern und Frauen auf allen Ebenen: Wobei es schwer ist zu klären, woher diese Widerstände kommen – aus kulturellen Vereinbarungen oder aus dem Vorrat an prägenden Urbildern (die freilich wiederum historisch gewachsen sein mögen).

Nicht Männer versus Frauen, sondern Traditionelle versus Moderne

Dabei übersehen wir natürlich nicht, dass es auch zwischen Männern und zwischen Frauen typologische Unterschiede gibt, die in bestimmten Aspekten größer sind als die Unterschiede zwischen den verwandten Typen unter den Männern und Frauen: Traditionelle Männer und Frauen sind einander verwandter als traditionelle und moderne Männer. Und dennoch gibt es trotz solcher Unterschiede zwischen den Typen eines einzelnen Geschlechts Unterschiede, die sich zwischen den Geschlechtern durchhalten.

Kurzschlüssig wäre es auch, mit der Vermutung, dass es auch vorfindbare und damit unveränderliche Anteile am Selbstbild von Mann und Frau gibt, jene Veränderungen zu unterbinden, welche für mehr Gerechtigkeit unerlässlich sind.

Unsinnig wäre es umgekehrt, Veränderungen auch dann zu erzwingen, wenn sie nicht mehr wachsender Gerechtigkeit, sondern zunehmender Nivellierung zwischen den Geschlechtern dienen.

Unter „vorfindbar" wird hier kein biologisches Faktum verstanden. Vielmehr handelt es sich um etwas Vorfindbares auf der Ebene der Urbilder von Mann und Frau, die geistige Phänomene sind und nicht bloß biologische. Es geht also nicht um Biologie, sondern um Anthropologie, eine Disziplin, die beim Fragen nach Mann und Frau in den letzten Jahrzehnten nicht im Mittelpunkt stand, sondern als veränderungsfeindlich eher verdrängt worden ist.

Es ist bei der Suche nach einer Antwort auf die Frage, was „vorfindbar" und was „erfindbar" ist, nicht erforderlich, auf „männliche" und „weibliche" Eigenschaftssets zurückzugreifen. Die Zuordnung der Geschlechter zu solchen Eigenschaften ist ja, wie die Studien zeigen, in Bewegung, obschon eine völlig gleiche Zuordnung von Männern und Frauen zu allen erdenklichen Eigenschaften nicht in Sicht ist, sondern sozialwissenschaftlich gesehen in weiter Ferne liegt. Noch mehr, es gibt Anzeichen dafür, dass zur Zeit eine solche Zuordnung von bestimmten Eigenschaften zu den beiden Geschlechtern wieder eher akzeptabel wird. Die Differenz zwischen den Geschlechtern hat an Bedeutung gewonnen. Der Rückgriff auf traditionelle Umgangsformen zwischen den Geschlechtern weist in diese Richtung.[35]

Dass Männer „weibliche Anteile" entwickeln sollen und Frauen „männliche Anteile", das wird zwar in trivialen Kursen oftmals angeraten, ist aber kaum begründbar und auch nur schlecht operationalisierbar. Denn da müsste ja klar gesagt werden, was „männlich" und was „weiblich" ist. Und mehr, als was heute als solches gilt, ist auf dem Boden der Erfahrung zunächst nicht herauszubekommen. Nimmt man dann aber unkritisch hin, dass „vorfindbar" und damit verbindlich und unveränderlich „männlich" und „weiblich" das ist, was heute gilt, dann wird außer Acht gelassen, dass im Faktischen auch sehr viel Erfundenes und dem einen oder anderen Geschlecht Vorteilhaftes enthalten sein kann.

Die Berufung auf *yin und yang* oder auch Carl Gustav Jungs *animus und anima* helfen auf der Ebene der Eigenschaften auch nicht weiter. Denn hier werden lediglich (mythologische bzw. archetypische) Bilder vorgelegt, ohne dass diese im Detail ausgestaltet sind.

Dennoch kann die Berufung auf diese Bilder auf der Suche nach einer Klärung, was einen Mann und was eine Frau ausmacht, weiterhelfen. Die Unterschiede liegen nämlich sicher nicht in Eigenschaften – schon gar nicht in den heute soziokulturell zugewiesenen. Denn warum sollten Frauen nicht denken und Männer nicht fühlen, warum sollten Männer nicht auch sanfte Seiten entwickeln und Frauen starke? Es gibt im Übrigen dafür zu viele Männer und Frauen, die das leben und belegen.

Frauen und Männer, so ist deshalb anzunehmen, haben einen offenen Zugang zu allen menschenmöglichen Eigenschaften. Der Unterschied kommt dann nicht von begrenzten Eigenschaftssets, die sich natürlich in einzelnen Kulturen wie einzelnen Personen ausbilden können. Der Unterschied entspringt vielmehr einer grundlegend anderen „Färbung" dieser möglichen Eigenschaften bei Männern und Frauen. Männer denken, Frauen denken: Aber die „Farbe des Denkens", die „musikalische Grundstimmung" ist eine andere – eine „männliche" oder eine „weibliche". Und Männer fühlen ebenso, wie auch Frauen fühlen – und es ist wieder die Musik, die den Unterschied ausmacht, nicht das jeweilige Thema, das gespielt wird.

---

35 Ein treffliches Beispiel für einen solchen Rückgriff ist der Film „Kate & Leopold". Modernen Männern wird ein höfischer Mann als Spiegel für ihr Benehmen vorgehalten.

Natürlich verschieben wir mit solchen Bildern aus Kunst, Poesie, Musik das Problem lediglich, wenn wir uns auf Farbe oder Klang berufen. Denn über solche Bilder wird neuerlich transportiert, dass wir es letztlich nicht wissen, was einen Mann, was eine Frau ausmacht. Sie bleiben ein Rätsel: Männer den Frauen, Frauen den Männern, aber zugleich auch die Männer und die Frauen sich selbst. Eine Ahnung von sich zu erhalten und sich zugleich gut zu entfalten, ist ein bleibendes lebenslanges Abenteuer.

Viel folgt aus einem solchen anthropologischen Ansatz auch für die Beziehung zwischen den Geschlechtern. Denn Männer und Frauen sind dann letztlich einander Fremde. In Beziehung treten können sie nur, wenn etwas vom fremden Anderen in einem selbst anwesend ist. Das macht die Annahme von *animus und anima* bei Carl G. Jung plausibel. Insofern das fremde Weibliche im Modus der *anima* im Mann wohnt, kann er zu Frauen in Beziehung treten. Sobald also ein Mann sowohl zu seinem *animus* wie zu seiner *anima* in Berührung ist, ist er auch bereit für schöpferische Kommunikation mit sich und dem anderen Geschlecht. Fällt eine der beiden Berührungen (zum *animus*, zur *anima*) aus, dann misslingt Männerleben, es misslingen auch die Beziehungen zu Frauen.

Aus all diesen Überlegungen folgt vor allem, dass die künftige Schlüsselfrage weniger lauten wird: Was ist ein Mann, was ist eine Frau? Denn diese Frage wird kaum eine befriedigende Antwort finden. Viel eher wird die Frage im Raum stehen, wie dann die beiden einander letztlich fremden Geschlechter doch miteinander in ein produktive Kommunikation eintreten können.

Forschungsbedarf

Ein Ergebnis der Studie verdient abschließend besondere Hervorhebung: Das ist der enorme Forschungsbedarf, der sich aus den stets gegenwärtigen Grenzen der vorliegenden Studie ergibt. Unsere Studie hat Bilder untersucht, die Männer und Frauen von sich selbst haben. Dabei ist die Grenze zwischen authentischen Bildern und Klischees oftmals nur schwer zu ziehen – was nicht bedeutet, dass nicht auch Klischees enorm lebensrelevant sein können.

Was aber der Studie weithin fehlt, ist die Brücke von den Bildern zum realen Tun. Die alte Frage nach der „situativen Valenz“ taucht auf: Wie stark prägt das Bewusstsein das Handeln? Oder handeln Menschen ganz anders als es ihren Bildern entsprechen würde?

Hier kann Klarheit nur durch weitere, zumeist teilnehmende und qualitative Forschungsarbeit geleistet werden.

VERZEICHNIS DER TABELLEN UND ABBILDUNGEN

Abbildungen

Abbildung 1: Emanzipationsbewegungen 13
Abbildung 2: Clusteranalyse mit vier Grundtpyen 20
Abbildung 3: Veränderungen in wichtigen Einstellungen zur Geschlechterrolle bei Männern (1992-2002) 25
Abbildung 4: Modernitätsgrad der vier Männertypen 27
Abbildung 5: Lebensfelder – Wunsch und Wirklichkeit 37
Abbildung 6: Kündigungsbereitschaft nach Berufsorientierung 51
Abbildung 7: Berufstätigkeit von Frauen 58
Abbildung 8: Wer ist wofür zuständig – nach den vier Männertypen 69
Abbildung 9: Zuständigkeit der Männer – Vergleich zwischen Traditionellen und Modernen, nach Geschlecht 70
Abbildung 10: Haushaltsarbeiten, welche eher die Partnerin macht – nach Männertypen 76
Abbildung 11: Verteilung der Haushaltstätigkeiten bei Traditionellen und Modernen 77
Abbildung 12: Zu wieviel Prozenten der befragte Mann Haushaltsarbeiten übernimmt .. 78
Abbildung 13: Zu wieviel Prozenten der befragte Mann Haushaltsarbeiten übernimmt – nach Männertypen 79
Abbildung 14: Tätigkeit mit Kindern (Aktivitätsindex) – nach Typen und Geschlecht ... 84
Abbildung 15: Tätigkeiten mit Kindern – nach Männertypen 85
Abbildung 16: Tätigkeiten mit Kindern 1992-2002 88
Abbildung 17: Angst vor beruflichen Nachteilen bei Karenzierung 92
Abbildung 18: Autoritarismus nach Männertypen 133
Abbildung 19: Männertypen und Machttypen 134
Abbildung 20: Indizes zur Gefühlskompetenz der Männer 138
Abbildung 21: Wofür Männer innerfamilial zuständig sind – nach Männertypen 156
Abbildung 22: Wofür Männer innerfamilial alleine zuständig sind 157
Abbildung 23: Tätigkeiten mit Kindern – nach Männertypen 160
Abbildung 24: Tätigkeiten mit Kindern 1992-2002 161
Abbildung 25: Familienstand und Tätigkeit mit Kindern im Haushalt 163
Abbildung 26: Berufstätigkeit und Tätigkeit mit Kindern im Haushalt 164
Abbildung 27: Haushaltsarbeiten, die eher die Partnerin macht – nach Männertypen 166
Abbildung 28: Verteilung der Haushaltstätigkeiten bei Traditionellen und Modernen 167
Abbildung 29: Männliche und weibliche Eigenschaften – nach Geschlechtern 170
Abbildung 30: Männliche und weibliche Eigenschaften – 1992 auf 2002 (nur Männer, geordnet nach Differenz) 171
Abbildung 31: Männliche und weibliche Eigenschaften bei traditionellen und modernen Männern 172
Abbildung 32: Männliche und weibliche Eigenschaften bei traditionellen und modernen Frauen 173
Abbildung 33: Was gilt als männlich, was als weiblich – drei Indizes 175
Abbildung 34: Männliche und weibliche Eigenschaften – nach Geschlecht und Alter 176

Tabellen

Tabelle 1: Männer- und Frauengruppen ... 14
Tabelle 2: Aussagen zum Männer- und Frauenbild ... 19
Tabelle 3: Die vier Männertypen ... 22
Tabelle 4: Verschiebung zwischen den Typen 1992 auf 2002 – nach Geschlechtern ... 23
Tabelle 5: Verschiebungen bei den vier Männertypen in Alterskohorten ... 24
Tabelle 6: Frage zur Selbstpositionierung der Befragten zwischen „traditionell“ und „modern“ ... 26
Tabelle 7: Modernitätsgrad der Befragten – nach Geschlecht ... 27
Tabelle 8: Verteilung der Männertypen nach Sozialmerkmalen ... 28
Tabelle 9: Männertypen und Parteipräferenz ... 32
Tabelle 10: In welchen sozialen Bereichen man die vier Männertypen bevorzugt antrifft ... 33
Tabelle 11: Lebensfelder ... 35
Tabelle 12: Reihung der Lebensfelder – Wunsch und Wirklichkeit ... 36
Tabelle 13: Rolle der Erwerbsarbeit für Männer ... 40
Tabelle 14: Berufsorientierung nach Geschlechtertypen ... 41
Tabelle 15: Annahme oder Ablehnung eines vorgesetzten Kollegen, einer vorgesetzten Kollegin ... 42
Tabelle 16: Akzeptanz eines vorgezogenen Kollegen nach Geschlechtertypen ... 43
Tabelle 17: Akzeptanz einer vorgezogenen Kollegin nach Geschlechtertypen ... 44
Tabelle 18: Wenn eine Kollegin, ein Kollege bevorzugt wird ... 45
Tabelle 19: Keine Probleme bei Bevorzugung (Überblicksfrage) ... 46
Tabelle 20: Wenn ein/e Arbeitskollegin/-kollege bevorzugt wird – nach Typen ... 47
Tabelle 21: Wenn es zu wenig Arbeitsplätze gibt ... nach Typen und Geschlecht ... 49
Tabelle 22: Differenz zwischen Traditionellen und Modernen ... 50
Tabelle 23: Kündigungsbereitschaft nach Alter ... 51
Tabelle 24: Arbeitsplatzknappheit 1992 - 2002 ... 52
Tabelle 25: Entwicklung der Kündigungsbereitschaft 1992 - 2002 nach Männertypen ... 53
Tabelle 26: Männliche Berufsorientierung und Kündigungsbereitschaft ... 54
Tabelle 27: Facetten weiblicher Berufstätigkeit ... 59
Tabelle 28: Lebensform und Lebensstand ... 62
Tabelle 29: Lebensgestalt und Kinderzahl ... 63
Tabelle 30: Lebensstand der Eltern ... 63
Tabelle 31: Lebensgestaltung der befragten Männer und deren Eltern ... 64
Tabelle 32: Zuständig in der Partnerschaft ... 66
Tabelle 33: Wofür sich eher der befragte Mann zuständig weiß – nach Geschlechtertypen ... 68
Tabelle 34: Einkommen und Auskommen – nach Geschlechtern ... 71
Tabelle 35: Wer soll sich um Kinder kümmern ... 73
Tabelle 36: Welche Haushaltsaufgaben der Partnerin überlassen werden – nach Männertypen ... 75
Tabelle 37: Männerspezifische, partnerschaftliche und frauenspezifische Haushaltstätigkeiten – nach Geschlecht und Typen ... 81
Tabelle 38: Tätigkeiten mit Kindern ... 82
Tabelle 39: Tätigkeiten mit Kindern – nach Männertypen ... 83
Tabelle 40: Differenz der Aktivitäten zwischen traditionellen und modernen Vätern ... 86
Tabelle 41: Freizeit- und Versorgungs-Tätigkeiten mit Kindern – nach Geschlecht und Geschlechtertypen ... 87

Tabelle 42: Verringerung der Arbeit für Pflegedienste 89
Tabelle 43: Reduzierung der Arbeit für Pflegedienste 90
Tabelle 44: Arbeitszeitmodelle 91
Tabelle 45: Gründe gegen die Verringerung von Arbeit für Pflegedienste 93
Tabelle 46: Familienfreundlichkeit der Wirtschaft 94
Tabelle 47: Frei entscheiden können 95
Tabelle 48: Freiheitsgrade in der Berufswelt 95
Tabelle 49: Freiheitsgrade in Privatwelt und Berufswelt 97
Tabelle 50: Familienleben und Beruf 99
Tabelle 51: Indizes in Bezug auf die berufliche Welt 100
Tabelle 52: Indizes in Bezug auf die familiale Lebenswelt 101
Tabelle 53: Berufstypen 103
Tabelle 54: Verteilung der Männer und Frauen auf die drei Familientypen – nach Geschlechtertypen 104
Tabelle 55: Familienwelt- und Berufswelttypen 105
Tabelle 56: Familienwelt- und Berufswelttypen – nach Männertypen 105
Tabelle 57: Wie gesund Männer sind 108
Tabelle 58: Gesundheitszustand 109
Tabelle 59: Wie gesund Männer leben 109
Tabelle 60: Gesund leben 110
Tabelle 61: Trinken und rauchen 110
Tabelle 62: Trinken 111
Tabelle 63: Rauchen 112
Tabelle 64: Suchtanfälligkeit 112
Tabelle 65: Arbeit und/oder Gesundheit 113
Tabelle 66: Arbeits- oder Gesundheitsorientierung 114
Tabelle 67: Wann Männer nicht zur Arbeit gehen 114
Tabelle 68: Arbeits- bzw. Gesundheitsorientierung formt das faktische Verhalten bei Krankheit leicht mit 115
Tabelle 69: Vorsorgeuntersuchung 115
Tabelle 70: Vorsorgebereitschaft 116
Tabelle 71: Überblick über Indizes zur Gesundheit 117
Tabelle 72: Gesund leben und Vorsorgebereitschaft 117
Tabelle 73: Gesundheitstypen 119
Tabelle 74: Verhütung 119
Tabelle 75: Kommunikativer Sex 120
Tabelle 76: Nichtkommunikativer Sex 121
Tabelle 77: Verantwortung für Verhütung 122
Tabelle 78: Kommunikativer Sex nach Typen 122
Tabelle 79: Nichtkommunikativer Sex nach Typen 123
Tabelle 80: Dimensionen männlicher Sexualität 123
Tabelle 81: Sexualitätstypen – nach Geschlechtertypen 125
Tabelle 82: Umgang mit Problemen 126
Tabelle 83: Umgang mit Problemen – nach Männertypen 127
Tabelle 84: Gewalt, die Männer kennzeichnet („Männergewalt") 128
Tabelle 85: Gewalt, die mit Frauen in Verbindung gebracht wird („Frauengewalt") 129
Tabelle 86: Gestaltungsmacht 129
Tabelle 87: Übersicht über Macht und Gewalt 130
Tabelle 88: Macht- und Gewalttypen 131
Tabelle 89: Autoritarismus 132

Tabelle 90: Autoritarismus – nach Geschlechtertypen 132
Tabelle 91: Machttypen und Autoritarismus 133
Tabelle 92: Opfer von Gewalt? 135
Tabelle 93: Gewalterfahrungen – nach Geschlecht und Geschlechtertypen 135
Tabelle 94: Gewalt von einem Mann – nach Geschlecht und Alter 136
Tabelle 95: Erschwerter Gefühlszugang 137
Tabelle 96: Kieselmann 137
Tabelle 97: Realitätssinn 138
Tabelle 98: Geschlechtertypen und Gefühlskompetenz von Männern 139
Tabelle 99: Leidkompetenz von Männern ist kleiner als von Frauen – nach Geschlechtertypen 140
Tabelle 100: Wie Männer mit Leid umgehen 140
Tabelle 101: Wie Männer mit Tod umgehen 141
Tabelle 102: Umgangsformen mit Leid und Tod – nach Geschlechtertypen 141
Tabelle 103: Todesbilder der Männer 142
Tabelle 104: Jenseitige und Diesseitige – nach Geschlecht und Typ 142
Tabelle 105: Todesbilder und Leidbewältigung 143
Tabelle 106: Weltanschauliche Orientierungen – Männer 144
Tabelle 107: Weltanschauungen 145
Tabelle 108: Verteilung der Weltanschauungstypen 146
Tabelle 109: Weitere Items zur Glaubenswelt 147
Tabelle 110: Gottesbild 147
Tabelle 111: Konfessionszugehörigkeit 148
Tabelle 112: Kirchgang 148
Tabelle 113: Kirchgangsfrequenz nach Konfessionszugehörigkeit 149
Tabelle 114: Kirchgang und weltanschauliche Orientierung 149
Tabelle 115: Lebenssinn 150
Tabelle 116: Sinnkonzepte 152
Tabelle 117: Einkommen und Auskommen – nach Geschlechtern 158
Tabelle 118: Einkommen und Auskommen – nach Altersgruppen und Geschlecht 158
Tabelle 119: Einkommen und Auskommen – nach Typen und Alter 159
Tabelle 120: Verteilung der Tätigkeiten mit Kindern 165
Tabelle 121: Verteilung der drei Gruppen von Haushaltsarbeiten auf Männer und Frauen – nach Geschlechtertypen 168
Tabelle 122: Verteilung der Haushaltsarbeiten nach Geschlecht und Alter 169

TEIL II

KOMMENTARE

MÄNNERARBEIT

Markus Hofer

Grundlagen der Männerarbeit

Der Mann lebt nicht vom Job allein. Viele Männer definieren sich fast ausschließlich über die Arbeit oder manchmal sehr äußerliche Leistungen. Die oft rapiden persönlichen, beruflichen und gesellschaftlichen Veränderungen sind für die Männer eine große Herausforderung. Immer mehr spüren, dass die traditionellen Rollenbilder nicht mehr funktionieren und dass ihre Lebensorientierungen zu kurz greifen. Männerarbeit kann ihnen Erlebnis- und Erfahrungsräume anbieten, wo sie sich mit ihren überkommenen Rollen auseinander setzen. Dabei können sie neue Formen suchen, ihr Mannsein lebensfördernd und sinnerfüllt zu gestalten.

Männerarbeit soll Folgen und Auswirkungen haben. Bewusstseinsveränderung und politisches Handeln ergänzen sich gegenseitig. Männerarbeit will nicht nur Erholungs- oder Besinnungsräume bieten, sondern hat auch die Umgestaltung der gesellschaftlichen und ökonomischen Rahmenbedingungen zum Ziel. Sie strebt partnerschaftliche Gerechtigkeit zwischen Mann und Frau an, in verschiedenen gesellschaftlichen Bereichen und zur Entlastung beider Seiten.

Männerarbeit muss eine eigenständige und aktive Entwicklung sein, die getragen ist von der Achtsamkeit gegenüber dem Männlichen. Sie soll lebbare, vielfältige und befreiende Männerbilder pflegen und Bedingungen schaffen für eine ganzheitliche Männerkultur. Darüber hinaus darf und soll sie auch lustvoll sein, weil Mannsein etwas Schönes ist.

Formen der Männerarbeit sind:

- Beratung
- Bildung und Begegnung
- Lobbying und Öffentlichkeitsarbeit

Beratung

Das größte Problem der Männer ist immer noch, dass sie glauben, kein Problem haben zu dürfen. Dieses falsche Klischee von Männlichkeit ist bestimmt von der Haltung: Männer haben keine Probleme! Männer brauchen keine Hilfe! Männer sind auf sich allein gestellt! Die Realität zeigt aber, dass Männer genügend

Gründe haben, sich von dieser Mentalität zu verabschieden; einseitig gelebt, zerstören sie damit sich selbst und andere.

Die Zahl der Männer steigt, die bereit sind, sich persönliche Hilfe zu holen. Eigene „Männerberatungsstellen" erleichtern ihnen den Zugang zu professioneller, psychosozialer Beratung. Gleichzeitig lässt sich mit dem Vorhandensein eines solchen Angebots auch die Nachfrage weiter fördern. In vielen Fragen ist für Männer die Hemmschwelle niedriger, wenn sie in eine ausdrückliche „Männerberatung" gehen können.

Gerade in sensiblen Problemlagen und Krisensituationen wie Beziehung, Sexualität, Trennung/Scheidung und Gewalt ist es für Männer wichtig, professionelle Hilfe von Männern zu bekommen. Ein offenes und ehrliches Gespräch von Mann zu Mann, verbunden mit solidarischem Zuhören, ist oft der erste und entscheidende Schritt zu Veränderung bzw. zu konstruktiven Problemlösungen.

Bildung und Begegnung

Bildung hat mit Veränderung zu tun. Sie will neue Horizonte und neue Perspektiven erschließen, neue Möglichkeiten zur Bewältigung und Bereicherung des Lebens entwickeln helfen. Eine sich rasch verändernde Umwelt weckt Angst und Unsicherheit – Bildung vermag das Vertrauen und die Sicherheit stärken. Freude entsteht dort, wo in einem Menschen etwas zum Leben erweckt wird, das in ihm schlummert. Daneben kann es auch gut tun, auf dem eigenen Lebensweg bekräftigt zu werden.

Spezifische Männerbildung beinhaltet nieder- und hochschwellige Angebote und reicht von Vorträgen, Seminaren und Workshops bis zu vielfältigsten Aktionen und Projekten. Ein Ziel dabei ist, dass immer mehr Männer ihre persönliche Weiterentwicklung als Wert erkennen und bewusst die Möglichkeiten dazu nützen. Persönliche Weiterbildung soll für Männer zu einem attraktiven Teil ihrer Lebensgestaltung werden.

Bildung schafft auch Möglichkeiten der Begegnung und macht Gemeinschaft unter Männern erlebbar. Männer brauchen Inseln im Alltag, wo die sozialen und beruflichen Rollen, die alltäglichen Zwänge und der Konkurrenzkampf vor der Tür bleiben. Es tut Männern gut, einmal unter sich zu sein, offene Begegnungen unter Männern zu erleben, die Erfahrung zu machen, dass Männer auch über persönliche Themen sprechen können und dass man(n) auch als Mann nicht allein ist. Über die Bildungsangebote hinaus erreicht die Männerarbeit dieses Ziel durch Männergruppen und offene Orte der Begegnung.

Lobbying und Öffentlichkeitsarbeit

Die partnerschaftliche Gestaltung der Rahmenbedingungen für Mann und Frau in Arbeitswelt, Bildungswesen, Familie usw. setzt voraus, dass die eigenen Sichtweisen, die eigenen Wünsche und Bedürfnisse artikuliert werden. In diesem Sinn versteht die Männerarbeit ihr Lobbying für verschiedene Themen und Anliegen der Männer. Sie möchte auch Sprachrohr für Männer und Motor der politischen Veränderung sein. Dazu ist es erforderlich, dass Bewusstseinsbildung nicht nur im individuellen Rahmen von Bildung oder Beratung geschieht, sondern sich auch an die breite Öffentlichkeit wendet.

Markus Hofer/Manfred Twrznik

Die Männertypen

Die Studie MÄNNER 2002© zeigt eine deutliche Tendenz in Richtung „moderner“ Mann. Der Anteil der Männer, die als „modern“ angesehen werden können, ist um 65% gestiegen (von 14% auf 23%), während der Anteil der „traditionellen“ Männer etwa im gleichen Ausmaß zurückgegangen ist (von 23% auf 17%). Wir dürfen daraus schließen, dass die Männerarbeit und die Gesellschaftspolitik hier in den letzten zehn Jahren durchaus einiges bewegt hat. Diesen Weg gilt es weiter zu gehen, mit den Angeboten noch näher an den Mann heran zu kommen und ein offenes Ohr für seine Bedürfnisse zu behalten.

Das für den Bereich der Männerarbeit auffallendste Ergebnis ist aber – wie schon vor zehn Jahren – die große Gruppe der „Unentschlossenen“. Diese Gruppe, zusammengesetzt aus den „Pragmatischen“ (18%) und den „Unbestimmten“ (42%), bildet die absolute Mehrheit der Männer. Mögen die „Pragmatischen“ die so genannten Rosinenpicker sein, so ist aus Sicht der Männerarbeit die große Gruppe der „Unbestimmten“ (42%) eine Gruppe, die in Bewegung ist, mit vielen suchenden und manchmal auch orientierungslosen Männern. So gesehen stellt gerade diese Gruppe ein großes Potenzial für die Männerarbeit dar. Die Frage ist, was diese Gruppe der „unbestimmten“ Männer von der Männerarbeit braucht, wie man sie erreicht und wie Angebote gestaltet sein müssen, damit sie ansprechen.

Nur 3% der Männer sind bereits in einer Männer-Gruppe, weitere 20% können es sich vorstellen, daran teilzunehmen. Bei Problemen gehen nur 4% üblicherweise und weitere 7% gelegentlich in eine Beratungsstelle. Da stellt sich natürlich – vor allem im Zusammenhang mit der zunehmenden Sinnarmut, auf die im Folgenden noch eingegangen wird – die Frage, ob diese Art von Angebot wirklich jenes ist, das die Männer auch brauchen bzw. annehmen können. Unserer Erfahrung nach geht es weniger um das „Nicht-Brauchen“ (die überwältigende Mehrheit der Teilnehmer an Männer-Seminaren und -Gruppen bzw. Besucher der Beratungsstellen ist hoch zufrieden und gibt im Feedback an, wirklich etwas mitgenommen zu haben), sondern wohl viel mehr um das „Nicht-Annehmen-Können“.

Auf der Suche nach Ursachen und Hintergründen für dieses „Nicht-Annehmen-Können“ stößt man in der Studie auf die Antworten zur Frage „Was gilt als männlich?“. Hier sind die Klischees immer noch sehr stark wirksam: Männer sind dominant (63% Zustimmung), aktiv (66%), stark (76%) und vielleicht sogar gewalttätig (39%), aber auf der kommunikativen Seite sind ihre Schwachstellen. Sie gelten immer noch nicht als besonders mitfühlend (38% Zustimmung) oder als redselig (22%) oder gar als ängstlich (nur mehr 13% Zustimmung). Das sind also immer noch Eigenheiten, die Mann nicht gerne zugibt, wobei es hier interessanterweise keine Unterschiede zwischen den vier Männertypen gibt.

Damit konform gehen auch die Antworten zu den Fragen bezüglich „Gefühls-Kommunikation". Männern fällt der Zugang zu ihren Gefühlen immer noch schwer (39% Zustimmung, 36% unentschieden) und sie haben Probleme damit, sanfte Gefühle auszudrücken (37%, 29%). Interessanterweise finden 68% der Männer, dass Männer ihre Gefühle anders ausdrücken. Vielleicht bieten sich gerade hier fruchtbare Ansatzpunkte für die Männerarbeit.

Es gilt immer noch als eher „unwürdig" für einen Mann, wenn er eine Männergruppe, ein Männerseminar oder gar eine Therapie „braucht". Hier gilt es, einerseits noch viel Imagepflege, Aufklärungs- und Öffentlichkeitsarbeit zu leisten (auch ein Wunsch an die Gesellschaftspolitik) und andererseits die Angebote für den einzelnen Mann annehmbarer zu gestalten.

Im Rahmen der Öffentlichkeitsarbeit ist die Nutzung der Medien ein Gebot der Stunde. Die zunehmende Präsenz des Themas „Männeremanzipation" in der Gesellschaft (durch Zeitungsartikel, Bücher oder etwa die CD „Männersache" von Rainhard Fendrich) sollte von der Männerarbeit gezielt genutzt werden, um ihre Botschaften zu transportieren. Ein weiteres, möglicherweise noch zu wenig genutztes Betätigungsfeld ist die Aus- und Weiterbildung für MultiplikatorInnen, also etwa LehrerInnen, JugendarbeiterInnen, TrainerInnen, AusbildnerInnen usw.

Für die Ziele der Männerarbeit ist auch die zunehmende Sinnarmut unter den Männern bedeutsam, wobei die Sinnarmut der modernen Männer größer ist als die der traditionellen. Immer noch sieht eine überwältigende Mehrheit den Sinn ihres Lebens einzig in der Arbeit (56% Zustimmung) oder gar in einer angesehenen Position (30%). Ein Drittel meint, dass der Sinn des Lebens wohl darin besteht, das Beste herauszuholen (30%) und immerhin jeder fünfte Mann (18% Zustimmung) weiß nicht, wozu er lebt. Zusammenhängend mit der zunehmenden Verunsicherung der Männer (44% finden die neuen Geschlechterrollen anstrengender als die traditionellen, nur 21% sehen das nicht so) ist dies wohl einer der wichtigsten Ansatzpunkte für die Männerarbeit.

Richard Schneebauer/Manfred Twrznik

Innenwelt

Die für die Männerarbeit interessantesten Detail-Ergebnisse finden sich im so genannten Bereich der „Innenwelt", also dort, wo es um das eigene Befinden geht. Das bereits von der Gesellschaft erkannte Manko der Männer in Bezug auf ihre Gesundheit spiegelt sich auch in der Studie wider: Nur 30% gehen regelmäßig zur Vorsorgeuntersuchung, 54% behaupten, nie Medikamente zu nehmen, 30% trinken mehrmals pro Woche Alkohol, 32% sind starke Raucher. 38% der Männer arbeiten mehr, als es der Gesundheit zuträglich ist, nur 24% betreiben ausreichend Sport und zwei Drittel kümmern sich nicht bewusst um ihre Gesundheit. Dabei muss man hier wohl auch noch berücksichtigen, dass es sich um eine mehr oder minder beschönigte Selbsteinschätzung handelt.

Die Männergesundheit ist in den letzten Jahren von einem Randthema der Männerarbeit zu einem zentralen gesamtgesellschaftlich diskutierten Bereich geworden. Dennoch weisen die Zahlen nach wie vor auf einen großen Handlungsbedarf hin. Männergesundheitstage, speziell ausgebildete Männerärzte und massive Bewusstseinsbildung bleiben relevante Bestrebungen, die es auszubauen gilt.

Ein weites Betätigungsfeld, für das die vorliegende Studie Aussagen liefert, ist die *Problem-* und *Konfliktlösungskompetenz*. Eine sehr große Mehrheit der Männer (69%) zieht sich bei Problemen immer noch in erster Linie zurück, noch mehr reißen sich zusammen (86%), wohl nach dem Motto „ein Indianer kennt keinen Schmerz". Gleichzeitig ist die Zahl derer, die mit Freunden oder der Partnerin darüber reden genauso hoch – zwei in sich nicht ganz stimmige Werte, die wohl mit einer zeitlichen Abfolge zu tun haben. Nur in Ausnahmefällen wird professionelle Hilfe angenommen, lediglich 11% denken daran, sich im Problemfall an eine Beratungsstelle oder eine Therapie zu wenden. Hier liegt sicherlich eine große Herausforderung der zukünftigen Männerarbeit, die Akzeptanz ihrer Angebote zu verbessern.

Im weiteren Sinn zum Themenkreis Problem- und Konfliktlösungskompetenz gehört die Frage nach dem Umgang mit Leid und Tod. Auch hier finden wir ein ähnliches Bild vor: 77% der Männer reißen sich zuerst einmal zusammen, um sich danach zu 56% dem Leid zu stellen und es mannhaft zu bewältigen. Es gibt aber auch einen großen Anteil von 39%, die über Leid nicht nachdenken wollen, es quasi verweigern, und obwohl 52% der Männer meinen, sie können gut mit Leid umgehen, so sehen 42% das doch so, dass Frauen es viel besser können. Der Umgang mit *Tod* macht wiederum 28% der Männer Angst und 50% stimmt er nachdenklich, sie beginnen wohl über den Sinn des Lebens nachzudenken.

Ein interessantes Detail der Studie verbirgt sich in der Beantwortung der Frage *„Initiative bei Scheidung/Trennung“.* Das hier offenbarte Selbstbild der Männer, dass die jeweilige Scheidung/Trennung von ihnen ausgegangen wäre (65%) deckt sich nicht mit der österreichweiten Statistik, dass zwei Drittel aller Scheidungen von den Frauen eingereicht werden. Entweder unterscheidet sich das Scheidungs- vom Trennungsverhalten sehr stark, oder das Selbstbild stimmt mit der Realität nicht überein.

Die oben genannten Ergebnisse decken sich mit unserer Erfahrung, dass Männer erst im Angesicht von sehr großem Leid oder der massiven Konfrontation mit dem Tod eines geliebten Menschen beginnen, über sich und über den Sinn ihres Daseins nachzudenken – endlich auch über die bloße Berufsorientierung hinaus. Für die Männerarbeit bedeutet das aus unserer Sicht die Herausforderung, Männer hier zu stärken und sie zu ermutigen, sich früher diesen Fragen zu stellen, da ihnen dadurch einiges an Leidensdruck erspart bleibt. Auch hier bleibt allerdings die Frage zu beantworten, wie dieses Angebot an den Mann gebracht werden kann.

Im Bereich *Sexualität* gibt die Studie MÄNNER 2002©ebenfalls einige sehr aufschlussreiche Ergebnisse. Während die Unterschiede zwischen den „traditionellen“ und den „modernen“ Männern hier bei weitem nicht so hoch sind wie erwartet, zeigt sich bei der Gruppe der „Pragmatischen“ stark ihr „Rosinenpicker“-Status. Von dieser Gruppe geben 43% an, dass es ihnen beim Sex nur um die Triebbefriedigung geht (22% unentschieden), gleichzeitig sagen aber 55%, dass Sex für sie ein vorzüglicher Weg zur Person des anderen sei (31% unentschieden). Ein extrem hoher Prozentsatz von 71% der Männer ist davon überzeugt, dass er die sexuellen Wünsche der Partnerin wahrnimmt – was entweder bedeutet, dass sich hier sehr viel verändert haben muss, oder das Selbstbild auch in diesem Punkt stark vom Fremdbild abweicht (wenn man der Frauenliteratur und den Sexualstudien der letzten Zeit Glauben schenkt, trifft wohl eher Letzteres zu). Hier ist die Männerarbeit aufgefordert, den eingeschlagenen Weg der Sensibilisierung weiter fortzuführen.

Der letzte Bereich, in dem die Männerarbeit Lehren aus der Studie ziehen kann, ist das Feld der *Gewalt.* 39% finden, dass es männlich sei, gewalttätig zu sein – oder zumindest, dass es eher eine Eigenschaft von Männern ist. Immerhin 15% meinen, dass ein Mann sich unter Männern notfalls auch mit Gewalt durchsetzen muss. Bemerkenswert ist hier das Faktum, dass „traditionelle“ Männer der Aussage „es ist männlich/eine Eigenschaft der Männer, gewalttätig zu sein“ nur zu 34% zustimmen, während diese Aussage von 51% der modernen Männer als richtig empfunden wird. Umgekehrt verhält es sich mit den Antworten zu der Frage ob „ein Mann sich unter Männern notfalls auch mit Gewalt durchsetzen muss“, hier stimmen 23% der „traditionellen“, aber nur 11% der „modernen“ Männer zu. Diese Zahlen lassen den Rückschluss zu, dass es eine massive Verschiebung der Empfindung „was ist gewalttätig“ zwischen den „traditionellen“

und „modernen“ Männern gibt. Unserer Meinung nach ist die hohe Zustimmung der modernen Männer auf die Aussage „es ist männlich/eine Eigenschaft der Männer, gewalttätig zu sein“ nicht darauf zurückzuführen, dass sie das positiv männlich sehen, sondern ihre „Mit-Männer“ (aber vielleicht auch sich selbst) so erleben. Damit decken sich auch die Antworten auf die Frage „Waren sie schon einmal Opfer von Gewalt?“, die ein ähnliches Gefälle von den „traditionellen“ zu den „modernen“ Männern aufweist (15% zu 23%). Angesichts der hohen Anzahl der Gewaltdelikte in unserer Gesellschaft, erscheint uns der Prozentsatz der Zustimmung insgesamt als sehr gering. Bemerkenswert ist in jedem Fall, dass immerhin 10% der erlittenen Gewalttaten von Frauen begangen wurden! Ebenfalls bemerkenswert ist, dass die statistischen Werte der befragten Frauen in diesen Punkten nicht signifikant von denen der Männer abweichen, wobei sie tendenziell sogar geringer sind.

Diese Ergebnisse unterstreichen unserer Meinung nach die Bedeutung der Täterarbeit, wie sie in den Männerberatungsstellen geleistet wird. Opferarbeit braucht Täterarbeit, auch um neuen Opfern vorbeugen zu können. Wichtig wäre diesbezüglich nicht nur eine Ausweitung der Arbeit mit gewalttätigen Männern, sondern auch die stärkere Einbeziehung der nach wie vor stark tabuisierten „Opfermänner“. Eine offenere Vernetzung der Opferberatungsstellen und der Täterarbeit wäre ebenfalls wünschenswert.

Der Zusammenhang zwischen sich männlich finden und gewalttätig sein beginnt schon bei kleinen Buben. Hier ist die Männerarbeit besonders gefragt: in der konkreten Buben- und Burschenarbeit genauso, wie in der Schulung von LehrerInnen, Eltern, JugendarbeiterInnen usw. Gerade hier kann durch Bewusstseinsbildung und soziale Trainings noch sehr viel erreicht werden.

Albert A. Feldkircher

Beziehungsfähigkeit der Männer

Lebenssinn/Sinnarmut

Der tschechische Präsident Václav Havel hat einen bedeutsamen Satz zum Thema „Lebenssinn" geprägt: „Die Tragödie des modernen Menschen besteht nicht darin, dass er immer weniger über den Sinn des Lebens weiß, sondern dass ihn das immer weniger stört."

Wenn wir diese Aussage auf die Studie beziehen, so trifft sie offensichtlich auf den „modernen" Mann stärker zu als auf den traditionell geprägten. Hier ist wohl auch ein Zusammenhang zur männlichen Berufsorientierung erkennbar: Die Studie zeigt, dass traditionelle Männer vor allem durch ihren Beruf Lebenssinn, Anerkennung und gesellschaftliches Ansehen erleben. Dazu kommt, dass beim Traditionellen eine sinnstiftende religiös/spirituelle Verwurzelung noch stärker spürbar ist, während die „unbestimmten" und die „modernen" Männer den Sinn des Lebens eher darin sehen, das Beste herauszuholen. In dieser Form der Sinn-Suche mag die Gefahr liegen, ihn letztlich nicht wirklich zu finden – vor allem in unserer konsumorientierten Welt mit tausend Stimmen, die uns suggerieren, was gut für uns ist.

Für den Mann der Zukunft bleibt zu hoffen, dass es ihm gelingt, bewusst mehr „Innenleben" für sich zu erschließen und daraus auch einen Teil seines Lebenssinns zu entwickeln. Die Kernfragen dazu könnten heißen: „Was dient dem Leben?" und „Was brauchen Männer, damit es ihnen gut geht?"

Persönliche Identität

Mit seinem persönlichen Lebenssinn eng verbunden ist die Identität des Mannes. Die Studie zeigt, dass die Anzahl der „unbestimmten" Männer groß ist. Sie sind auf der Suche nach einer (neuen) männlichen Identität, die nicht mehr in dem Maße berufsorientiert und fremdbestimmt sein soll. Das ist die große Herausforderung für den Mann heute: mit den „fließenden" Rollenbildern leben, sich bewegen, weg vom traditionellen hin zum modernen, beziehungsfähigen Mann. Hin zu einem Mann, der in Beziehung zu seiner Berufsarbeit steht, wie auch in Beziehung zu seiner (Lebens-)Partnerin, seiner Familie, seinen Kindern (oder anstelle von eigenen Kindern zu anderen Kindern oder sozialen Aufgaben in seinem Umfeld). Zum Mann, der seine Steckenpferde und seine Freundschaften zu anderen Männern pflegt. Zum Mann, der auch mal mit sich allein sein kann.

Das aus der Studie hervorgehende große Potenzial an „suchenden" (noch unbestimmten) Männern lässt darauf schließen, dass viele Männer offen und bereit sind, ihre Lebenssituation und damit auch ihre männliche Identität neu zu definieren. Frauen haben durch ihre Emanzipation uns Männern den Mut zur Veränderung vorgezeigt.

*Gleich*wertig, *nicht gleich*artig

Die Studie zeigt eindrucksvoll, dass die Übereinstimmungen zwischen Mann und Frau bei den gleichen Typen (traditionell, modern) größer ist als beim Vergleich von „männlichem" oder „weiblichem" Denken bzw. Verhalten. Es scheint Widerstände zu geben gegen eine Angleichung von Männern und Frauen auf allen Ebenen – ob aus kulturellen oder historisch gewachsenen Gründen sei dahingestellt. Die Differenz der Geschlechter hat an Bedeutung gewonnen. Das mag seinen tief verwurzelten Grund in der gegenseitigen Anziehungskraft zwischen Mann und Frau und in ihrem Schöpfungsauftrag haben.

Der Abbau von Unterschieden ist dort nötig, wo es ein mehr an Gerechtigkeit braucht. Die Sicherung von Unterschieden ist nötig, wenn es darum geht, die Identität, die Besondersartigkeit von Mann und Frau zu respektieren und zu wahren.

Kommunikation

Bei der Befragung zum „Umgang mit Problemen" überrascht wohl kaum, dass über 80% der Männer „sich zusammenreißen" und jeder Vierte sich zumindest gelegentlich zurückzieht. Der größte Unterschied zeigt sich zwischen männlichem und weiblichem Verhalten im „Ausreden": Im Durchschnitt sind es nur 10% der Männer, aber 31% der Frauen. Die traditionellen Rollenbilder und die Sozialisation des Mannes mögen hier noch stark wirken. Tatsache ist, dass Frauen eine Beziehungs- und Gesprächskultur entwickelt haben und Männer noch auf dem Weg dazu sind. KommunikationsforscherInnen und BuchautorInnen haben sich in den letzten Jahren intensiv mit den unterschiedlichen Kommunikationsstilen von Mann und Frau auseinandergesetzt. Männern wie Frauen steht daraus eine „Lernwerkstatt" zur Verfügung. Sie zu nutzen ist eine unabdingbare Notwendigkeit, um die Brücken bauen zu können, die Mann und Frau als sich letztlich fremde Geschlechter miteinander verbinden können.

Erfreulicherweise ist aus der Studie abzuleiten, dass die Bereitschaft der modernen Männer, sich auszureden, deutlich größer ist als die der traditionellen, pragmatischen und unbestimmten.

Ebenso ist als positiv festzustellen, dass im intimsten Bereich der Kommunikation, der Sexualität, Männern zu einem hohen Prozentsatz an ganzheitlichem Sex mit Lust und Liebe (Beziehungssex) liegt und dass sie steigende Bereitschaft zu partnerschaftlicher Sorge um die Verhütung sowie gemeinsame Verantwortung für die Familienplanung zeigen.

Unterstützung für die Männerarbeit

Um die oben angeführten Erkenntnisse der Studie für die Männerarbeit auch entsprechend umsetzen und verwirklichen zu können, bedarf es einer gesellschaftspolitischen Unterstützung. Diese muss auf vielen Ebenen spürbar werden, um wirklich die nötige Breitenwirkung entfalten zu können, denn bisher ist es noch eine verhältnismäßig kleine – wenn auch stetig wachsende – Gruppe von Männern, die sich bei Vorträgen, Seminaren, Workshops mit spezifischen Männerthemen sehen- und einlassen.

Für die konkreten Angebote der Männerarbeit wird sowohl finanzielle als auch ideelle Unterstützung benötigt. Im Einzelnen sind das

- Männerbüros: Sie erarbeiten und koordinieren Bildungsangebote für Männer, machen Lobbytätigkeit und setzen sich für Anliegen der Männer ein;
- Männerberatung: von der niederschwelligen online-Beratung (maenner-net.at) bis zur persönlichen Beratung von Mann zu Mann;
- Männergruppen: Männer, die sich in kleinen Gruppen regelmäßig treffen und miteinander austauschen, einander gegenseitig unterstützen.

Vor allem aber benötigt die Männerarbeit Unterstützung bei der Öffentlichkeitsarbeit. Es braucht noch mehr Unterstützung durch die Medien, um das Bewusstsein für „Männer im Aufbruch" zu wecken. Dabei ist wichtig zu transportieren, dass die „Männerbewegung" keine Bewegung gegen die Frauen ist, sondern letztlich zu einer inneren Befreiung und Bereicherung führen soll, ohne die eine partnerschaftliche Beziehung zu Frauen nicht tragfähig wäre.

Literatur

Pease, Bob: Men & sexual politics, Adelaide 1997.

Schmeiser-Rieder, Anita/Kunze, Michael: Wiener Männergesundheitsbericht, Wien 1999.

Seitel, Susan/Fingerman, Joan: A special Report on Best Practices in Work life, http://www.workfamily.com, 2000.

Schmerl, Christiane: Wann werden Weiber zu Hyänen, in: *Dausien, Bettina/ Herrmann, Martina/Oechsle, Mechthild/Schmerl, Christiane/Stein-Hilbers, Marlene* (Hg.): Erkenntnisprojekt Geschlecht. Feministische Perspektiven verwandeln Wissenschaft, Opladen 1999, 197-215.

Teubner, Ulrike: Gendered Segregation of Work, in: *Becker-Schmidt, Regina* (Hg.): Gender and Work in Transition. Globalisation in Western, Middle and East Europe, Opladen 2002, 113-130.

Thenner, Monika: Familienpolitik als Politik zur Vereinbarkeit von Familie und Beruf. In: *Dingeldey, Irene* (Hg.): Erwerbstätigkeit und Familie in Steuer- und

Sozialversicherungssystemen. Begünstigungen und Belastungen verschiedener familialer Erwerbsmuster im Ländervergleich, Opladen 2000, 95-129.

Walter, Willi: Männer entdecken ihr Geschlecht. Zu Inhalten, Zielen, Fragen und Motiven Kritischer Männerforschung, in: *BauSteineMänner* (Hg.): Kritische Männerforschung. Neue Ansätze in der Geschlechtertheorie, Berlin 1996, 12-26.

Erich Lehner

Die Institution Schule im Spannungsfeld zwischen der Reproduktion traditioneller oder Produktion zukunftsweisender Männlichkeiten

In einem Beitrag über „Die Entdeckung der Männlichkeit als soziales Problem ..." wählt der deutsche Sozialpädagoge Uwe Sielert einen persönlichen Zugang zum Thema (Sielert 1996, 135f): Über zwei Jahre arbeitete er im Rahmen eines Studienprojektes für Diplom-Pädagogen mit einer Projektgruppe an der Auffangstelle für Jugendliche, die aus Heimen oder von zu Hause ausgerissen sind oder bereits längere Zeit unterwegs waren, und von den offiziellen Jugendschutzstellen nicht mehr erreicht wurden. Dabei zeigte sich, dass viele der männlichen Studenten von den extrem gelebten Männlichkeitsnormen dieser Ausreißer in gleicher Weise abgestoßen wie fasziniert waren. In der Supervision wurde deutlich, dass sich die meisten „von der praktizierten Brachialgewalt bei Beziehungskonflikten, der Ausübung von Beschaffungsprostitution und sexueller Gewalt" (136) abgestoßen, jedoch von der „Abenteuerlust, dem Mut zur Grenzüberschreitung und mancherlei Verhaltensexzessen" (136) angezogen fühlten. Das Gesamtprojekt war mit Supervision sowie theoretischen und methodischen Begleitveranstaltung insgesamt sehr gut ausgestattet. Dennoch wurde schnell klar: „Die gelernten Methoden der Beratung und sozialen Gruppenarbeit griffen in der Regel zu kurz, weil Besonderheiten der Geschlechtsrolle und vor allem dieser extremen Form von Junge-Sein ganz anderer (selbst)reflexiver Kompetenzen bedurfte, für die sowohl die theoretischen Grundlagen als auch die professionelle Handlungskompetenz fehlte." (136)

Wenngleich die Formen dieser Jugendlichen, Männlichkeit zu leben, ein Extrem darstellen, können sie gerade in ihrer Extremität hilfreich sein, den Blick für die im Alltag wirkenden Mechanismen der Reproduktion von Männlichkeit zu schärfen. Vor dem Hintergrund der Männerforschung lässt sich sagen, dass das, was in Uwe Sielerts Bericht erst intensive supervisorische Reflexion zu Tage gebracht hatte, im Alltag, wo sich dies unreflektiert ereignet, ein wesentlicher Faktor der Reproduktion von Männlichkeit darstellt. Indem Handlungen gemäß männlicher Normen erfolgen und darauf teils fasziniert und zustimmend, teils abgestoßen und ablehnend reagiert wird, jedoch selten die diesem Verhalten zugrunde liegenden Normen, Kontexte und Dynamiken im Verbindung mit Geschlecht reflektiert und thematisiert werden, werden in komplexen und subtilen Mechanismen vorherrschende Männlichkeiten reproduziert. Abenteuerlust, Grenzüberschreitung und Verhaltensexzesse von Buben/Burschen/Männern können als Konsequenz männlicher Lebensorientierung an hegemonialer Männlichkeit, für die Hierarchie und Konkurrenz ein wesentliches Merkmal ist, verstanden werden. Gewalt kann als Extremform der oben genannten Verhaltensweisen gelten, die wiederum durch Konkurrenz am ehesten hervorgerufen wird. Die grundsätzliche Betroffenheit aller Männer, sowohl der Jugendlichen als auch deren Betreuer, weist auf die Verwobenheit aller Männer in die Dynamiken hegemonialer Männlichkeiten hin. Ergänzend muss noch auf die Funktion von Frauen hingewiesen werden. Sie erfüllen in diesen Dynamiken eine doppelte Funktion. Einerseits bieten sie aufgrund ihrer prinzipiellen Unterordnung einer Gruppe von Männern die Möglichkeit, in der Distanz und Abwertung von Frauen zumindest einen Rest männlichen Selbstbewusstseins aufrecht erhalten zu können. Andererseits können sie als Zuschauerinnen, Zuarbeiterinnen und Versorgerinnen diese Dynamiken beeinflussen (Lehner 2001, 214-221; Lehner-Hartmann/Lehner 2000, 209).

Die Dynamiken und Mechanismen der Reproduktion von Männlichkeit, die im Bericht Uwe Sielerts über einen sozialpädagogischen Prozess zu Tage getreten sind, sind in vielen Bereichen der Gesellschaft, auf jeden Fall aber auch in der pädagogischen Institution Schule wirksam. Als gesellschaftliche Institution ist sie nicht bloß passive Reproduzentin, sondern auch aktive Produzentin aktueller Geschlechterverhältnisse (Acker 1991, 163) und wäre deshalb schon wert, genauer betrachtet zu werden. Darüber hinaus ist sie auch eine der prägendsten Sozialisationsinstitutionen für Kinder und Jugendliche. Ihr kommt in der Entwicklung von Männlichkeits- und Weiblichkeitskonstruktionen und deren Weitergabe an die nächste Generation eine bedeutende Rolle zu. Wenn Änderungen in den Männlichkeits- und Weiblichkeitsentwürfen und in den Geschlechterverhältnissen gewollt werden, so stellt die Institution Schule einen[36] wichtigen Ansatzpunkt dar. Die Institution Schule soll hier stellvertretend für den Sozialisationprozess insgesamt betrachtet werden.

Erst die feministische Schulforschung hat darauf hingewiesen, dass sich in der Institution Schule geschlechtsspezifische Muster widerspiegeln. Am Beginn der 90er Jahre stand deshalb das Verdikt: „Die Schule ist männlich" (Birmily/Dablander/Rosenbichler/Vollmann 1991). Ilse Brehmer (1991) stellte aufgrund der festgestellten Rollenklischees, die in den schulischen Inhalten und Lehrbüchern transportiert wurden, geschlechtsspezifischer Interaktionsmuster und geschlechtsspezifischer Muster in der Schullaufbahn, der Fächerwahl und der anschließenden Berufswahl, in denen sich allesamt eine Privilegierung von Buben und eine Diskriminierung von Mädchen zeigte, die nahe liegende Frage, ob nicht die „Schule im Patriarchat" gleichzeitig auch als „Schulung fürs Patriarchat" fungiert. Demgegenüber wird gerade in jüngster Zeit immer die Frage gestellt, ob nicht auch Buben benachteiligt werden. Zudem zeigen sich auch

[36] Schule ist hier wirklich nur als *ein* Ansatzpunkt unter vielen anderen zu sehen. Diese Betonung wendet sich bewusst gegen die latent doch sehr weit verbreitete Attitude, beinahe jeden gesellschaftlichen Missstand mit Schule in Verbindung zu bringen.

andere Veränderungen in der Schule: Der Lehrberuf wird zunehmend als Frauenberuf wahrgenommen, und die Zahl der Schülerinnen in den höheren Schulen ist kontinuierlich angestiegen, so dass Mädchen in manchen Schultypen eine Mehrheit darstellen. Diesen beobachteten Auffälligkeiten soll genauer nachgegangen werden.

Schule als geschlechtsspezifische Sozialisationsinstitution zeigt ihre Wirkung nicht nur in konkreten Unterrrichtsstunden und LehrerInnen/SchülerInnen-Interaktionen sondern auch in ihren Organisationsstrukturen und der Verteilung von Frauen und Männern in ihren einzelnen Positionen und Funktionen. Diesbezüglich aufschlussreich ist die österreichische Schulstatistik, die den Frauenanteil am jeweiligen Schultyp dokumentiert: Volksschulen 87% (Dir[ektorinnen] 54%); Hauptschulen 65% (Dir. 18%); Sonderschulen 84% (Dir. 49%); Polytechnische Schulen 48% (Dir. 12%); AHS 58% (Dir. 19%); Berufsschulen 27% (Dir. 11%); Technische und gewerbliche Lehranstalten 17% (Dir. 6%); Kaufmännische Schulen 59% (Dir. 18%); Sozialakademien, Lehranstalt für Fremdenverkehr, soziale und wirtschaftliche Berufe 74% (Dir. 44%); Bildungsanstalt für Kindergartenpädagogik und Sozialpädagogik 78% (Dir. 44%). (bm:bwk 2000, 34) Im Lichte dieser Zahlen lässt sich die oft beklagte Feminisierung der Pädagogik differenzierter formulieren: Frauen finden sich in großer Zahl im Primar- und Elementarbereich (mitbedacht muss auch werden, dass auch die Kindergärten als der Schule vorgelagerte Institution und selbstverständlich die familiäre Betreuung von Kindern fast ausschließlich von Frauen wahrgenommen wird). In den höheren Stufen des Bildungswesens und in den höheren Altersstufen der SchülerInnen nimmt der Frauenanteil der Lehrkräfte ab, bzw. teilt sich in geschlechtstypisch zugeordnete Berufsbereiche auf: Männliche Lehrkräfte dominieren in eher technisch ausgerichteten Schulen und Frauen in eher sozial orientierten Ausbildungseinrichtungen. Darüber hinaus überwiegen in den leitenden Positionen Männer (Horstkemper 2000, 92).

Die zahlenmäßige Zunahme von Frauen im Lehrberuf kann deshalb nicht als Zuwachs weiblichen Machteinflusses gesehen werden, sondern vielmehr als eine Umformung und Anpassung dieses Berufsfeldes an die Normen des bestehenden Geschlechterarrangements. In Rahmen der aktuellen Geschlechterhierarchie werden Frauen die statusniedrigeren Arbeiten und Arbeitsfelder zugewiesen, beziehungsweise stoßen Frauen oft erst dann in Berufsfelder vor, wenn diese von Männern verlassen werden (Schreyögg 2001, 138). „Die überproportionale Konzentration von Frauen im Grundschulbereich[37], ihre deutlich stärkere

[37] Hier wirkt zusätzlich auch noch eine historische Tradition nach. Der Grund, dass Frauen in den Lehrberuf einstiegen, lag in der zweiten Hälfte nicht so sehr in der Wertschätzung ihrer Fähigkeiten, sondern vielmehr in der Tradition, der zufolge Frauen für Kleinkinder zuständig sind, vor allem aber in deren Bereitschaft für weit niedrigere Löhne als Männer zu arbeiten. So wurden sie vorwiegend für kleinere Kinder und Mädchen als Lehrerinnen angestellt (Andersson/Zinsser 1993, 225).

Festlegung auf Teilzeitarbeit[38] und ihre klare Unterrepräsentanz in Führungspositionen zeigen, dass Frauen nicht zunehmend mehr berufliches Terrain im Lehrberuf gewonnen haben, sondern dass die Geschlechterreviere lediglich neu geschnitten wurden. Die hierarchische Differenz wurde dabei nicht ernsthaft aufgebrochen" (Horstkemper 2000, 94).

Allein durch die Schulorganisation wird den heranwachsenden jungen Burschen (und Mädchen) symbolisch signalisiert, dass Männer den Frauen übergeordnet sind. Diese symbolische Vermittlung enthält auch die prinzipiellen Zuordnungen, dass Karriere und Berufsorientierung eher männlich, während soziale Ausrichtung eher weiblich ist. Darüber hinaus verläuft der konkrete Unterrrichtsalltag in geschlechtsspezifischen Mustern. Zahlreiche Untersuchungen konnten die starke Prägung der Interaktionen zwischen LehrerInnen und SchülerInnen durch solche Muster aufzeigen. Mädchen und Buben erfahren auf unterschiedliche Art und Weise Beachtung und Aufmerksamkeit von Lehrpersonen. Während Mädchen durch konstruktive Arbeitshaltung und soziales Verhalten am Unterrichtsgeschehen teilhaben, erzwingen sich Buben oft die Aufmerksamkeit durch störendes Verhalten. Disziplinäre Maßnahmen erfolgen dann meist auf Kosten der Mädchen. Auch ähnliches Verhalten und Leistungen von Buben und Mädchen erhalten eine höchst unterschiedliche Würdigung. Gute Leistungen der Mädchen werden in geringerem Maße anerkannt als gute Leistungen von Buben. Demgegenüber wird schlechtes Benehmen von Buben eher akzeptiert als von Mädchen. Insgesamt erhalten Buben mehr Zuwendung, positiver wie negativer Art (Heinzel/Prengel 1998, 93). Schließlich beanspruchen Buben für sich und ihre Spielaktivitäten auch weit mehr Raum als Mädchen. Cheryl Benard und Edith Schlaffer konnten für Wien aufzeigen, dass das Verhältnis bei der Benutzung öffentlicher Spielplätze und Parkanlagen bei 1:5 für Mädchen und Buben liegt, d. h. Buben beanspruchen fünfmal so viel öffentlichen Raum wie Mädchen (Benard, Schlaffer 1997, 22). Ähnliche Beobachtungen konnten auch von anderen Forscherinnen an zwei Grundschulen in Deutschland gemacht werden, wo Buben etwa zehnmal mehr Raum auf dem Schulgelände beanspruchen und kontrollieren als Mädchen (Stöckli 1997, 189).

Der Umstand, dass Buben mehr Raum beanspruchen, in dem sie sich in der Bubengruppe und in größerer Distanz zu Erwachsenen bewegen können, hat für sie den Vorteil, dass sie Unabhängigkeit und Selbstständigkeit erproben können. Diese Freiheit der Buben heißt aber gleichzeitig auch, dass sie sich verstärkt selbst überlassen sind. So müssen sie auch Konflikte allein ohne moderierende Hilfe von Erwachsenen austragen, was meist im Muster einer hierarchischen Über- und Unterordnung erfolgt (z. B. das Wählen beim Fußballspielen). Hierarchie und Konkurrenz, die wesentlichsten Elemente einer hegemonialen

[38] Dieser Aspekt kann an dieser Stelle für Österreich nur angenommen, aber nicht näher mit Zahlenmaterial belegt werden.

Männlichkeit, trainieren Männer schon sehr früh innerhalb der an Konkurrenz orientierten Bubengruppe. Ihr Bemühen um (positive wie negative) Zuwendung ist im Kontext dieser Konkurrenz in der Buben/Männergruppe zu verstehen und enthält auch das Element des Zwanges zur Profilierung in dieser Buben/Männergruppe. Das Verhalten eines Buben in der Schule richtet sich deshalb nie nur an die Lehrperson allein, sondern erfährt erst im Kontext mit anderen Buben/Männern und weiblichen Beobachterinnen im Umfeld (hier der Klasse) seine volle Bedeutung.

Die große Bedeutung geschlechtsspezifischer Interaktionen wurde erneut im Zuge der TIMS-Studie (Third International Mathematics and Science Study) deutlich. Carmen Keller (1997) konnte in der Analyse der Schweizer Daten den Zusammenhang von Geschlechterstereotypen von LehrerInnen, dem Selbstkonzept, der Interessenentwicklung und der Leistung von SchülerInnen deutlich darstellen. Untersucht wurde die Beziehung von Mädchen und Buben zur Mathematik in der 6., 7. und 8. Jahrgangsstufe. Es zeigte sich, dass das Selbstvertrauen und das Interesse der Buben in Mathematik bedeutend größer war als bei den Mädchen, obwohl die Leistungen fast gleich waren. Dazu kommt, dass das Vertrauen der Mädchen in ihre mathematischen Fähigkeiten mit den Schuljahren abnimmt. Der Grund liegt für Keller in dem Umstand, dass Mädchen Mathematik weniger oft ihrem Geschlecht zuschreiben, es also als Frauensache ansehen als Buben, für die Mathematik (ganz im Einklang mit gesellschaftlichen Konventionen) Männersache ist. Die Identifikation mit Mathematik fällt Mädchen deshalb viel schwerer als Buben. Als wichtiger Faktor für diese Mathematik„distanz" von Mädchen hat sich dabei die Lehrperson erwiesen. Die Stereotypisierung von Mathematik durch die Lehrperson (ganz gleich, ob sie weiblich oder männlich ist) als männliche Domäne hat entscheidende Auswirkung auf die Selbsteinschätzung von Mädchen in Bezug auf Mathematik. Diese Ergebnisse sind umso erstaunlicher, als die faktischen Leistungsunterschiede relativ klein sind. Als Resümee lässt sich mit Andrea Lehner-Hartmann (2001, 146) festhalten: „Diese geschlechterstereotypen Wahrnehmungen bewirken unterschiedliche Erwartungen und Verhaltensweisen gegenüber Mädchen und Buben. Dies bedeutet, dass Buben und Mädchen im Interaktionsverhalten zwischen LehrerInnen und SchülerInnen diese Unterschiede wahrnehmen, sie internalisieren und mit geschlechtstypischem Verhalten reagieren. LehrerInnen können darin wiederum sehr leicht ihre Annahmen bestätigt sehen."

Marita Kampshoff und Elke Nyssen (1999, 232) halten aufgrund dieser Sachverhalte fest: „Der Schule gelingt es offensichtlich nicht, die intellektuellen Potentiale von Mädchen und Jungen geschlechtsunabhängig zureichend zu fördern." Obwohl Mädchen die besseren Schulabschlüsse haben, haben sie noch immer nicht die ihnen aufgrund dieser Leistungen zustehenden Positionen im Erwerbsleben, sondern sind nach wie vor hauptsächlich für den Reproduktionsbereich zuständig. Die von Ilse Brehmer 1991 formulierte Kritik scheint heute noch aktuell zu sein. Gleichzeitig muss auch darauf hingewiesen werden, dass die Institution auch Buben nicht jenen Raum gibt, der nötig wäre, um sich gemäß ihren Bedürfnissen und Neigungen zu entwickeln. Vielmehr trägt sie wesentlich dazu bei, gesellschaftlich vorherrschende Männlichkeiten zu reproduzieren und für ihre Schüler eine „psychosomatische Zurüstung“ (Bourdieu) für ihre künftige Stellung innerhalb einer männlichen Hegemonie zu betreiben, was für Buben eine Einengung vor allem in ihrer sozialen Identitätsentwicklung darstellt und jenen Buben, die unter dieser psychosomatischen Zurüstung leiden oder sich ihr widersetzen, keinen Entfaltungsraum bietet. Auch aus der Perspektive von Männer hat daher die kritische Anfrage Ilse Brehmers nach wie vor Aktualität.

Schule hat jedoch nicht nur eine Funktion innerhalb der Reproduktion traditioneller Geschlechterverhältnisse, sondern kann auch einen Beitrag für eine geschlechtergerechtere Gesellschaft leisten. Durch den Grundsatzerlass der Unterrichtsministerin vom 15. November 1995, der die „Erziehung zur Gleichstellung von Frauen und Männern“ zum Unterrichtsprinzip machte, ist sie zu diesem Beitrag sogar verpflichtet. Deshalb sollen abschließend einige Perspektiven eröffnet werden, um mit einer geschlechtsempathischen Pädagogik auch in der traditionellen Institution Schule den Bedürfnissen von Buben und Mädchen gerechter zu werden.

Eine Veränderung von Schule zu einer geschlechtsempathischen und geschlechtergerechten Lehr- und Lerngemeinschaft wird vor dem Hintergrund der doch eindeutigen Ergebnisse der TIMS-Studie nicht bei der Erstellung geschlechtergerechter Unterrichtsmaterialien, der Unterrichtsplanung und -durchführung ansetzen, sondern bei der Organisation von Schule, ihren (pädagogischen) Zielen und den handelnden (Lehr-)Personen. Eine professionell geplante und österreichweit durchgeführte Fortbildung, in der DirektorInnen und LehrerInnen in intensiven Personalentwicklungsprozessen in Bezug auf Genderfragen, strukturelle, interaktive und biografische Bedingungen reflektieren und auf veränderbare Momente hin befragen lernen, hat demnach oberste Priorität. In solchen Lernprozessen sollen LehrerInnen angeleitet werden, sich selbst als Mann oder Frau wahrzunehmen, eigene Geschlechtsrollenstereotypen aufzuspüren, die Strukturen und Auswirkungen des hierarchischen Geschlechterverhältnisses zu erkennen und die eigene Position in diesem Verhältnis realistisch und selbstkritisch zu bearbeiten. Bedeutsam dafür ist, dass derartige Maßnahmen eine für das österreichische Schulwesen repräsentative Zahl von TeilnehmerInnen aus allen Schultypen erreicht, und dass vor allem auch eine genügend hohe Anzahl männlicher Lehrer darin eingebunden wird. Da in Österreich das Schulwesen staatlich ist, ist es wohl eine politische Frage, ob es eine derartige Personalentwicklungsinitiative geben wird. Die Erfahrungen aus den skandinavischen Staaten zeigen, dass bei dementsprechendem politischem Willen solche Kampagnen sehr erfolgreich durchgeführt werden können (Lehner 2001, 243f).

Neben der eigenen Standortbestimmung müssen in solchen Kampagnen selbstverständlich auch die geschlechtsempathischen Interaktionen mit Buben und Mädchen in den Blick kommen. Dazu müssen LehrerInnen lernen, zunächst einmal ihre Wahrnehmungs-, Deutungs- und Interaktionsmuster gegenüber SchülerInnen kritisch zu hinterfragen. Ebenso müssen sie befähigt werden, Interaktionen von Buben und Mädchen untereinander und mit Erwachsenen geschlechtsempathisch wahrzunehmen, sexistische, homophobe und gewalttätige Muster zu erkennen und sich vermittelnd, korrigierend, schützend oder ermunternd einzumischen. Gerade für Buben ist es wichtig, dass LehrerInnen ihr Verhalten thematisieren, bei negativem Verhalten auch klar die Verantwortlichkeiten mit ihnen herausarbeiten und es in einem länger dauernden partnerschaftlichen Beziehungsprozess bearbeiten. Dabei sollen auch die Zusammenhänge, Zwänge und Einflüsse, die sich aus den jeweiligen Geschlechtergruppen ergeben, deutlich werden.[39] Sowohl Lehrerinnen als auch Lehrer sind herausgefordert, aktiv zu handeln. Von entscheidender Bedeutung wird dabei sein, dass Lehrerinnen und Lehrer lernen, in ihrem Umgang mit SchülerInnen eine zumindest doppelte Hierarchie souverän zu bearbeiten. Im schulischen Bereich treffen wir sowohl auf eine *Autoritätshierarchie,* die sich aus dem Unterschied an Fachwissen, Lebenserfahrung, Alter und Status zwischen Lehrperson und SchülerIn ergibt, als auch auf die *Geschlechterhierarchie,* die Männer über Frauen stellt. Diese Hierarchien stehen in vielfältigen Relationen zueinander. Sie können sich beispielsweise verstärken, wenn ein Lehrer (männlich) mit einer Schülerin (weiblich) agiert. Sie können sich jedoch auch paralysieren, wenn eine Lehrerin (weiblich) mit einem Schüler (männlich) interagiert (Glücks/Ottemeier-Glücks 2001, 74). Der Umgang mit diesen unterschiedlichen Hierarchien fordert LehrerInnen noch einen großen Reflexions- und Lernaufwand ab.

Schließlich sollen LehrerInnen bei der Themenauswahl und Themengestaltung im Unterrichtsgeschehen die unterschiedlichen Lebenswelten von Buben und Mädchen bedenken und bei der Bearbeitung der Themen methodisch auf unterschiedliche Mitarbeits- und Lernformen Rücksicht nehmen. Beispielsweise kommt der Frontalunterricht eher männlichen Sozialisationsmustern und Gruppenarbeit eher weiblichen Sozialisationsmustern entgegen. Gefordert ist hier also, auf eine Ausgewogenheit in den sozialen Lernformen und auf eine ausgeglichene Beteiligung der Geschlechter zu achten (Lehner-Hartmann 2001, 148f.).[40]

---

[39] Die Betonung liegt hier auf dem Faktor Zeit und Kontextbezogenheit. Zwei Elemente, die in den Dynamiken einer Männerwelt eher untergehen. Hier wird auf Verhalten eher rasch mit Sanktion oder Anerkennung, gemäß den Normen und eher ohne Bezug zur Umwelt reagiert.

[40] Damit wird auch deutlich, dass hier trotz aller berechtigter Kritik an Koedukation, einer „qualifizierte Koedukation" gegenüber einer durchgängigen Separierung der Geschlechter der Vorzug gegeben werden soll, wenngleich es dennoch pädagogisch sinnvoll und sogar geboten sein kann, eine zeitweise Trennung vorzunehmen (Faulstich-Wieland 1999, Lehner-Hartmann 2001).

Gesellschafts- und bildungspolitisch anzustreben wäre eine Erhöhung des Männeranteils im pädagogischen Bereich. Dieser Wunsch gilt natürlich nicht nur für die Schule allein, sondern für alle Sozialisationsinstitutionen wie Familie, Kindergarten, Schule etc. Die Forderung nach mehr Männern im Fürsorge- und Erziehungsbereich stellt nicht die Erziehungsqualität von Frauen in Bezug auf Buben in Frage. Haben Frauen doch auch bisher schon, trotz der sich von Erziehung und Versorgung eher distanzierenden Männer, Buben im Allgemeinen einen guten und tragfähigen Start in ihr Erwachsenenleben ermöglicht (Benard/Schlaffer 2000, 91f.). Was sie naturgemäß nicht können, ist eine authentische Auseinandersetzung über männliche Lebenswelten zu ermöglichen. Diese Auseinandersetzung sollte jedoch durch mehr männliche Bezugspersonen im Sozialisationsprozess (Väter, Erzieher, Lehrer im Grundschulbereich etc.) gewährleistet sein – natürlich nur unter der Voraussetzung, dass diese Männer sowohl ihre fürsorglichen Fähigkeiten entwickeln als auch über Geschlecht und Männlichkeit reflektieren. Ein zweiter Grund für diese Forderung besteht in dem Umstand, dass dadurch die vorherrschenden einseitigen Männlichkeitsbilder eine Veränderung erfahren. Durch die Tätigkeit einer genügend großen Anzahl von Männern im Fürsorge- und Erziehungsbereich werden sich auch langfristig die unsere Gesellschaft prägenden Männlichkeitskonstruktionen um die Elemente der Fürsorge und sozialen Orientierung erweitern. Um dies zu erreichen, sind wir nach der Forderung einer breiten Bildungskampagne ein weiteres Mal an einem Punkt angelangt, der die Handlungsmöglichkeiten der Institution Schule übersteigt und eine politische Willensbildung und Entscheidungsbereitschaft der Gesellschaft fordert. Ein positives Beispiel dafür gibt wieder Schweden ab, wo es sowohl Kampagnen und Förderung für Frauen in Männerberufen als auch Kampagnen und Förderung für Männer in Frauenberufen gibt.

Ein Unterricht, der sich geschlechtsempathisch an Buben wendet, hat auch inhaltliche Akzente. Zunächst sollte so ein Unterricht Buben und Burschen adäquate Räume eröffnen, um Bedürfnisse, Erlebnisse, Ängste und Schwächen thematisieren und bearbeiten zu können. Darüber hinaus sollte dieser Unterricht „hausarbeitsnah" (Kaiser 1997, 166) gestaltet werden. Das heißt, es sollen Fertigkeiten vermittelt werden, die es Buben und Burschen ermöglichen, für sich selbst und für andere physisch und psychisch zu sorgen, den konstruktiven Umgang mit Paradoxien, Widersprüchen, Ambivalenzen und Konflikten zu lernen, und eine personbezogene Orientierung in Wahrnehmung, Denken und Handeln zu realisieren. In der Methodik sollten kooperative Lernformen bevorzugt werden, wobei von entscheidender Bedeutung ist, dass im Prozess dieser Arbeitsformen immer wieder Reflexionsphasen zwischen LehrerInnen und SchülerInnen eingeplant werden, um Geschlechterstereotypien kritisch reflektieren zu lernen. Schließlich muss es in diesem Unterricht immer auch um eine Männlichkeitskritik gehen. Diese Kritik hat jenseits des Abbaus der quantitativen Dominanz von Männern, worauf die Pädagogik nur begrenzt Einfluss hat, und auch neben der Veränderung von Männern auf der individuellen Ebene, vor allem

„die Ablösung von Männlichkeit als dominantem gesellschaftsstrukturierenden Prinzip – als Norm“ (Döge 2001, 117) zum Ziel (vgl. Kaiser 1997, 163-178).

Annedore Prengel hat in ihrer Studie „Pädagogik der Vielfalt“ (1993) ein faszinierende Vision der „demokratischen Differenz“ vorgelegt. Sie bemüht sich darum, Verschiedenheiten zu sehen und zu akzeptieren. Konkret geht es darum, Buben und Mädchen in ihrer Verschiedenheit zu sehen, ohne dass daraus eine Hierarchisierung entsteht und beide Geschlechter in ihrer Verschiedenheit gleichwertig sind. Ob dies unter den gegenwärtigen Bedingungen der Schule und der real existierenden Geschlechterverhältnisse zu verwirklichen ist, bleibt fraglich, „als Utopie für eine Pädagogik, die auf die Aufhebung der Geschlechterhierarchie zielt, [ist es jedoch] unabdingbar“ (Kampshoff/Nyssen 1999, 238). Das Wertschätzen der Verschiedenheit beinhaltet jedoch auch das Sehen der Unterschiede in den jeweiligen Geschlechtergruppen. Nicht jeder Bub stört und ist aufmüpfig und auch nicht jedes Mädchen ist sozial engagiert und trägt zum Gelingen des Unterrichtes bei. Es gibt starke und schwache Buben *und* Mädchen, und in manchen Bereichen überwiegen die Ähnlichkeiten der Geschlechter bei weitem die Unterschiede. Es gibt also neben der Prägung der Lebenswelten durch Geschlecht eine prinzipielle Vielfalt unterschiedlicher Lebensentwürfe. Pädagogische Prozesse sollten diese grundsätzliche Vielfalt so weit als möglich erhalten helfen und dazu beitragen, sie beiden Geschlechtern zugänglich zu machen. Buben und Mädchen sollen sich gemäß ihren individuellen Fähigkeiten und Bedürfnissen bestmöglich entwickeln können. Dazu brauchen sie jedoch Lehrpersonen, die sowohl das notwendige Wissen vermitteln als auch persönliche Bezugspersonen sind. Dass sie auch Vorbilder sein sollen, ist damit nicht gesagt. Die Gefahr, dass sich über die Konstruktion Vorbild – NachahmerIn das für die vorherrschende Männlichkeit so wichtige Element der Hierarchie in die pädagogische Beziehung einschleicht und dadurch erst recht eine traditionelle Männlichkeit reproduziert wird, ist zu groß (Lehner 2000). LehrerInnen sollen jedoch Frauen und Männer sein, die geübt sind, über sich selbst zu reflektieren und eigene Lebenserfahrung auch im Lichte eines geschlechtsspezifischen Lebenszusammenhangs zu bedenken. Schließlich müssen sie fähig sein, sich professionell in eine intensive partnerschaftliche Beziehung mit ihren SchülerInnen einzulassen, in denen Geschlecht und Geschlechterverhältnisse erfahrbar, benennbar und gestaltbar werden.

Literatur

Acker, Joan: Hierarchies, Jobs, and Bodies. A Theory of Gendered Organizations, in: *Lorber, Judith et al.* (ed.): The Social Construction of Gender. Newbury Park 1991, 162-179.

Anderson, Bonnie S./Zinsser, Judith P.: Eine eigene Geschichte. Frauen in Europa. Vom Absolutismus zur Gegenwart, Zürich 1993.

Benard, Cheryl/Schlaffer, Edith: Einsame Cowboys. Jungen in der Pubertät, München 2000.

Benard, Cheryl/Schlaffer, Edith: Verspielte Chancen? Mädchen in den öffentlichen Raum, in: *Frauenbüro der Stadt Wien* (Hg.), Geschlechtssensible Pädagogik. Mädchen und Bubenarbeit in Wien. Tagungsdokumentation, Wien 1997, 22-26.

Brehmer, Ilse: Schule im Patriarchat – Schulung fürs Patriarchat? Weinheim 1991.

Birmily, Elisabeth/Dablander, Daniela/Rosenbichler, Ursula/Vollmann, Manuela (Hg.): Die Schule ist männlich, Wien 1991.

Bundesministerium für Bildung, Wissenschaft und Kunst (bm:bwk) (Hg.): SCHUG. Informationsblatt für Schulbildung und Gleichstellung. Nr. 12, 2000.

Döge, Peter: Geschlechterdemokratie als Männlichkeitskritik. Blockaden und Perspektiven einer Neugestaltung des Geschlechterverhältnisses, Bielefeld 2001.

Faulstich-Wieland, Hannelore: Koedukation heute – Bilanz und Chance, in: *Horstkemper, Marianne/ Kraul, Margret* (Hg.): Koedukation – Erbe und Chancen, Weinheim 1999, 124-135.

Glücks, Elisabeth/Ottemeier-Glücks, Franz Gerd: Was Frauen Jungen erlauben können. Was Männer Mädchen anzubieten haben. Chancen und Grenzen der pädagogischen Arbeit mit dem anderen Geschlecht, in: *Rauw, Regina/Jantz, Olaf/Reinert, Ilka/Ottemeier-Glücks, Franz Gerd* (Hg.): Perspektiven geschlechtsbezogener Pädagogik. Impulse und Reflexionen zwischen Gender, Politik und Bildungsarbeit, Opladen 2001, 67-87.

Heinzel, Friederike/Prengel, Annedore: Gemeinsam leben und lernen in der Grundschule, in: *Horstkemper, Marianne/Zimmermann, Peter* (Hg.): Zwischen Dramatisierung und Individualisierung. Geschlechtstypische Sozialisation im Kindesalter, Opladen 1998, 83-107.

Horstkemper Marianne: Geschlecht und Professionalität, in: *Bastian, Johannes/ Helsper, Werner/Reh, Sabine/Schelle, Carla* (Hg.): Professionalisierung im Lehrberuf, Opladen 2000, 87-105.

Kaiser, Astrid: Soziale Jungenförderung als Weg zur Gleichberechtigung?, in: *Kaiser, Astrid* (Hg.): Koedukation und Jungen. Soziale Jungenförderung in der Schule, Weinheim 1997, 155-178.

Kampshoff, Marita/Nyssen, Elke: Schulpädagogik, in: *Barbara, Rendtorff/Moser, Vera* (Hg.), Geschlecht und Geschlechterverhältnisse in der Erziehungswissenschaft. Eine Einführung, Opladen 1999, 223-245.

Keller, Carmen: Geschlechterdifferenzen: Trägt die Schule dazu bei?, in: *Moser, Urs* u. a. (Hg.): Schule auf dem Prüfstand. Eine Evaluation der Sekundarstufe I auf der Grundlage der „Third International Mathematics and Science Study“, Chur 1997, 138-179.

Lehner, Erich: Brauchen Jungen Vorbilder?, in*: Bieringer, Ingo/Buchacher, Walter/Forster, Edgar J.* (Hg.): Männlichkeit und Gewalt. Konzepte für die Jungenarbeit, Opladen 2000, 118-124.

Lehner, Erich: Männer an der Wende. Grundlagen kirchlicher Männerarbeit, Innsbruck-Wien 2001.

Lehner-Hartmann, Andrea/Lehner, Erich: Verstehens- und Deutungshilfen aus der Genderforschung für (religiöse) Erziehung und Bildung, in: *Angel, Hans Ferdinand* (Hg.): Tragfähigkeit der Religionspädagogik. Wien 2000, 188-214.

Lehner-Hartmann, Andrea: Mädchen und Buben in der Schule: gleich oder gegensätzlich?, in: cpb, Heft 3 (2001), 145-149.

Prengel, Annedore: Pädagogik der Vielfalt, Opladen 1993.

Schreyögg, Astrid: Was ist beim Frauencoaching zu bedenken. Einige Thesen, in: Organisationsberatung, Supervision, Coaching 8 (2001) 2, 135-141.

Sielert, Uwe: Die Entdeckung der Männlichkeit als soziales Problem, in: *Benedikt, Sturzenhecker* (Hg.): Leitbild Männlichkeit?! Was braucht die Jungenarbeit?, Münster 1996, 135-147.

Stöckli, Georg: Eltern, Kinder und das andere Geschlecht. Selbstwerdung in sozialen Beziehungen, Weinheim 1997.

Wetterer, Angelika: Professionalisierung und Geschlechterhierarchie. Vom kollektiven Frauenausschluß zur Intergration mit beschränkten Möglichkeiten, Kassel 1993.

Hans-Joachim Lenz

Gewalt gegen Männer – eine grundlegende Herausforderung für Männerforschung

Gewalt gegen Männer wurde kulturell lange verleugnet. Im Blick des öffentlichen Interesses stehen nach den langen Kämpfen der Frauenbewegung um politische Anerkennung die Gewaltübergriffe, die weiblichen Personen zugefügt werden. Vor etwa zehn Jahren begann (fast ausschließlich durch mehrere bewegte Frauen und eine Hand voll Männer getragen) die Thematisierung von Jungen als Opfer sexueller Gewalt. Mit der Einführung des Gewaltschutzgesetzes für Partnerschaften wird zunehmend – überwiegend von den Medien initiiert – die Täterschaft von Frauen aufgegriffen. Der zum Teil skurrile Diskurs darüber geht allerdings nur am Rande auf die Gewalterfahrungen von Männern ein. Im Vordergrund steht die geschlechterpolitische Retourkutsche. Die Folge ist, dass deren Perspektive in den Dualismus der Zweigeschlechtlichkeit verstrickt bleibt. Bei Männern als Opfer wird häufig assoziiert, dass Frauen die dazugehörigen Täter seien. Gesellschaftlich entspricht dieses Klischee jedoch nicht den Tatsachen: Die weibliche Täterschaft wird zwar kulturell noch bagatellisiert, zugleich sind Männer jedoch mehrheitlich die Opfer von Gewalt, die von anderen Männern ausgeübt wurde und wird.

Die österreichische Studie MÄNNER 2002©

Die Erkenntnisse der vorliegenden Studie MÄNNER 2002© sind ein Ausdruck des Aufbrechens des Schweigegebots, das auch bei Forschern besteht und das Forschungen über die Gewalterfahrungen von Männern verhindert. War in früheren Männerstudien des Boltzmann-Instituts der Aspekt der Gewalt gegen Männer völlig ausgeblendet, findet dieser nun – zunächst eher als randständige Erkenntnis – immerhin Beachtung.

So ist der vorliegenden Studie zu entnehmen, dass die Interviewpartner nach ihren Gewalterfahrungen befragt wurden. Aus Tabelle 92 wird deutlich, dass die männlichen Antwortenden mehrheitlich andere Männer angaben, von denen Gewalt ausgeübt wurde. Es bekannten 16% der Männer – bei den Frauen 12% – Opfer von Männergewalt zu sein. Gewalt wird nicht nur mehrheitlich von Männern ausgeübt (2% nannten eine Frau als Täterin), sondern richtet sich auch – mit Ausnahme der sexuellen Gewalt – zu einem größeren Teil gegen Männer. Eine Erkenntnis, die von der Tendenz mit den Aussagen der jährlich vorgelegten Kriminalstatistik übereinstimmt.

Die Bereitschaft, über Gewalterfahrungen zu berichten, wird in der Gruppe der modernen Männer als am größten angesehen, in der Gruppe der pragmatischen als am geringsten. Die durch einen Mann erlittenen Gewaltübergriffe sind in der Altersgruppe der 25- bis 29-Jährigen am häufigsten (Tabelle 94).

Ob die Sensibilität gegenüber Männergewalt bei jüngeren Männern zunimmt – wie es im Kommentar zu Tabelle 94 heißt – ist fraglich. Meines Erachtens lässt sich aus den in den Antworten von männlichen Befragten benannten Gewalterfahrungen nicht ableiten, dass gesellschaftlich die Sensibilität gegenüber Gewalt ansteige. Möglicherweise nimmt lediglich der Anteil der jüngeren Männer, die Gewalt faktisch erleben, zu und damit zudem der Druck, unter dem sie stehen, dies zu äußern. Eine skeptische Sicht gilt auch für das Ergebnis, dass nur 5% der männlichen Befragten keine Angaben machten (bei den Frauen sind es 6%). Diese Zahl so zu deuten, dass Gewalt nicht mehr tabuisiert sei, scheint gewagt zu sein und widerspricht allen vorliegenden Erkenntnissen (z. B. hinsichtlich der durch Partnerinnen erlittenen Gewalttätigkeiten, hinsichtlich sexueller Belästigung am Arbeitsplatz, sexueller Übergriffe gegen heterosexuelle Männer und männlicher Opfer von Pädosexualität). Meines Erachtens ist gegenwärtig erst die Spitze eines Eisberges sichtbar.

Die Befragung von Männern unterliegt immer der Gefahr (insbesondere auch bei Einstellungsuntersuchungen wie der vorliegenden), dass, anstatt die Lebenswirklichkeit von Männern zu erforschen, nur Geschlechterklischees über sie abgefragt werden. Um dem zu entgehen, sind weitere klärende und vertiefende Studien notwendig, mit dem Ziel, die überwiegend noch verborgenen Gewaltübergriffe gegen Männer und ihrer Folgen aufzuhellen. Es bedarf dringend empirischer Untersuchungen, damit der Diskurs über Gewalt gegen Männer auf ein sachliches Fundament gestellt und entemotionalisiert werden kann.

Die Pilotstudie des deutschen Bundesministeriums für Familie, Senioren, Frauen und Jugend (BMFSFJ)

Ein erster wichtiger Schritt in die Richtung weiterer Forschung über das noch unbekannte Feld ist die im November 2002 begonnene Pilotstudie des deutschen *Bundesministeriums für Familie, Senioren, Frauen und Jugend (BMFSFJ)*, mit der eine deutschlandweite repräsentative Erhebung, die in einigen Jahren durchgeführt werden soll, vorbereitet wird.

Im Folgenden einige Auszüge aus der öffentlichen Ausschreibung des Forschungsprojektes:

Forschungslage:

Gewalt gegen Männer tritt in verschiedenen Fassetten auf. Aber über Männer als Opfer verschiedenster Gewaltarten liegen bislang zu wenige Kenntnisse – im Hinblick auf originäre Empirie wie in der Theoriebildung – vor. Männer haben zwar vielfältige Gewalterfahrungen, aber in anderen Kontexten und mit anderen

Folgen als Frauen. Daher lassen sich auch die vorhandenen Instrumente zu „Gewalt gegen Frauen“ nicht einfach auf Männer übertragen.

Um erstmalig repräsentative Zahlen über die Gewalterfahrungen von Frauen im häuslichen wie im außerhäuslichen Bereich in Deutschland zu gewinnen, wurde im Juni 2001 eine Erhebung zu „Gewalt gegen Frauen" ausgeschrieben.

Als Voraussetzung für eine entsprechende Erhebung zu Gewalterfahrungen von Männern ist eine Pilotstudie erforderlich, da die Forschungslage hierzu weit weniger entwickelt ist ...

Das Bundesministerium für Familie, Senioren, Frauen und Jugend beabsichtigt, Zahlen über die Gewalterfahrungen von Männern im häuslichen wie im außerhäuslichen Bereich durch die Befragung von in Deutschland ansässigen Männern zu gewinnen.

Die Teilnehmer an dieser Ausschreibung sind aufgerufen,

- *den derzeitigen Forschungs- und Erkenntnisstand sowie unterschiedliche Forschungsmethoden zu beschreiben und zu bewerten,*
- *mit Hilfe qualitativer Interviews ein geeignetes Instrument für repräsentative Studien zu Ausmaß, Hintergründen und Folgen von Gewalt gegen Männer zu entwickeln und zu*
- *erproben sowie eine erste zahlenmäßige Schätzung vorzulegen,*
- *den Erkenntnisbedarf und bisherige Wissenslücken aufzuzeigen.*

Angaben sind u. a. auch erbeten

- *zur inhaltlichen Schwerpunktsetzung, insbesondere im Hinblick auf einzubeziehende Bereiche möglicher Gewalterfahrungen, Schweregrad der Gewalt, Auswirkungen und Hilfesuche;*
- *zur Erprobung an einer repräsentativ angelegten Stichprobe. Die Kosten für einen Pretest des Umfrage-Instrumentes sollten getrennt ausgewiesen werden;*
- *zur Befragungsmethode.*

Die Frauenbewegung als Voraussetzung

Ohne die Frauenbewegung würde es die öffentliche Beschäftigung mit der gegen Männer gerichteten Gewalt nicht gegeben. Männer würden sich immer noch nicht für die Gewalt gegen andere Männer interessieren, wenn Frauen mit der Thematisierung von Gewalt gegen Frauen und Kinder nicht vorangegangen wären. Dreißig Jahre Skandalisierung dieses Problems machten nicht nur Frauen, sondern die gesamte Gesellschaft sensibler für das Geschlechterverhältnis, speziell auch für Herrschaftsgebaren und geschlechtsspezifische Übergriffe und langsam nun auch für die Gewalt, die Männer – weit überwiegend, jedoch nicht ausschließlich – durch ihre Geschlechtsgenossen erleiden.

Erkenntnistheoretische Grundlagen

Die Problematik der Gewalterfahrungen von Männern hat gegenüber dem historischen Befund der Unterdrückung von Frauen eine wesentlich geringere Plausibilität und bedarf einer wesentlich komplexeren gesellschaftstheoretischen und historisch-empirischen Begründung, als es die kritische Frauenforschung nötig hat. Böhnisch betont in diesem Zusammenhang, dass die strukturelle Verfügbarkeit sich nicht nur auf Frauen beziehe, sondern auch Männer mit einschließe, da nicht nur Frauen, „sondern auch Männer unter der geschlechtshierarchischen Arbeitsteilung und mithin unter dem (modernisierten) Patriarchat leiden, dass ihnen Möglichkeiten der psychosozialen Entfaltung verwehrt sind“ (Böhnisch 1997: 62).

Die Verletzbarkeit von Männern zu erforschen, bedarf eines angemessenen achtsamen Zugangs. Andernfalls besteht während des Forschungsprozesses die Gefahr erneuter Grenzübergriffe gegenüber den Betroffenen und der Problematik.

Theoretische Grundlegungen für einen Zugang zum Forschungsgegenstand bieten:

- Böhnisch-Winters Analyse der männlichen Sozialisation (1993). Die darin herausgearbeiteten acht Prinzipien männlicher Sozialisation benennen markant die Bewältigungsprinzipien männlicher Sozialisation (128-135): *Externalisierung, Gewalt, Benutzung, Stummheit, Alleinsein, Körperferne, Rationalität, Kontrolle.* Damit stehen analytische Begriffe zur Untersuchung der Produktion von erlittener Gewalt und ihren Verarbeitungsweisen zur Verfügung.
- Connells Ansatz, wie er in *Der gemachte Mann (1999)* formuliert wurde. Wichtig ist das aus der Perspektive von Herrschaftskritik formulierte Konzept *hegemonialer Männlichkeit* und der daraus folgenden Hierarchisierung von Männlichkeiten. Dieses Konzept stellt Hierarchien infrage, die Männer prägen, von denen sie geprägt werden und wendet sich gegen jegliche evolutionär-biologische Begründung für männliche Dominanz. Damit kommt die strukturelle Dimension mehr in den Blick.
- Mitte der Achtzigerjahre erschien von Heinrich Popitz die Studie *Phänomene der Macht (1992)*. Popitz ging es um eine „Untersuchung grundlegender Durchsetzungs- und Stabilisierungsformen von Macht“ (5). Er versucht das „Dickicht der Machtphänomene“ durchschaubarer zu machen. Im Rahmen seiner Analyse beschäftigt er sich mit den Voraussetzungen von Macht. Eine ist die – wie er es nennt – „Verletzungsoffenheit“ des Menschen. „Im direkten Akt des Verletzens zeigt sich unverhüllter als in anderen Machtfor-

men, wie überwältigend die Überlegenheit von Menschen über andere Menschen sein kann. Zugleich erinnert der direkte Akt des Verletzens an die permanente Verletzbarkeit des Menschen durch Handlungen anderer, seine Verletzungsoffenheit, die Fragilität und Ausgesetztheit seines Körpers, seiner Person“ (Popitz 1992, 63f.). Popitz bietet in dem Zitat wichtige Anhaltspunkte für die Definition von Verletzung. Es geht um Macht, Überlegenheit und die Zerbrechlichkeit des Gegenübers. Der Verletzungsmacht steht die Verletzungsoffenheit gegenüber. Popitz’ Ansatz bietet damit eine analytische Möglichkeit, die Dynamik des Geschehens zwischen Männern (und Frauen selbstverständlich auch) zu erforschen.

Zwei andere das Verständnis von Verletzbarkeit beschreibende Ausdrücke sind *Ausgeliefertsein* und *die Invasion ins Selbst* (Kirchhoff). Beide benennen zum einen die Voraussetzung und zum anderen die Wirkung ausgeführter Verletzungsmacht.

Aus der Integration dieser drei theoretischen Orientierungen ist beabsichtigt, ein prägnantes Forschungsinstrument zu entwickeln, das zur Analyse der gegen Männer gerichteten Gewaltformen dienlich sein könnte.

Erkenntnisblockaden bei einer zeitgleichen Täter-Opfer-Perspektive

Es erscheint wenig erkenntniserhellend zu sein, wenn die Opfererfahrungen von Männern zeitgleich mit (potenzieller) männlicher Täterschaft betrachtet werden. Zumal jeder Täter in der Vergangenheit einmal Opfer gewesen zu sein scheint. Diese Art der Betrachtung verhakt sich in der Dynamik männlicher Täterschaft auf Kosten der erlittenen Verletzungen. Zur Verdeutlichung dieses Zusammenhangs ein markantes Beispiel: Vor sechs Jahren nahm die Evangelische Akademie Tutzing meinen Impuls auf, eine Tagung über *Männer als Opfer und Täter* durchzuführen. Was mir zuvor selbst nicht klar war, wurde mir im Verlauf der Tagung jedoch deutlich. Auf ihr wurde – entgegen dem Tagungsthema – fast ausschließlich über männliche Täterschaft gesprochen, ohne dass die betroffenen Männer etwa eine Chance erhielten, sich über ihre erlittenen Gewalterlebnisse auszutauschen oder gar darüber tagungsöffentlich zu berichten. Auf dieser Tagung hatten die Männer, denen Gewalt widerfahren war, auch noch die für sie abstrakte Diskussion von männlicher Täterschaft zu tragen, obwohl die meisten selbst nie gewalttätig waren. Bei misshandelten Frauen käme niemand auf die Idee, Zugang zu diesen über die ihnen unterstellte potenzielle weibliche Täterschaft gewinnen zu wollen. Oder es käme niemand auf die Idee, eine vergewaltigte Frau in eine (bislang noch nicht existierende) Beratungsstelle für weibliche Gewalttäterinnen zu schicken. Männlichen Gewaltopfern widerfährt dies jedoch ständig. Wenn Männer sich verletzbar zeigen, interessiert dies so gut wie niemanden, es sei denn, sie handeln gewalttätig.

Die Folge dieses Verschwindens der Opfer – selbst bei Menschen, die eigentlich sensibel für erlittene Gewalt sind – führte dazu, dass nun in einer letztjährigen Akademie-Tagung die Perspektive nur auf *Männliche Opfererfahrungen* gerichtet war. Diese Eingrenzung war ein voller Erfolg, was die männlichen Opfer angeht, die zum ersten Mal einen halb öffentlichen Raum für diese soziale Problematik erhielten. Neben starken Kontroversen während der Tagung fanden im Vorfeld und nach der Tagung jedoch heftigste institutsinterne und -externe Auseinandersetzungen um das Für und Wider der Tagung statt. Zum einen scheint die Verletzbarkeit von Männern als öffentliches Thema einen hohen Irritationswert zu haben, des Weiteren scheint der Opferbegriff sich dafür zu eignen, für andere – als die vorgegebenen – Zwecke dienlich zu sein. Widerstände gegen seine Verwendung bzw. die Art seiner Verwendung scheinen ein Indiz sowohl für seine Wichtigkeit als auch die Möglichkeit zu sein, Missbrauch damit betreiben zu können.

Trotz aller Widerstände hat das Thema offenbar dann eine Chance, wenn Männer – ohne in hegemoniale Muster zurückzufallen – sich differenziert mit dem eigenen Geschlecht auseinander setzen.

Exkurs zum Opferbegriff

Der religiös aufgeladene Opferbegriff ist im Kontext der Gewalt, die Männern widerfährt (vgl. Reemtsma), generell umstritten. Gegen die Verwendung des Opferbegriffs für Männer wird eingewendet, dass seine Konturen verwischt werden, eine Inflationierung des Opferbegriffs („Jeder Mann ist ein Opfer"; „Wir alle sind Opfer dieser gesellschaftlichen Verhältnisse") den Begriff entwertet und er als Legitimation für männliche Täterschaft dienen könnte. Zudem drücken befragte Opfer gegenüber dem Opferbegriff Ambivalenzen aus. „Viele der Betroffenen wussten mit dem Begriff nichts anzufangen. Zudem scheint dieser Begriff für die Betroffenen stark negativ besetzt zu sein. Er fördert offensichtlich Assoziationen von Schwäche, Hilflosigkeit, Dummheit, Verliererimage usw." (vgl. Baurmann 1992: 287). Baurmann schlägt stattdessen die Begriffe „Verletzter", „Geschädigter" oder „verletzte Person" vor. Im Englischen werde häufig der Begriff „surviver" (deutsch: Überlebende/r) verwendet. Dieser Begriff sei weniger passiv als das Wort „Opfer". Aus einer analytischen Perspektive spricht einiges dafür, auf den Begriff zu verzichten und stattdessen auf den Begriff der Verletzbarkeit bzw. Verletzung zu fokussieren.

Jenseits der persönlichen Entscheidung jedes Betroffenen, welche Bezeichnung er für sich selbst als angemessen betrachtet, ist es m. E. aus einer geschlechterpolitischen Perspektive gerade wegen der mit dem Opferbegriff verbundenen abwehrenden Assoziationen wichtig, auf diesen widerständigen Begriff zu bestehen. Die starke Abwehr gegen den Begriff deutet auf seine Wichtigkeit hin. Er zielt – wie kein anderer Begriff – in den Kern des tradierten Verständnisses von Männlichkeit und fungiert mit einem hohen Aufklärungs- und Erkenntniswert. Trotz der berechtigten Vorbehalte gegenüber dem Opferbegriff ermöglicht dieser die Situationen von Gewalt, Ausbeutung und Misshandlung, die Männern zugemutet werden, überhaupt sichtbar und damit besprechbar zu machen.

Darüber hinaus ist kein Mensch nur Opfer, jedenfalls in der Perspektive seines gesamten Lebens. Trotz der berechtigten Vorbehalte gegenüber dem Opferbegriff ermöglicht dieser, die Situationen von Gewalt, Ausbeutung und Misshandlung, die Männern zugemutet werden, überhaupt sichtbar und damit besprechbar zu machen.

Thesen

Zur Anregung des Diskurses über das Problemfeld und um weitere Forschungen anzuregen, noch einige Thesen:

1. Jungen und Männer sind vielfältigen Gewaltübergriffen ausgesetzt. Deren Spektrum umfasst nach dem bisherigen Erkenntnisstand:

a) Gewalterfahrungen von Jungen (inner- und außerfamiliär)

- Physische und psychische Misshandlung
- Kindesmisshandlung
- sexuelle Gewaltübergriffe und Ausbeutung
- alltägliche Gewaltübergriffe (insbesondere in der Freizeit)
- Pädosexualität
- Prostitution von Jungen
- Pornografie mit Jungen
- Beschneidung

b) Gewalterfahrungen von Männern

Gewalt im männlichen Alltag

- Männer als Opfer von Körperverletzungen
- Männer als Opfer sexueller Gewalt
- Männer als Opfer in der Arbeitswelt u. a. auch sexueller Übergriffe

Gewalt in Lebensgemeinschaften

- Männer als Opfer in heterosexuellen Intimbeziehungen
- alte Männer als Opfer innerfamiliärer Gewalt
- Männer als Opfer von häuslicher Gewalt in gleichgeschlechtlichen Beziehungen

Gewalt als Mittel sozialer Ausgrenzung und Vernichtung

- Schwule als Opfer
- männliche Ausländer als Opfer
- Männer als Opfer im Gefängnis

- Männer als Opfer in Heimen und geschlossenen Anstalten
- Männer als Opfer in Kriegen
- Männliche Folteropfer

2. Die verschiedenen Aspekte männlicher Gewalterfahrungen werden gesellschaftlich unterschiedlich wahrgenommen und bewertet. So werden sexuelle Gewaltübergriffe und Ausbeutung an Jungen inzwischen zunehmend gesehen und auch beforscht. Sexuelle Gewaltübergriffe an erwachsenen Männern im Alltag und in der Arbeitswelt hingegen bleiben nach wie vor verborgen. Ihre Tragweite wird bislang nicht ernst genommen. Je leichter eine stigmatisierende Homosexualisierung der Gewaltübergriffe an heterosexuellen Männern möglich ist, um so eher wird der sexuelle Übergriff an einem Mann nicht ernst genommen.

3. Die Erfahrung des Verletztwerdens gehört zu jedem Männerleben. Niederlage, Erniedrigung oder Demütigung sind tägliche Unterwerfungserfahrungen unter die Übermacht vor allem anderer Männer. Diese gehören zum Standardrepertoire hegemonialer Männlichkeitsrituale. Die verschiedenen Lebensbereiche, in welchen Männer vorwiegend Verletzungserfahrungen machen bzw. gemacht haben, verlaufen entlang der für ihre Entwicklung relevanten Sozialisationsinstanzen wie Herkunftsfamilie, Schule, Gleichaltrigengruppe, Bundeswehr, Partnerschaft, Beruf. Deren offener Lehrplan lautet: „Männer werden systematisch dazu konditioniert, Schmerzen zu ertragen ..." (Keen). Sie lernen damit, ihre Empfindungen von Verletzungen und das Leiden daran zu verbergen.

4. Die Gewalterfahrungen von Männern bleiben überwiegend verborgen und werden von den Betroffenen nicht aufgedeckt. Fast alle Betroffenen sind der Überzeugung, dass sie die einzigen sind, denen so etwas geschehen ist. Betroffene Männer können die wenigen vorhandenen Hilfsangebote kaum wahrnehmen, da Hilfe anzunehmen für viele nicht der Geschlechtstypisierung ihres Selbstbildes entspricht.

5. Das Schweigen vieler Männer über die erlittenen Gewaltübergriffe korrespondiert mit der Schwere der Tat und dem Grad des Ausgeliefert-Gewesen-Seins. Darüber verbreitet sich Scham.

6. Sowohl die nicht religiös als auch die religiös gebundene Männerbewegung (und damit korrespondierende Männerbildung als auch Männerforschung) steht vor der Herausforderung, sich über ihre vorrangige Orientierung am Innenleben von Männern (Stichwort: Spiritualität) hinaus verstärkt den äußeren Lebensbedingungen (Stichwort: Widersprüche der männlichen Existenzweise in der vorherrschenden Männlichkeitskultur) zuzuwenden. Eine herrschaftskritische Sichtweise wäre zudem unabdingbar, um dazu beizutragen, dass vor den in kirchlichen Zusammenhängen begangenen Missbräuchen (Stichwort: sexuelle Übergriffe an Knaben) die Augen nicht mehr zugemacht und über das Vorgefallene nicht mehr geschwiegen wird. Das Ausmaß und die Tragweite des Skan-

dals öffentlich zu machen und den Opfern damit eine unterstützende Stimme zu verleihen, wäre eine notwendige und dringende Erfordernis und würde in einem solidarischen Verständnis die Glaubwürdigkeit der Männerbewegung erhöhen.

7. Die in den letzten Jahren immer wieder aufkeimende Bewegung für Männergesundheit und die Forschung über Männergesundheit ignorieren bislang die Gewalterfahrungen von Männern. Die Notwendigkeit der Tabuisierung der dem eigenen Geschlecht zugefügten Übergriffe und Verletzungen scheint der Preis dafür zu sein, dass in dem Diskurs über Männergesundheit (auch von manchen Forscherinnen) hegemoniale Männlichkeitsbilder gepflegt werden. Dies stellt einen grundlegenden Unterschied zur Frauengesundheitsbewegung dar, für die in den Siebzigerjahren unter einem herrschaftskritischen Impetus die weiblichen Gewalterfahrungen und deren Skandalisierung geradezu der Ausgangspunkt ihrer Erfolgsgeschichte wurde.

8. Die Täterseite von Frauen bleibt kulturell verborgen. Diese aufzudecken und in den aktuell beginnenden öffentlichen Geschlechterdiskurs (z. B. Gender Mainstreaming) einzubinden, stößt gegenwärtig politisch auf wenig Interesse. Stattdessen werden traditionelle Geschlechterklischees weiter bedient (Frauen als Opfer und Männer als Täter).

9. Bei den Darstellungen von Geschlechterthemen wird in den Medien, wenn überhaupt, nur in traditionellen Schablonen fantasiert. Die neueste teilweise skurrile Variante ist gegenwärtig, wie Männer als Opfer dargestellt werden. Dies geschieht fast nur im Zusammenhang mit dem Gewaltschutzgesetz und weiblicher Täterschaft. Dass Männer die häufigste und schwerste Gewalt von anderen Männern erleiden, interessiert medienöffentlich nicht. Durch andere Männer ausgeübte Gewalt gilt weiterhin als so normal, dass anscheinend nicht darüber berichtet werden muss.

10. Gewalt gegen Männer wird (noch) nicht als soziales Problem identifiziert. Die Folge ist, dass die sozialpolitischen Voraussetzungen, Grundlagen und Folgen bislang nicht reflektiert werden (z. B. hinsichtlich Krankschreibungen, Frühverrentungen, Prävention). Die mittels einer volkswirtschaftlichen Studie zu schätzenden Kosten für die Gewalt gegen Männer würde sicherlich ein Vielfaches der Gewalt gegen Frauen betragen (und für diese wurde in den Achtzigerjahren bereits ca. 25 Mrd. DM geschätzt).

11. Für betroffene Männer fehlt noch ein gesellschaftliches Klima, das die Aufdeckung von erlittenen Gewaltübergriffen unterstützt. Damit ist verbunden, dass Männern in dem herrschenden kulturellen System der Zweigeschlechtlichkeit nicht der gleiche Grad an Unversehrtheit zugestanden wird wie Frauen.

12. Je nach Art und Schwere der Gewaltübergriffe gibt es bei den männlichen Opfern unterschiedlichste Reaktionen. Zwei häufige Verarbeitungsmuster sind:

- zum einen gesundheitliche Einschränkungen mit einer nach *innen* gerichteten selbstzerstörerischen Wendung (Alkoholmissbrauch, Essproblem, Selbstverletzung, grenzüberschreitende Lebensweise ...). Deren Folge ist zum Teil, dass die Betroffenen psychiatrisiert werden;
- zum anderen wird die Verletzung nach *außen* in eine eigene Gewalttäterschaft gewendet. Deren Folge ist teilweise eine Inhaftierung im Gefängnis.

Beide Verarbeitungsmuster zeichnen sich durch Entmündigung, teilweise Depersonalisierung und einen Ausschluss aus den sozialen Zusammenhängen aus, was wiederum zu großen Problemen der späteren Integration führt.

13. Die Unterstellung quasi automatischer späterer (potenzieller) Täterschaft stigmatisiert Jungen und Männer, denen Gewalt widerfahren ist. Zu der Verletzung kommt auch noch, dass die Verantwortung für eine Täterschaft auf den Opfern abgeladen wird.

14. Männer scheinen kulturell in ihrer Verletzbarkeit erst wahrgenommen zu werden, wenn sie sich als Täter inszenieren. Für diese gibt es dann eine Vielzahl an milliardenschweren staatlichen Einrichtungen, von der Polizei über den Justizapparat, von Gefängnissen bis zur Sozialarbeit. An gesellschaftlicher Aufmerksamkeit für die Opfererfahrungen und die Verletzungen von Männern mangelt es jedoch. (Junge) Männer werden in ihrer Not gesellschaftlich und in der psychosozialen Arbeit (noch) nicht angemessen wahrgenommen. Betroffene männliche Opfer bleiben auf sich selbst zurückgeworfen. Erst als Täter werden sie gesellschaftlich wieder interessant.

15. Männer in helfenden Professionen nehmen die psychosoziale Dimension der durch die Gewalterfahrungen entstandenen Notlagen von Männern überwiegend nicht wahr. Durch eine stigmatisierende Pathologisierung lassen sich die Gewalterfahrungen der Klienten auf Distanz halten und für sie als Helfer handhabbar machen.

16. Vielen Helfern scheint es leichter zu fallen, mit männlichen Tätern und mit weiblichen Opfern als mit Opfern des eigenen Geschlechts professionell zu arbeiten.

17. Die Gewalttätigkeit von Männern ist nicht biologisch-evolutionär bzw. genetisch determiniert, sondern vielmehr eine Verarbeitungsweise spezifischer biografischer Erfahrungen, möglicherweise auch biografischer Besonderheiten (z. B. eigene Opfererfahrungen) in Verbindung mit hegemonialen Männlichkeitsmustern.

18. Vor einer Instrumentalisierung und vor politischem Missbrauch der Verletzbarkeit von Männern ist zu warnen. Dies ist dann der Fall, wenn sie als Mittel der Täterentlastung, als Argument für die Notwendigkeit sozialpädagogischer Täterprävention oder gar für geschlechterpolitische Zwecke im Sinne einer Re-

tourkutsche gegen den Feminismus verwendet werden, aber auch, wenn Jungen und Männer mit Gewalterfahrungen als potenzielle Täter stigmatisiert werden.

Weitere Männerforschung zur Gewalt gegen Männer und andere Aspekte

Zur Erhellung sowohl der Weite als auch der Tiefendimension des Problemfeldes Gewalt gegen Männer ist weitere Erforschung dringend geboten.

Daneben warten noch weitere Themen der wissenschaftlichen Bearbeitung:

- Europäischer Zusammenhang des Wandels von Männlichkeiten (z. B. moderne Rolle ist anstrengend, Trend zur Arbeitsteilung)
- Frage des Bildungsniveaus (z. B. bei Kündigungsbereitschaft)
- Einfluss der Rhetorik (z. B. bei Auskommen-Einkommen, hier größte Differenz zu 1992)
- Erziehungs- und Pflegekompetenz bei Männern (z. B. Kinder und Alte)
- Frau – Beruf (wie die Verbindung gestalten? Ganz anders als Mann – Beruf?)
- Arbeitsteilung (unter Geschlechtsgesichtspunkten)
- Sexualität: neue Phänomene
- Grenzen der Veränderbarkeit (interdisziplinär)
- Gewalt gegen Männer im europäischen Vergleich

Diese Fragestellungen ließen sich unter der Perspektive von Geschlechterforschung bearbeiten. Meine Vision von Männerforschung ist eine Geschlechterforschung, die durch geschlechtsbewusste Männer geschlechtshomogen und auch gemeinsam mit geschlechtsbewussten Frauen entwickelt werden würde. Die Mischung beider Geschlechter hätte den Vorteil, dass die vom jeweiligen Geschlecht verdrängten Seiten durch das andere Geschlecht gespiegelt werden könnten. Unter einer geschlechtsübergreifenden gesellschaftspolitisch relevanten Problemstellung (z. B. Gewalt gegen Frauen *und* gegen Männer) könnten zudem Ansatzpunkte für eine gemeinsame Gegenstrategie gegen die strukturelle Verfügbarkeit beider Geschlechter unter den herrschenden Verhältnissen entwickelt werden. Ein derartig qualitativ neues Forschungsparadigma würde eine Entscheidung für die Kritik an bestehenden Herrschaftsverhältnissen mit einer parteilich-empathischen Perspektive zugunsten von marginalisierten Menschen und einem hinlänglich hohen Grad an Selbstreflexivität verbinden. Für deren konsequente Umsetzung bedürfte es allerdings noch vieler mutiger Frauen und Männer, die bereit sind, diesen steinigen Weg mit Beharrungsvermögen und Augenmaß – jenseits des Hauptstroms der Geschlechterklischees und -mythen – konsequent zu verfolgen.

Literatur

Böhnisch, Lothar/Winter, Reinhard: Männliche Sozialisation. Bewältigungsprobleme männlicher Geschlechtsidentität im Lebenslauf, Weinheim und München 1993.

Böhnisch, Lothar: Möglichkeitsräume des Mannseins: Zur sozialtheoretischen und historischen Begründung einer Jungen- und Männerarbeit, in: *Möller, Kurt* (Hg.): Nur Macher und Macho? Geschlechtsreflektierende Jungen- und Männerarbeit, Weinheim und München 1997, 61-88.

Böhnisch, Lothar: Männer als Opfer – ein paradigmatischer Versuch, in: *Lenz, Hans-Joachim* (Hg.): Männliche Opfererfahrungen. Problemlagen und Hilfeansätze in der Männerberatung, Weinheim und München 2000, 70-80.

Popitz, Heinrich: Phänomene der Macht, Tübingen ^{2}1992.

MÄNNERPOLITIK

Johannes Berchtold

Männerpolitik als unverzichtbarer Bestandteil einer ganzheitlichen Geschlechterpolitik

Was sich in den letzten Jahren in der Geschlechterpolitik anbahnt und auch seinen institutionellen Niederschlag gefunden hat, ist unter dem Titel „Dialektische Geschlechtertheorie" kurz theoretisch zu umreißen, bevor die daraus resultierenden institutionellen Rahmenbedingungen diskutiert werden.

Mit dem Begriff Dialektik ist im Laufe der Geistesgeschichte schon Missbrauch getrieben worden, weshalb es angebracht erscheint, zunächst auf das dialektische Verhältnis der Geschlechter Bezug zu nehmen. Seit Platon und Hegel gilt die Dialektik als Methode der Philosophie, wobei diese Methode den Gang der „Sache" selbst wiedergibt und nicht als äußerliche Form an den „Gegenstand" herangebracht wird. Ebenso beansprucht das dialektische Verhältnis der Geschlechter das Wesen der Beziehung beider Geschlechter zu sein und keine diesem bloß äußerliche Betrachtung.

Traurige Berühmtheit erlangt hat die „Anwendung" der Dialektik von „Herr und Knecht" auf das Verhältnis so genannter gesellschaftlicher „Klassen". Wohlwissend, dass ein Vergleich des Geschlechterkampfes mit dem Klassenkampf mehr als nur hinkt, ist bekannt, dass es abseits berechtigter Forderungen an Chancengleichheit und Gerechtigkeit in Bezug auf die Geschlechter auch karrierebewusste Nutznießer gibt, die mit geschlechterkämpferischen Parolen hausieren gehen. Deren Glaubwürdigkeit sinkt allerdings zunehmend mit der Realisierung der vielfach zur Selbstverständlichkeit gewordenen Forderungen der Emanzipationsbewegung. Dennoch werden die GeschlechterforscherInnen und PolitikerInnen, die sich dieses Themas angenommen haben, nicht arbeitslos. Geschlechterspezifische Interessen und Aspekte abseits der Gleichberechtigungs- und Gleichbehandlungspolitik finden zunehmend Beachtung. Ob geschlechterspezifische Erziehungsfragen oder Diskrepanzen der Geschlechter im Gesundheitsverhalten – verantwortungsvolle Politik muss sich diesen Themenfeldern stellen. Diese benötigen auch weniger klischeehafte Vorstellungen, dargestellt in Unterdrückungsverhältnissen oder einseitig gelagerten Machtverhältnissen.

Die Menschheits- und Kulturgeschichte wäre nicht, was sie ist, wenn das Verhältnis der Geschlechter jemals auf das Verhältnis von „Herr und Knecht" reduzierbar gewesen wäre. Prämisse einer modernen Geschlechterpolitik ist jedenfalls, dass die gegenseitige Anerkennung beider Geschlechter ihnen ihre Identität verbürgt. Dieses Verhältnis verlangt grundsätzliche Gleichheit bzw. Ebenbürtigkeit, ansonsten könnte keine wahrhafte Anerkennung erfolgen. Es handelt sich nicht nur bei den Bürgern im demokratischen Staatswesen um Freie und Gleiche (Aristoteles), sondern auch im Verhältnis der Geschlechter. Freilich bringt die Verwirklichung entsprechende institutionelle Rahmenbedingungen mit sich.

In einer gewissen Phase der Geschlechter- und Emanzipationspolitik wurde die Verschiedenheit der Geschlechter wieder als Bereicherung „neu" entdeckt. Die simple Feststellung, die jeder macht, wenn er sich einen Identitätsausweis machen lässt, am deutlichsten repräsentiert durch den Personalausweis oder Reisepass, wurde auf das Geschlechterverhältnis angewandt. Was benötige ich zur Feststellung meiner Identität: Den Unterschied (zu anderen). Wie zum Beispiel das Alter, Geschlecht etc. Erst über den Unterschied konstituiert sich Identität.

Eine dialektische Sichtweise verliert deshalb die zuvor ins Spiel gebrachte Freiheit und Gleichheit von Mann und Frau nicht aus den Augen. Abstrakt denken jene, die nur eine der beiden Seiten in Acht nehmen. Abstraktes Denken kann totalitär enden. Der Mensch will konkret gedacht werden. In seiner Entzweiung und seiner Einheit.

In Platons „Gastmahl" erhalten wir ein schönes Bild der Liebe, welches wir – man ist versucht zu sagen „trotz" der Geschlechterpolitik – nicht aus den Augen verlieren dürfen.

„Ja, sogar füreinander zu sterben sind die Liebenden, und nur sie, bereit, und zwar nicht bloß Männer, sondern auch Frauen. Hiervon gibt auch die Tochter des Pelias, Alkestis, ein hinreichendes Zeugnis vor allen Hellenen zugunsten meiner Behauptung, indem sie allein für ihren Mann sterben wollte, da er doch Vater und Mutter hatte, welche sie vermöge ihrer Liebe so sehr an Zärtlichkeit überbot, dass sie dadurch jene ihrem Sohne fremd und nur dem Namen nach angehörig erscheinen ließ. Und in der Tat schien sie denn auch hiermit nicht bloß den Menschen, sondern auch den Göttern ein so schönes Werk vollbracht zu haben, dass diese, obwohl sie unter den vielen, welche viele rühmliche Taten ausführten, doch nur einer geringen Anzahl die Ehre gewährten, ihre Seele wieder aus dem Hades zu entlassen, trotzdem die ihrige entließen aus Bewunderung ihrer Tat. So ehren auch die Götter den Eifer und die Tüchtigkeit im Dienst der Liebe vor allem. Den Orpheus aber, den Sohn des Oiagros, schickten sie unverrichteter Sachen aus dem Hades zurück, indem sie ihm ein Trugbild seines Weibes zeigten, um deretwillen er kam, sie selbst ihm aber nicht gaben, weil es schien, als habe er sich weichlich gezeigt, denn er war ja ein Zitherspieler – und nicht den Mut gehabt, für seine Liebe zu sterben wie Alkestis, sondern es nur zu veranstalten gesucht, lebend in den Hades zu kommen."[41]

Platons Kunsttheorie wollen wir uns nicht anschließen – im Gegenteil. Vor allem Männern täte mehr an Musik, an Beschäftigung mit Kunst gut. Ohne die Kunst instrumentalisieren zu wollen. Im Gegenteil: Männer fühlen sich im Berufsleben allzu oft instrumentalisiert und verlieren den Zugang zu ihren Kraftquellen.

Männliche Identität steht auf dem Prüfstand. Eine Tatsache deren Bedeutung auch von vielen für Geschlechterfragen zuständigen Politikern noch unterschätzt wird. Es wird noch einige Jahre dauern bis die Männerpolitik als Teil einer ganzheitlichen Geschlechterpolitik zur Selbstverständlichkeit geworden ist.

Österreich hätte die Chance, eine Vorreiterrolle in diesem Bereich zu übernehmen. Die Einrichtung einer männerpolitischen Grundsatzabteilung im Bundesministerium für soziale Sicherheit und Generationen ist ein erster Schritt dazu.

Wird es in Zukunft neben frauenpolitischen SprecherInnen auch männerpolitische SprecherInnen geben oder geschlechterpolitische SprecherInnen? Ist eine Trennung ähnlich den Interessensvertretungen besser, um so die Unterschiede bzw. die unterschiedlichen Standpunkte nicht zu früh in einem Kompromiss oder einer gemeinsamen Position untergehen zu lassen?

Zudem gibt es viele Schnittmaterien mit der Familien-, Jugend- und Seniorenpolitik. Vielleicht entdeckt die Politik vermehrt die Bedürfnisse und Chancen, welche Männerpolitik in sich birgt und es werden analog zur Frauenpolitik die männerpolitischen Angelegenheiten hinsichtlich der dafür zur Verfügung stehenden Ressourcen in den kommenden Jahren aufgewertet.

Solange Frauenpolitik polarisierend betrieben wird und Männerpolitik nicht als selbstverständlicher Bestandteil einer Emanzipationsbewegung – welche langfristig nie nur ein Geschlecht umfassen kann – gesehen wird, stehen die Chancen schlecht für eine Entkrampfung in der Geschlechterpolitik.

Das bessere Verständnis der Geschlechter für einander fördert geschlechtergerechte Erziehung und reduziert die steigenden Scheidungsraten und die teils dramatischen Folgen für die Kinder. Nicht nur die Vorteile der Reduzierung der volkswirtschaftlichen Kosten, sondern auch die Einsicht in die notwendige Investition in das – barbarisch oder polittechnokratisch – so genannte „Humankapital" könnte der Männerpolitik zu einem größeren Stellenwert und mehr Ressourcen verhelfen.

Männerpolitik ist ein neues Politikfeld, das es zu beackern und zu bestellen gilt. Einerseits bedarf es eines verstärkten Engagements auf dem Gebiet der Männer-

---

[41] Platon: Symposion. 179b-d.

forschung, um eine notwendige Ergänzung zur Frauenforschung zu leisten und Grundlagen für politisches Handeln zu erarbeiten. Andererseits ist die Praxis der Männerberatung, Bildung und Begegnung, zusammengefasst unter dem Begriff der Männerarbeit, ein eigenes ganz wesentliches Betätigungsfeld. Drehscheibe zu sein für diesen Zusammenklang von Theorie und Praxis ist eine der Aufgaben der Männerabteilung des Bundesministeriums für soziale Sicherheit und Generationen.

Zudem hat sich Österreich auf europäischer Ebene politisch und rechtlich zur Strategie des Gender Mainstreaming verpflichtet, d. h. bei der Planung politischer Strategien die Interessen und Wertevorstellungen beider Geschlechter zu berücksichtigen. Dazu müssten Männer aber vermehrt bereit sein, sich mit männlicher Identität und Rollenzuschreibungen zu befassen. Bewusstseinsbildende Maßnahmen bilden somit einen wesentlichen Bestandteil der Männerpolitik der nächsten Jahre.

Die Männerpolitische Grundsatzabteilung hat in der Kürze ihres Bestehens bereits zu folgenden Themen Forschungsprojekte initiiert: Männergesundheit mit besonderer Berücksichtigung der Männergesundheitsvorsorge, Männerarbeit (= Beratung, Bildung und Begegnung), Scheidungsfolgen bei Männern, Vaterentbehrung, Suizidverhalten und – nicht zu vergessen – die hier vorliegende Studie zum Thema Männerbild gemeinsam mit Paul M. Zulehner. Wir verdanken Professor Zulehner die erste große Männerstudie in Österreich und nun wurde auch mit dem Ziel eine Längsschnittperspektive zu erhalten eine weitere Studie erstellt. Allein schon die Diskussion der Teilnehmer am Start- und Schlusssymposion war ein wichtiger Beitrag zum geschlechterpolitischen Diskurs in unserem Lande. Professor Zulehner war es auch, der schon vor Jahren – analog zur Frauenministerin – einen Männerminister forderte. Vielleicht hat er selbst nicht daran geglaubt, dass sein Wunsch so bald in Erfüllung gehen würde. Auf den Männerminister oder eine Männerministerin und deren MitarbeiterInnen im Beamtenstab wartet jedenfalls in Zukunft noch viel Arbeit.

Erich Lehner

Frauen-, Männer-, Geschlechterpolitik oder: Wer braucht Männerpolitik?

Die Forderung nach einer Männerpolitik löst Skepsis aus. Ein Blick in die Medien scheint genügend Anschauungsmaterial dafür zu liefern, dass Politik ohnehin und allen Veränderungen im Geschlechterverhältnis zum Trotz von Männern dominiert ist. Das Zahlenverhältnis zwischen Politikerinnen und Politikern belegt eindeutig, dass Politik in den europäischen Staaten ein männliches Geschäft ist. Trotz dieser männlichen Dominanz sind Männer jedoch noch sehr selten der Gegenstand politischen Handelns. Denn die männlichen Akteure herkömmlicher Politik sind weitgehend „blind für die Erfahrung der Welt in spezifisch männlicher Perspektive“ (Lange 1996, 327). So kommen Männer in ihrer Spezifik als Männer in politischen Prozessen größtenteils nicht vor. Ebensowenig sind spezifisch männliche Bedürfnisse und männliche Problemlagen Gegenstand politischen Forschens und Agierens. Angestoßen durch die Thematisierung der Geschlechterrollen durch Frauen haben in den USA der Siebzigerjahre auch Männer begonnen, Geschlechterverhältnisse und Männlichkeiten aus der Perspektive von Männer zu bedenken. Aus diesen Anfängen entwickelte sich eine Männerbewegung, die sich mittlerweile auch im deutschen Sprachraum etabliert hat.

Die Entwicklung der Männerbewegung ist sehr widersprüchlich und heterogen und kann hier nicht näher dargestellt werden. Sie hat aber in der Männerforschung eine solide Grundbasis gefunden (Döge 2001, 25-43; Lehner 2001, 222-232; Walter 1996). Das Ziel kritischer Männerforschung ist, männliche Zusammenhänge in ihrer inneren Dynamik und in ihrer Beziehung zu weiblichen Lebenswelten zu erforschen. Sie konnte dabei die zutiefst widersprüchliche Erfahrung von Männern aufzeigen, die ein fundamentales Merkmal gegenwärtiger männlicher Existenz darstellt: Männer sind zwar Angehörige des privilegierten und mächtigen Geschlechts, sie können aber in ihrem individuellen Leben dennoch Nachteile erfahren, die im Zusammenhang mit einem männlichen Lebensentwurf stehen.

Diese widersprüchliche Erfahrung lässt sich an dem für Männer wichtigsten Lebensbereich der Erwerbsarbeit darstellen. Zahlreiche internationale Vergleiche belegen ganz eindeutig, dass Erwerbsarbeit eine männliche Domäne ist. Die geschlechtsspezifische Segregation des Arbeitsmarktes unterscheidet sich zwar in den unterschiedlichen Gesellschaften in Bezug auf Form und Ausmaß, sie besteht jedoch in allen Gesellschaften unabhängig von der Qualifikation, die Frauen und Männer haben, unabhängig von den typischen Arbeiten, die Frauen und Männer ausführen, und auch unabhängig von Veränderungen in den Arbeitsorganisationen und in den Strukturen der Berufswelt. Trotz gleicher Qualifikationen haben in allen Berufsfeldern Männer und Frauen unterschiedliche Positionen und sind auch unterschiedlich in den verschiedenen Berufsfeldern repräsentiert. Schließlich werden sie auch für gleiche Tätigkeiten unterschiedlich bezahlt. Außerdem zeigt sich, dass ein Berufsfeld, sobald es von Frauen dominiert ist, weniger gut bezahlt wird und an Prestige und Wertschätzung verliert (Teubner 2002). Diese internationale Beobachtung gilt auch für Österreich. So lag das mittlere Bruttojahreseinkommen im Jahre 1999 für Frauen bei 196.750 ATS und für Männer bei 329.500 ATS (monatlich brutto 14.000 ATS gegenüber 23.500 ATS). Damit verdienten Männer rund 40% mehr als Frauen (Bundeskammer für Arbeiter und Angestellte, 2002).

Männer sind demnach im Bereich der Erwerbsarbeit privilegiert. Dies hat weit reichende Bedeutung. Denn in modernen Gesellschaften ist Inklusion und Exklusion in die Gesellschaft in erster Linie über den Erwerbsstatus und erst danach über Familie und Familienbeziehung vermittelt. Für den Großteil der Menschen wird dadurch Arbeit zu einer wesentlichen Voraussetzung für den Zugang zu materiellen Ressourcen wie Einkommen und sozialer Sicherung, ebenso wie zu symbolischen Ressourcen wie Selbstwertgefühl, Anerkennung und Kompetenzen der Lebensplanung (Geissler 2002, 184). Männliche Privilegierung in der Erwerbsarbeit ist so gesehen nicht nur die Dominanz in einem gesellschaftlichen Sektor unter anderem, die durch etwaige weibliche Präsenz in anderen Bereichen, z. B. in der Familie, ausgeglichen werden könnte. Vorherrschaft in diesem Bereich ist gleichbedeutend mit der Privilegierung im für unsere Gesellschaften wichtigsten Bereich. An ihr wird die grundsätzliche Überordnung von Männern und Unterordnung von Frauen im Geschlechterverhältnis sichtbar. In ihr mündet auch eine historische Entwicklung, in der im Zuge der Industrialisierung Erwerbsarbeit zum entscheidenden Mittel männlicher Vorherrschaft geworden ist (Lehner 2002, 98-210).

Die Männerforschung hat sich eingehend auch mit der Innenseite dieser männlichen Lebenswelten beschäftigt und dabei deutlich gemacht, dass diese privilegierte Stellung der Männer für den einzelnen Mann nicht nur Vorteile, sondern mitunter erhebliche Nachteile bringt. Privilegiert und mächtig ist nicht der einzelne Mann, sondern sind die Männer als Gruppe. Das heißt, dass es unter den Männern große Unterschiede sowohl hinsichtlich individueller Lebensentwürfe als auch in Bezug auf Status, Prestige, Position und Einfluss gibt. Das in Industriegesellschaften historisch gewachsene (und deshalb im Prinzip veränderbare) Leitbild der bestimmenden Männlichkeit stellt den Mann als weiß, heterosexuell, durchsetzungsfähig und ökonomisch potent dar. Der australische Männerforscher Robert W. Connell, der entscheidend zur Erforschung und theoretischen Konzeption männlicher Lebenswelten beigetragen hat, nennt die Bilder einer Männlichkeit, die in der jeweiligen Gesellschaft das größte Maß an Einfluss und Macht versprechen, „hegemoniale Männlichkeiten“ (Connell 1999, 97ff.). Obwohl nun kein Mann diesen Bildern hegemonialer Männlichkeit zur Gänze entspricht, bildet es doch die Orientierung für das „doing masculinity" von Männern in einer Gesellschaft. Wie Männer sich selbst und andere Männer wahrnehmen und bewerten, aber auch wie Frauen Männer erleben, steht in Bezug zum jeweils gesellschaftlich dominanten Leitbild für Männlichkeit. Der Grad, in dem die unterschiedlichen Männer diesem Leitbild entsprechen, bestimmt die hierarchische Position unter Männern. Hierarchie und Konkurrenz, Überordnung und Unterordnung unter Männern ist damit zu einem entscheidenden Merkmal männlicher Lebensführung geworden (Connell 1999, 87-107; Lehner 2001, 214-221; Meuser 1998, 97-121). Im Konkreten ist es diese Konkurrenzdynamik die männliche Lebenschancen schwer beeinträchtigen kann. Der Austragungsort dieser Konkurrenzen ist überall dort, wo Männer zusammenkommen, vor allem aber die Arbeitswelt.

Der auffälligste und auch am häufigsten beschriebene Nachteil der gegenwärtig vorherrschenden männlichen Lebensführung ist die im Vergleich zu Frauen geringere durchschnittliche Lebenserwartung von Männern. In Österreich ist sie für Männer um 6,3 Jahre geringer als für Frauen und entspricht damit dem Niveau anderer westeuropäischer Staaten.[42] Im Konkreten werden dafür das für Männer höhere Risiko, an Herz-Kreislauf-Erkrankungen und Krebs zu erkranken, ein höheres Unfallsrisiko, hoher Alkohol- und Nikotinkonsum sowie die von Männern häufiger durchgeführten Suizide verantwortlich gemacht. Der Grund dafür liegt nun nicht in einer schlechteren biologischen Ausstattung von Männern, sondern in der Form männlicher Lebensgestaltung, wie der Wiener Männergesundheitsbericht 1999 feststellt: „Trotz der höheren Morbiditätsrate von Männern haben sie ein Krankheitsverhalten, das dem männlichen Status und der männlichen sozialen Rolle gerecht werden muß. Sie legen häufiger ein kompensatorisches, aggressives und risikoreiches Verhalten an den Tag, das sie für Krankheit, Verletzung oder sogar Tod begünstigt. Dieses Risikoverhalten basiert auf Lebensstil, Rollenverhalten, Streß und präventivem Umgang mit Gesundheit" (Schmeiser-Rieder/Kunze 1999, 36). Verstehbar wird das Risikoverhalten im Kontext männlicher Konkurrenzbeziehungen. Unter dem Einfluss der Normen und Werte hegemonialer Männlichkeiten bekommt auch die Beziehung zum eigenen Körper und zur Gesundheit in der männlichen Lebensinszenierung einen instrumentalen Charakter. Der Körper und die Gesundheit wird funktionalisiert, sie werden zum Mittel um in einer Männerwelt bestehen zu können (Lehner 2003). Am deutlichsten greifbar wird dies, wenn man die männliche Vorstellung von Gesundheit der von Frauen gegenüber stellt: „Frauen bezeichnen sich als gesund, wenn sie sich wohlfühlen, während Männer vor allem ihre Leistungsfähigkeit als Maßstab benutzen" (Olbricht 2002, 23). Diese Positionen

---

[42] In Österreich beträgt die mittlere Lebenserwartung bei der Geburt 77,1 Jahre, wobei Männer 73,9 und Frauen 80,2 Jahre alt werden.

spiegeln sich auch in den Antworten der Männer im Bereich Gesundheit in der Studie MÄNNER 2002© wieder.

Ein weiterer Bereich, in dem sich der konkurrenzorientierte Lebensstil negativ auswirkt, ist die Art und Weise wie Männer mit anderen Männern und Frauen kommunizieren. Dieser in der Männerliteratur (vgl. Lehner 2001, 29ff) vielfach beschriebene Sachverhalt zeigt sich auch in der Studie MÄNNER 2002©. Hier wurde die Frage gestellt, wie Männer und Frauen mit Problemen umgehen. 56% der Männer (50% der Frauen) „reißen sich zusammen", 48% der Männer sprechen mit der Partnerin (51% der Frauen mit dem Partner) darüber. 22% der Männer (28% der Frauen) berät sich mit Freunden, 13% der Männer (36% der Frauen) mit Freundinnen. Schließlich suchen 16% der Männer (37% der Frauen) üblicherweise Trost bei einem anderen Menschen, und eine verschwindende Minderheit von 4% der Männer (7% der Frauen) sucht eine Beratungsstelle auf. 23% der Männer (25% der Frauen) ziehen sich, wenn sie Probleme haben üblicherweise zurück. Offensichtlich gibt es demnach bei beiden Geschlechtern eine ähnlich ausgeprägte Tendenz, sich bei Problemen „zusammenzureißen", zurückzuziehen und mit dem/der PartnerIn zu sprechen. Geschlechtsspezifische Besonderheiten ergeben sich erst dann, wenn man die Bereitschaft betrachtet, mit der Frauen und Männer über persönliche Probleme mit Menschen außerhalb der Partnerschaft kommunizieren. Mehr Frauen (28%) als Männer (22%) beraten sich mit Freunden und beinahe dreimal so viele Frauen (36%) als Männer (13%) beraten sich mit einer Freundin. Dazu passt auch, dass beinahe doppelt so viele Frauen (7%) wie Männer (4%) Beratung in Anspruch nehmen. Höchst aufschlussreich für die Frage, was sich Männer und Frauen inhaltlich von solchen Gesprächen erwarten, ist, dass doppelt so viele Frauen (37%) wie Männer (16%) Trost bei anderen Menschen suchen. Wer Trost bei einem anderen Menschen sucht, muss mit anderen Menschen in einen dialogisch-partnerschaftlichen, offenen Kommunikationsprozess eintreten und dabei sich selbst als Persönlichkeit transparent machen. Etwas, was offensichtlich besonders Männern schwer fällt. Viel eher versuchen sie, Probleme allein, zwar mit Impulsen von außen, vielleicht durch Freunde, und mit emotionaler Unterstützung durch die Partnerin, aber ohne sich selbst einzubringen, zu lösen. Dieses Bemühen stellt jedoch kein Entwicklungsdefizit in der sozialen Entwicklung von Männern dar, sondern ist vielmehr verstehbar als Anpassungsverhalten an eine von Konkurrenz dominierte Männerwelt, in der es vor allem darum geht, ohne zu große emotionale Betroffenheit und persönliche Anteilnahme am anderen eigene Interessen durchzusetzen. Richard L. Ochberg konnte aus Tiefeninterviews mit beruflich engagierten Männern deren Bemühen aufzeigen, eine gewisse emotionale Distanz zu ihrer Umgebung zu halten, um den Überblick zu bewahren. Allerdings zeigte sich auch, dass diese Männer in ihrem Privatleben einen ähnlich distanzierten Umgangsstil pflegten (Ochberg 1987). Empathie und Sensibilität für eigene Bedürfnisse und die von anderen Menschen sind in so einem Kommunikationsstil eher sekundär. Der extremste Ausdruck dieses männlichen Kommunikationsstils wird im Vergleich der Suizidraten von Frauen und Männern fassbar. Während dreimal so viele Männer wie Frauen sich das Leben nehmen, unternehmen dreimal so viel Frauen wie Männer einen Suizid*versuch* (WHO). Der Grund liegt in der bei Frauen stärker ausgeprägten Bereitschaft, in Leidenssituationen Hilfe in Anspruch zu nehmen. Männern gelingt dies aus den beschriebenen Gründen weniger gut. Sie sind deshalb der tödlichen Dynamik einer Selbsttötung weit mehr hilflos ausgeliefert (Schmeiser-Rieder/Kunze 1999, 126f).

Als dritter wesentlicher Faktor, der als Konsequenz männlicher Konkurrenzdynamiken männliche (und selbstverständlich auch weibliche) Lebenschancen immens beeinträchtigt, ist das diesen Konkurrenzdynamiken implizite Gewaltpotenzial. Internationale Studien belegen die mittlerweile auch allgemein bekannte Tatsache, dass bei allen Formen der Gewalt der Anteil der männlichen Täter zwischen 90 und 100% beträgt und jener der Frauen meist weniger als 10% ist (Bowker 1998, XIV). Weniger in der Wahrnehmung der Öffentlichkeit verankert ist jedoch, dass mehrheitlich Männer (circa 70%) Opfer von Gewalttaten sind (Hagemann-White/Lenz 2002, 471). Sie sind es vor allem im Bereich der außerhäuslichen interpersonalen Gewalt. Nur im Bereich der Partnergewalt sind beinahe ausschließlich Frauen die Opfer. Auch im Bereich der sexuellen Gewalt sind Frauen mehrheitlich die Opfer, jedoch gibt es hier eine nicht unerhebliche Anzahl männlicher Opfer (so sind sowohl Buben als auch erwachsene Männer Opfer sexueller Gewalt von Männern). Während bei den bisherigen Gewaltformen weibliche Gewalttäterinnen Ausnahmeerscheinungen darstellen, sind in Bezug auf physische Gewalt gegen Kinder weibliche und männliche GewalttäterInnen einigermaßen ausgeglichen (Lehner-Hartmann 2002, 22ff; 56ff; 111ff; 156ff). Dennoch kann man auf Basis aktueller Daten von Gewalthandeln, seiner Motive und seiner Kontexte sagen, dass, obwohl es weibliche Gewalttaten gibt, Gewalthandeln dennoch im Bezug zu männlichen Dominanzverhältnissen gegenüber Frauen und Konkurrenzverhältnissen untereinander zu verstehen ist[43] (Forster 2003; Lehner-Hartmann 2002, 195-218). Gewalt kann innerhalb männlicher Konkurrenz- und Dominanzverhältnisse als Mittel gebraucht werden, um bedrohte männliche Identität (wieder)herzustellen. Auf derselben Ebene lassen sich auch Handlungen verstehen, die zwar nicht Gewalt im Sinne physischer Gewalt darstellen, jedoch ebenso im Dienste der Reetablierung männlicher Identität Grenzen überschreiten und zu Lasten anderer gehen. Riskante, die Grenzen der Legalität überschreitende wirtschaftliche Transaktionen wären solche Akte, die Männern in anderen Kontexten dienen können, beispielsweise ihre bedrohte männliche Identität als Sieger-Typ wiederherzustellen

43 Andrea Lehner-Hartmann konnte nach einer gründlichen Sichtung vorliegender Studien zu Gewalt im sozialen Nahraum, vor allem aber in einer Aufarbeitung der englischen family-violence Forschung darlegen, wie selbst weibliches Gewalthandeln im sozialen Nahraum, z. B. im Bereich der intergenerationalen Gewalt, im engen Zusammenhang zu männlicher Hegemonie steht (Lehner-Hartmann 2002).

(Messerschmidt 1993, 85). In jedem Fall sind schwächere Männer, Frauen, Mädchen und Buben die Opfer dieser Versuche der Reetablierung männlicher Identität.

Erwerbsarbeit, so lässt sich zusammenfassend sagen, ist einerseits die Quelle männlicher Privilegien, aber andererseits auch der Ursprung der Beeinträchtigung männlicher Lebenschancen. Die Männerforschung hat sich mit diesen Leidenssituationen von Männern intensiv auseinander gesetzt. Sie werden als die „Kosten" der Männlichkeit bezeichnet. Allerdings dürfen diese Kosten der Männlichkeit nicht gleichgesetzt werden mit dem Leiden von Frauen durch Diskriminierung in einer männerdominierten Gesellschaft. Denn Männer können in einem männerdominierten System ein hohes Maß an Entfremdung erfahren und in ihren Entwicklungsmöglichkeiten sehr eingeschränkt werden. Sie werden jedoch nicht als Männer unterdrückt (Pease 1997, 23). Politik ist dennoch gefordert, sich der erheblichen Problemlagen von Männern anzunehmen und sie zu bearbeiten. Allerdings darf sie dabei nicht die grundsätzlichen hierarchischen Relationen des Geschlechterverhältnisses aus dem Blick verlieren. Männerpolitik hat aufgrund dieser doppelten Ausgangssituation – Problemlagen von Männern in einem hierarchischen Geschlechterverhältnis – eine zweifache Zielsetzung: Es geht ihr einerseits um eine Verbesserung der Lebenschancen von Männern und gleichzeitig ist sie dem Ziel der Geschlechtergerechtigkeit und dem Abbau männlicher Dominanz im Geschlechterverhältnis verpflichtet. Männerpolitik kann deshalb immer nur in engem Kontakt zur Frauenpolitik erfolgen (Lehner 2003). Gerade die Männerforschung der letzten Jahre konnte zeigen, dass beide Anliegen keine Gegensätze, sondern sehr eng verbunden sind.

Die männlichen Probleme im Bereich der Gesundheit – so hat es geheißen – hängen mit der männlichen Geschlechtsrolle zusammen. Diese Geschlechtsrolle ist zum gegenwärtigen Zeitpunkt in einem bedeutenden Ausmaß von den Werten und Normen der Arbeitswelt bestimmt. Das Gesundheitsverhalten von Männern ist so gesehen ein Verhalten, das Männer angesichts der Werte und Normen des Lebensbereichs Arbeit und seinen immanenten Sachzwängen und Genderdynamiken entwickeln. Das Problem liegt demnach in der einseitigen Orientierung der Männer am Lebensbereich Arbeit, der auch in der Studie MÄNNER 2002© deutlich zu Tage getreten ist: Ein Drittel (33%) der Männer erweist sich als sehr stark berufsorientiert, weitere 46% als eher berufsorientiert. Lediglich 21% sind es (überhaupt) nicht. Auch der oben dargestellte männliche Kommunikationsstil ist Folge der Auseinandersetzung von Männern mit den Anforderungen des Lebensbereichs Arbeit. Eine Verbesserung der Lebenschancen von Männern müsste demnach auf eine Veränderung der einseitig auf Erwerbsarbeit ausgerichteten Lebensorientierung von Männern abzielen. Es gilt, Männer stärker im Bereich Familie, Fürsorge und Vorsorge zu verankern. In der Tat gibt es Hinweise, dass ein ausgeglichenes Verhältnis von Arbeit und Familie die Gesundheit von Mitarbeiterinnen und Mitarbeiter verbessert (Seitel/Fingerman

2001, 2f.). Das amerikanische Institut für geistige Gesundheit formuliert deshalb: „Das Familienleben kann ein Stressverursacher sein – es kann aber umgekehrt genauso Stress abbauen. Gute Beziehungen zu den eigenen Kindern können die Krankheitshäufigkeit bei Vätern tatsächlich reduzieren." Schließlich gibt es auch starke Hinweise, dass in Kulturen, in denen es keine Statusunterschiede unter Männern gibt und auch die strukturelle Dominanz von Männern über Frauen nicht ausgeprägt ist, auch das Gewaltvorkommen geringer ist. In solchen Kulturen ist sehr oft auch ein vermehrtes Engagement von Männern in der Versorgung von Kindern zu finden (Schmerl 1999, 205; Coltrane 1994, 48f.).

Eine Veränderung der einseitig auf den Beruf ausgerichteten Lebensorientierung von Männern ist auch im Sinne der Geschlechtergerechtigkeit. Die schwedische Feministin Eva Moberg wies schon 1961 darauf hin, dass es für Frauen nie Gleichheit in der Berufswelt geben wird, solange sie die Hauptverantwortlichkeit für die Versorgung von Kindern und für Hausarbeit tragen. Sie empfahl, dass Männer sich deshalb weit weniger in der Berufsarbeit, dafür umso mehr in Kinderbetreuung engagieren sollten (Haas 1993, 241f.). Die äußerst differenziert entfaltete und mit reicher Tradition versehene schwedische Männerpolitik hat hier ihren Ursprung. Eva Moberg weist mit ihrer Bemerkung auf die enge Verschränkung von Erwerbsarbeit und Familien- und Fürsorgearbeit hin. Diese Verschränkung erfolgte in Europa traditionellerweise durch das Modell des männlichen Familienernährers und der weiblichen Fürsorge. Wirtschaftliche und gesellschaftliche Veränderungen der letzten Jahrzehnte entzogen diesem Modell die Grundlage. Es entwickelten sich Alternativmodelle: Doppelverdiener/weibliche Fürsorge und Teilzeit; Doppelverdiener/staatliche Fürsorge oder Doppelverdiener/marktförmige Fürsorge. Jedes Modell hat Vor- und Nachteile, die hier nicht näher diskutiert werden können (Crompton 2002, 156f.). Für unseren Zusammenhang bedeutsam ist jedoch, dass in all diesen Modellen Fürsorgearbeit bei Frauen bleibt, verbunden mit der für Frauen nachteiligen Doppelbelastung. Für Männer bleibt weiter die Distanz zur Familien- und Fürsorgearbeit, verbunden mit der einseitigen Orientierung am Beruf und den beschriebenen Nachteilen, bestehen. Auch sozialpolitische Maßnahmen, die einzig die Fürsorgearbeit von Frauen entlohnen und/oder diese Frauen sozialrechtlich besser absichern wollen, verändern die grundsätzliche Aufteilung von Erwerbs- und Fürsorgearbeit auf Männer und Frauen nicht.

Als zukünftige Vision müsste ein neues Modell entwickelt werden: DoppelverdienerIn/DoppelfürsorgerIn (Crompton 2002, 156f.). Frauen und Männer wären demnach zu gleichen Teilen in beiden Lebensbereichen aktiv. Dieses Modell würde im Sinne Eva Mobergs Frauen, die längst in beiden Bereichen vertreten sind, endlich die Möglichkeit geben, ihre beruflichen Ambitionen auch in einem geschlechtergerechten Ausmaß zu verfolgen. Umgekehrt würden Männer unterstützt, ihren geschlechtergerechten Anteil an Familien- und Fürsorgearbeit mit all ihren Vorteilen für das Männerleben zu übernehmen. Dies wäre erstmals eine wirklich strukturelle Veränderung männlicher Lebensentwürfe und Fürsorge könnte auch zu einem wesentlichen Element männlicher Identitätsentwicklung werden.

Dieses Modell hätte natürlich eine Umverteilung der Familien- und Fürsorgearbeit von Frauen zu Männern zur Folge. Folgt man nun den Ergebnissen der Studie MÄNNER 2002©, dann wird deutlich, dass derartige Überlegungen auch für die Männer Österreichs keine Utopie mehr darstellen. Immerhin 54% der befragten Männer sind der Meinung, dass auch Männer Pflegedienste leisten sollten. Und nur 18% der Männer können sich nicht vorstellen, ihre Berufstätigkeit zugunsten von Pflege zu reduzieren, 9% würden sie ganz unterbrechen, alle anderen würden sie zumindest um 30, 50 oder 75% reduzieren. Alles in allem kann davon ausgegangen werden, dass es unter Österreichs Männern eine grundsätzliche Bereitschaft gibt, sich in Fürsorgearbeit zu engagieren. Diese Bereitschaft bedarf allerdings der gezielten gesellschaftlichen und politischen Unterstützung.

In Schweden und anderen europäischen Ländern gibt es schon viel Erfahrungen mit männerpolitischen Maßnahmen (Broszka 1996, 78ff.; Döge 2001, 120ff.). So wurde das Erziehungsgeld nach der Geburt eines Kindes auf 80% des Letztgehaltes erhöht; allerdings wird es nur dann ausbezahlt, wenn auch der Vater mindestens 1 Monat zu Hause bleibt (derzeit wird eine Erhöhung auf 2 Monate erwogen). Die Idee, die staatliche Unterstützung der Versorgung der Kleinstkinder durch die Eltern legistisch so zu gestalten, dass auch Männer einen gewissen Anteil davon übernehmen müssen, findet mittlerweile in allen skandinavischen Ländern, in Belgien und in den Niederlanden Beachtung (Thenner 2000). Darüber hinaus wurden Freistellungstage bei der Krankheit eines Kindes und Teilzeitarbeitsmöglichkeiten mit Rückkehrrecht auf Vollarbeitszeit bis zum siebten Lebensjahr eines Kindes konzipiert. Ebenso wurden sowohl in Schweden als auch in Norwegen Väterförderungsprogramme initiiert. Derartige Maßnahmen schlägt auch Hofer in seinem Beitrag zu diesem Band vor. Ausgehend von der Aktion der Firma Saab, die in allen ihren Gebäuden Plakate zeigte, auf denen ein Vater mit Baby abgebildet war und der Satz stand: Bessere Väter sind bessere Mitarbeiter, fordert er ein Projekt Väterfreundliche Betriebe. Dabei sollen in einem ersten Schritt auf einem Workshop Maßnahmen für Kriterien eines väterfreundlichen Betriebes erarbeitet und in einem zweiten Schritt ein Preis ausgeschrieben werden.

Auch die Vorschläge von Christine Bauer-Jelinek im folgenden Beitrag beziehen sich auch die Vereinbarkeit von Beruf und Familie. Sie fordert: „Erziehungs- und Pflegeleistungen müssen sozial aufgewertet werden und für beide Geschlechter attraktiv und wählbar sein. Der Zwang zur vollen Berufstätigkeit von Männern und Frauen aus finanziellen Gründen führt zur ‚Verinstitutionalisierung' von menschlichen Beziehungen. Die Reduktion der Erwerbsarbeit muss für beide Geschlechter zugunsten von Familienarbeit ermöglicht werden. Familienarbeit (bei der Pflege von älteren Menschen) muss in stärkerem Maße Pensionen begründen und Pensionszeiten erzeugen. Die soziale Absicherung von Männern und Frauen muss unabhängig von ihrem Familienstand und ihrer Erwerbsbiografie erfolgen, z. B. Kindergeld, Pflegekarenz (bezahlt wie Kindergeld und man sollte die Bedingung der Verwandtschaft durch ‚Wahlverwandtschaft' ersetzen), eigener Arbeitslosenanspruch (auch nach Karenz und bei Selbstständigkeit) u. Ä."

Neben diesen einzelnen Maßnahmen müsste Männerpolitik, so wie auch in Schweden, durch groß angelegte Bildungskampagnen Bewusstseinsbildung machen. In Schweden setzten sich im Rahmen solcher nationaler Bildungskampagnen Männer in ihren Betrieben, im Militär, in der Gewerkschaft, in Sportvereinen etc. mit Themen der männlichen Lebensgestaltung auseinander. Konkret sollten in solchen Bildungsprogrammen in speziell entwickelten Settings und Methoden Themen wie Gesundheit, Sexualität, Partnerschaft, Vaterschaft, Gewalt (und eigene Gewalterfahrungen, vgl. Lenz 2002), Alkohol, Arbeit etc. bearbeitet werden. Von überaus großer Bedeutung wären gezielte Bildungsprozesse in wichtigen Institutionen im Bereich der Medien und Werbung, der Schule, Kirchen, der Politik, des Heeres, der Armee etc. Vor allem die dort tätigen Männer sollten zur Auseinandersetzung mit Männer- und Geschlechterfragen angeregt werden (vgl. Lehner 2003). Schließlich sollte Männerpolitik auch einen Ausbau von Beratungsangeboten anregen.

Wer braucht Männerpolitik? Aus den bisherigen Überlegungen wurde deutlich, dass sowohl Männer als auch Frauen Männerpolitik brauchen. Indem sie sich den männlichen Problemlagen zuwendet, trägt sie zu einer Verbesserung der Lebenschancen von Männern bei. Gleichzeitig muss Männerpolitik in Österreich immer auch ein Beitrag sein, um die Hierarchie im Geschlechterverhältnis abzubauen. Dieses Ziel der Geschlechtergerechtigkeit ergibt sich aus einer ethischen und einer rechtliche Verpflichtung. Die ethische Verpflichtung ist eine Folge aus der hierarchisch übergeordneten Position von Männern im Geschlechterverhältnis. Die rechtliche Verpflichtung resultiert aus dem 1999 in Kraft getretenen Amsterdamer Vertrag, in dem Gender Mainstreaming ins Primärrecht der Europäischen Gemeinschaft aufgenommen wurde. Gender Mainstreaming bezeichnet den Prozess, der die Geschlechterperspektive in die Gesamtpolitik einbezieht mit dem Ziel, eine tatsächliche Gleichstellung von Frauen und Männern zu bewirken (http://www.bmsg.gv.at). Eine von geschlechterbewussten Männern (und Frauen) getragene kritisch reflektierte Männerpolitik stellt so eine notwendige Ergänzung von Frauenpolitik zu einer Geschlechterpolitik dar.[44]

---

[44] Dabei soll extra darauf hingewiesen werden, dass die Ergänzung der Frauenpolitik durch Männerpolitik wörtlich zu verstehen ist, d. h. Männerpolitik Frauenpolitik weder reduzieren noch ersetzen darf. Dies wäre eindeutig dann der Fall, wenn frauenpolitische Institutionen bei gleicher personeller und materieller Ausstattung in Gleichstellungsinstitutionen umgewandelt werden und zusätzlich noch Männeragenden zu bearbeiten haben. Dies wäre auch dann der Fall,

Literatur

Brzoska, Georg: Männerpolitik und Männerbewegung; in: *Brandes Holger/ Bullinger Hermann* (Hg.): Handbuch Männerarbeit, Weinheim 1996, 74-89.

Bowker, Lee H.: Introduction, in: *Bowker, Lee H.* (Ed.), Masculinities and Violence. Thousand Oaks 1998, XI-XVIII.

Bundeskammer für Arbeiter und Angestellte (Hg.), Einkommensunterschiede: Frauen-Männer, http://www.akwien.at/dat/6683_2.pdf, Wien.

Coltrane, Scott: Theorizing Masculinities in Contemporary Social Science, in: *Brod, Harry/Kaufman, Michael* (Eds.): Theorizing Masculinities, London 1994, 39-60.

Connell, Robert W.: Der gemachte Mann. Konstruktion und Krise von Männlichkeit, Opladen 1999.

Crompton, Rosemary: Erwerbsarbeit und Sorgearbeit – Rekonfiguration von Geschlechterverhältnissen in England, Frankreich und Norwegen, in: *Gottschall, Karin/Pfau-Effinger, Birgit*: Zukunft der Arbeit und Geschlecht. Diskurse, Entwicklungspfade und Reformoptionen im internationalen Vergleich, Opladen 2002, 137-160.

Döge, Peter: Geschlechterdemokratie als Männlichkeitskritik. Blockaden und Perspektiven einer Neugestaltung des Geschlechterverhältnisses, Bielefeld 2001.

Forster, Edgar J.: Gewalt ist Männersache, in: *Lehner, Erich/Schnabl, Christa* (Hg): Gewalt und Männlichkeit, Wien 2003.

Geissler, Birgit: Die (Un-)Abhängigkeit der Ehe und das Bürgerrecht auf Care. Überlegungen zur Gendergerechtigkeit im Wohlfahrtsstaat, in: *Karin, Gottschall/Birgit Pfau-Effinger* (Hg.), Zukunft der Arbeit und Geschlecht. Diskurse, Entwicklungspfade und Reformoptionen im internationalen Vergleich, Opladen 2002, 183-206.

Haas, Linda: Nuturing Fathers and Woring Mothers. Changing Gender Roles in Sweden, in: *Hood, Jane C.* (Ed.): Men, Work and Family, London 1993, 238-261.

Hagemann-White, Carol/Lenz, Hans-Joachim: Gewalterfahrungen von Männern und Frauen, in: *Hurrelmann, Klaus/Kolip, Petra* (Hg.): Geschlecht, Gesundheit und Krankheit im Vergleich, Bern 2002, 460-487.

---

wenn Frauenpolitik budgetär und personell reduziert wird und mit den frei gewordenen Mitteln Männerpolitik gemacht wird. Beide Fälle wären als Indiz dafür zu deuten, dass sich auch im Bereich der Geschlechterpolitik männliche Hegemonie durchsetzt. Vielmehr muss es darum gehen, dass geschlechterbewusste Männer (und Frauen) einer kritischen Männerpolitik den ihr angemessenen Stand in der Gesellschaft erstreiten, sodass anschließend Männer- und Frauenpolitik in einen kritischen und konstruktiven Dialog treten können.

Lange, Ralf: Thesen zur „Kritischen Männerforschung“, in: *BauSteineMänner* (Hg.): Kritische Männerforschung. Neue Ansätze in der Geschlechtertheorie, Berlin 1996, 327-330.

Lehner, Erich: Männer an der Wende. Grundlagen kirchlicher Männerarbeit, Innsbruck-Wien 2001.

Lehner, Erich: „Männer stellen Arbeit über die Gesundheit“ – Männliche Lebensinszenierungen und Wunschrollenbilder, in: *Altgeld, Thomas* (Hg.): Männergesundheit, Weinheim 2003, 15-20.

Lehner, Erich: Leitlinien kritischer Männerarbeit, in: *Lehner, Erich/Schnabl, Christa* (Hg): Gewalt und Männlichkeit, Wien 2003.

Lehner-Hartmann, Andrea: Wider das Schweigen und Vergessen. Gewalt in der Familie: Sozialwissenschaftliche Erkenntnisse und praktisch-theologische Reflexionen, Innsbruck 2002.

Messerschmidt, James W.: Masculinities and Crime. Critique and Reconceptualization of Theorie, Boston 1993.

Meuser, Michael: Geschlecht und Männlichkeit. Soziologische Theorie und kulturelle Deutungsmuster, Opladen 1998.

Olbricht, Ingrid: Das Märchen von der kränklichen Frau, in: Tools 2002/ Heft 3, 23-26.

Ochberg, Richard L.: The Male Career Code and the Ideology of Role, in: *Brod, Harry* (Ed.): The Making of Masculinities. The New Men’s Studies, London 1987, 173-191.

Christine Bauer-Jelinek

Forderung an eine zeitgemäße Geschlechterpolitik

Die Ausgangslage

Dreißig Jahre Frauenbewegung und Frauenforschung haben die Grundlage für ein neues Verständnis des Verhältnisses der Geschlechter zueinander gelegt. Die neue Emanzipationsbewegung der Männer setzt diese Tendenz fort und ergänzt sie um die männerspezifische Sichtweise. Obwohl die angestrebte Gleichstellung der Frauen im Berufsleben noch immer nicht hergestellt werden konnte, wurde doch in kurzer Zeit das Bewusstsein über deren Notwendigkeit geschaffen. Auf der anderen Seite wächst die Bereitschaft, sich mit Benachteiligungen von Männern zu beschäftigen, nur sehr langsam.

Tatsächlich werden beide Geschlechter aufgrund ihrer Sozialisation und der gesellschaftlichen Rahmenbedingungen in ihrer Entwicklung noch immer stark behindert – allerdings in unterschiedlichen Bereichen. Frauen haben Nachteile in der Einkommensentwicklung und im Zugang zu äußerer Macht. Männer haben Nachteile im Zugang zu ihrer Gesundheit, ihrem Befinden und zu ihren Kindern. Für beide ist die Vereinbarkeit von Beruf und Familie nicht befriedigend gelöst. Frauen gehen zwar verstärkt der Erwerbsarbeit nach, Männer übernehmen allerdings nicht in gleichem Maße die Familienarbeit.

Die Rahmenbedingungen orientieren sich immer noch hauptsächlich an der Kernfamilie, obwohl diese Lebensform bei einer Scheidungsrate von bis zu 50%, einer starken Überalterung der Bevölkerung und der Steigerung von Mobilität bald in der Minderzahl sein wird.

Rahmenbedingungen zur Förderung beider Geschlechter

- Rahmenbedingungen sollen für diese Realität geschaffen werden und nicht für ideologische Wunschvorstellungen.
- Erziehungs- und Pflegeleistungen müssen sozial aufgewertet werden und für beide Geschlechter attraktiv und wählbar sein.
- Der Zwang zur vollen Berufstätigkeit von Männern und Frauen aus finanziellen Gründen führt zur „Verinstitutionalisierung" von menschlichen Beziehungen.
- Die Reduktion der Erwerbsarbeit muss für beide Geschlechter zugunsten von Familienarbeit ermöglicht werden.

- Familienarbeit (bei der Pflege von älteren Menschen) muss in stärkerem Maße Pensionen begründen und Pensionszeiten erzeugen.
- Die soziale Absicherung von Männern und Frauen muss unabhängig von ihrem Familienstand und ihrer Erwerbsbiografie erfolgen, z. B. Kindergeld, Pflegekarenz (bezahlt wie Kindergeld und man sollte die Bedingung der Verwandtschaft durch „Wahlverwandtschaft" ersetzen), eigener Arbeitslosenanspruch (auch nach Karenz und bei Selbstständigkeit) u. Ä.

Schlussbemerkung

Sollen für beide Geschlechter wirksame Impulse für deren berufliche und persönliche Entwicklung gesetzt werden, muss die Geschwindigkeit der politischen Entscheidungen und ihre Ausrichtung dringend an die gesellschaftliche Realität angepasst werden.

Markus Hofer

Projekt Väterfreundliche Betriebe

Früher übten die Männer ihren Beruf als Bauern, Handwerker oder Gewerbetreibende meist im Umfeld der eigenen Familie aus. Die Kinder erlebten den Vater im Zusammenhang seiner beruflichen Tätigkeit und hatten einen Bezug zu seiner Arbeit. Mit der industriellen Revolution, die die Arbeit in Industriebetriebe verlegte, klafft die Situation auseinander. Der Vater ist nun der, der morgens aus dem Haus geht und abends müde nach Hause kommt. Damit verlieren nicht nur die Väter an Bezug zur Familie, sondern auch den Kindern wird zunehmend der Vater fremd und das, was er den ganzen Tag so tut.

Heute erleben wir einen Aufbruch der jungen Väter, die sich mehr als bislang mit ihrer Rolle auseinander setzen und diese auch wahrnehmen. Diese Veränderungen spiegeln sich in der Studie MÄNNER 2002©, die zeigt, dass allein gegenüber 1992 Männer und Frauen bei allen Schieflagen viel mehr familiale Aufgaben partnerschaftlich teilen bzw. ausüben. Ebenso wird in der Studie deutlich, wie sehr der Wunsch nach aktiver Vaterschaft gestiegen ist, umgekehrt aber häufig die Wirtschaft als familienfeindlich erlebt wird. Die Praxis zeigt, dass viele junge Väter mit anfangs großartigen Vorsätzen oft über kurz oder lang wieder in der Rolle dessen landen, der abends müde nach Hause kommt und zunehmend Mühe hat, der Familie ein aufmerksamer Vater zu sein. Das Thema der Vereinbarkeit von Beruf und Familie wird also zunehmend auch ein Väterthema, das dem verstärkten Wunsch nach aktiver Vaterschaft entspringt.

Der moralische Appell an Väterpflichten bleibt auf Dauer unglaubwürdig, wenn nicht auch gesellschaftliche und wirtschaftliche Rahmenbedingungen geschaffen werden, die die Männer darin unterstützen. In der Firma Saab, Schweden, gab es vor einigen Jahren eine bewusstseinsbildende Aktion in Richtung Vaterschaft. In der ganzen Firma hingen Plakate, die einen jungen Vater mit seinem Baby zeigten, und darunter stand der Satz: Bessere Väter sind bessere Mitarbeiter. Bei uns stellt sich umgekehrt nicht selten die Frage, ob ein Mann, wenn er mit seiner Tochter zum Zahnarzt muss, in der Firma nicht besser vorgibt, sein Auto zum Service bringen zu müssen.

Das Projekt „Väterfreundliche Betriebe“ könnte aus zwei Schritten bestehen:

Schritt 1: Kriterien für väterfreundliche Betriebe

In einem moderierten Workshop, an dem Väter möglichst auf der Seite der Arbeitnehmer wie der Arbeitgeber vertreten sind, werden Ideen und Vorschläge gesammelt, die es Vätern erleichtern würden, Beruf und Vatersein besser zu verbinden. Diese sollen sich aber nicht auf ‚harte' Maßnahmen wie Karenz und Teilzeitarbeit beschränken, sondern auch ‚weiche' Vorschläge oder Regelungen (wie atmosphärische Veränderungen, Kindertag in der Firma, flexible Arbeitszeiten usw.) beinhalten. Als bewusstseinsbildende und motivierende Maßnahme könnte daraus ein Folder zusammengestellt werden, der dann über die verschiedenen Kanäle (Kammern etc.) verbreitet wird.

Schritt 2: Preis für väterfreundliche Betriebe

Als nächster Schritt könnte analog zu den frauen- und familienfreundlichen Betrieben ein Preis für väterfreundliche Betriebe ausgeschrieben werden, der sich vor allem an den Kriterien dieses Folders orientiert. Begleitend dazu könnte von einer Gruppe recherchiert werden, was es beispielsweise im europäischen Raum dafür schon an Maßnahmen und Erfahrungen gibt (kleine Publikation).

Helmut Pree

Ein Blick auf Männer und Frauen aus Sicht des (zu dieser Rolle verurteilten) Berufsmannes

Ich schreibe aus der Warte des Berufsmannes in der Wirtschaft (geschieden, zwei Kinder) und seit 15 Jahren Aktivist im Verein „Dialog für Kinder" (früher Aktion Recht des Kindes auf beide Eltern). An unseren Verein wenden sich Männer und nicht wenige Frauen aus dem sozialen Umfeld der Männer, die das Gegenteil von „patriarchaler Gesellschaft" erleben, nämlich beinharten Geschlechterkampf mit dem Mann und den Kindern als Verlierer.

Antonella Mei-Pochtler, Wirtschaftsfachfrau, findet österreichische Manager bewundernswert: Platz 2 in Führungsstärke, Platz 8 in Kompetenz seien österreichische Aktiva, die Fähigkeit zu kommunizieren und zu kooperieren als Melange von germanischen und romanischen Eigenschaften, die ganze Diagnose untermauert in einer EU-Studie, 3678 Manager aus 47 Ländern verglichen (Der Standard, am Internationalen Frauentag 2003).

Aber wer ist schon Manager?

Also näher zur Basis der Pyramide, nur ein Mann als Prototyp: Erinnern Sie sich an das Hochwasser letztes Jahr und das Titelbild mit dem Mann im reißenden Wasser, das Mädchen auf seinem Arm? Vielleicht ein Macho, ein männerbündlerischer Feuerwehrmann gar, der den Mädels schon Mutproben vorführte.

Oder den blutüberströmten Heiligen Stefanus auf der im Stefansdom erstandenen Postkarte, ultimatives Beispiel des Nichtachtens auf die Gesundheit in seiner Sturheit und Frechheit gegenüber den Herrschenden.

Vielleicht lauter Defizitmenschen. In einer Männerstudie las ich von den Feuerwehren und Neonazigruppen in einem Satz. Sinngebende Klammer war das Persönlichkeitsmerkmal des „Autoritarismus", auch in der aktuellen Studie enthalten.

Damit bin ich schon beim Kern meines massiven Verständnisproblems, was Erziehungsversuche abzielend auf nur ein Geschlecht betrifft. Das Menschengeschlecht generell bedarf meiner Ansicht nach der Erziehung.

Denn es steht klar auch wieder in dieser Studie: Frauen hängen dem Autoritarismus nicht weniger an als Männer. Und genau dieser Autoritarismus sei wieder Haupthindernis auf dem Weg zum „neuen Mann", der jetzt halt „moderner Mann" heißt, der aber nach wie vor weniger berufsorientiert sein soll.

Viel detaillierter ist diesbezüglich die Zulehner/Slama-Studie von 1994 (mit Seitenangaben): in den Kriterien Autoritarismus (58), Materialismus (63),

Selbstverwiesenheit als Dimension der Solidarität (61) und Hedonismus (183) ist das Frauengeschlecht gleichauf mit den Männern. Dieser wissenschaftliche Befund deckt sich mit meiner Wahrnehmung der Welt: der Materialismus, der Konsumismus, die oft kleinliche Habgier, der Neid gerade gegenüber dem eigenen Geschlecht, der Mangel an Solidarität, das immer mithalten Müssen – alles Erscheinungen, die ich beim Frauengeschlecht nicht weniger als bei den Männern sehe.

Das Streben nach materiellen Gütern, nach immer mehr „lifestyle" losgelöst von elementaren Bedürfnissen wächst in ungeahnte Dimensionen.

Welche Chancen hat denn da wirklich der weniger berufsorientierte „moderne Mann"?

Nach Einbekenntnis und Begründung meines Dissidententums möchte ich noch ein paar konkrete Fragen aufwerfen, die hoffentlich in Zukunft in die Geschlechterdiskussion aufgenommen werden:

Ist es nicht die Pflicht des Mannes, möglichst viel Geld zu verdienen?

In der Regel wird einem Mann wenigstens am Anfang seines Berufslebens gar nichts anderes übrig bleiben, als mit einer Vollzeitberufstätigkeit um bestmöglichen Verdienst nach Kräften bemüht zu sein. Welcher Arbeitgeber würde einen Berufseinsteiger, der von vornherein auf Teilzeitbasis beginnen will, anstellen? Weiter wollen Wohnung und Hausstandsgründung finanziert werden. Das wird nicht aufhören, wenn ein Kind kommt. Die Mutter aller Schieflagen – Kinder wachsen zuerst ausschließlich in Frauen – schlägt zu. In der Regel gilt es in dieser Lebensphase noch immer Schulden für Haus oder Wohnung abzuzahlen.

Das Recht verlangt von so einem Mann, nach Kräften Geld zu verdienen. Nur mit Erlaubnis der Unterhaltsberechtigten (Frau und Kinder, die heißen wirklich so) wird der Unterhaltsschuldner (auch der wird wirklich so genannt) seiner Pflicht vielleicht teilweise entbunden, wobei diese Pflicht aber jederzeit mit drei Jahren rückwirkend eingeklagt und auch schnellstens exekutiert werden kann. Unser geltendes österreichisches Recht legt den römischen „bonus pater familias" als Vorbild für die Unterhaltspflichtigen zugrunde.

„Wenn Arbeitsplätze knapp werden" (Thema der Studie), hat so ein Mann die Pflicht, seinen Arbeitsplatz nach Kräften zu verteidigen, auch wenn er ein moderner Mann ist und ihn vielleicht am liebsten an „Frauen und MigrantInnen" überlassen würde.

In diesem Sinn verdient z. B. ein Satz aus der Studie vertiefende Diskussion: „Die Einstellung zum Kündigen anderer erweist sich somit als männerspezifisch."

Die Erwerbskraft eines Mannes mit Ehefrau und Kindern gehört nicht mehr diesem Mann alleine, sondern zu einem erheblichen Teil seiner Frau und seinen Kindern. Zu beachten wäre auch, dass so ein Mann in den verschiedenen Phasen seines Erwerbslebens und je nach Alter der Kinder in von Zeit zu Zeit unterschiedlichem Ausmaß jeweils unterstützend zu Hause (wenn die Kinder klein sind) oder mit Priorität „möglichst viel Geld" im Beruf außer Haus (Teenager wollen sich modisch kleiden, alleine verreisen, studieren) zur Verfügung stehen soll.

Recht und gesellschaftlicher Konsens (siehe oben Autoritarismus, Materialismus etc.) wollen das so. Bei aufrechter Lebensgemeinschaft oder Ehe mag man diese Pflicht als theoretisch abtun. Das stimmt insofern, als in aufrechter Familie noch nicht der Exekutor kommt, sondern nur soziale Sanktionen greifen, wenn der Geldverdiener nicht gemäß Erwartungen liefert. Bei einer Scheidungsrate, die gegen 50% strebt und einem Anteil unehelicher Kinder von einem Drittel, verdient aber auch die Betrachtung solchermaßen betroffener Männer die Beachtung der MännerforscherInnen.

Franz Kafkas „Verwandlung"

Zu einem monströsen Insekt wurde der junge Büroangestellte über Nacht. Alles ekelte sich vor ihm.

So geht es real dem Mann, wenn die Frau es so will.

Der Frau kann es ebenso ergehen, wenn sie sich auf die Rolle des vorwiegend erwerbstätigen Elternteils eingelassen hat und der Mann seine Zeit und Arbeit vorwiegend Haushalt und Kindern widmet. Der in diesem Zusammenhang schwächere Elternteil ist der vorwiegend Erwerbstätige. Wie kann es also bei der derzeit üblichen Rollenverteilung dem außer Haus berufstätigen Mann ergehen:

Die Frau braucht nur die Kinder zu nehmen und auszuziehen und die alleinige Obsorge zu beantragen. Dem oben geschilderten Normalmann wird dann, auch wenn er nichts Böses getan hat, die Vaterrolle genommen. Auch wenn er Lehrer ist und für die Erziehung fremder Kinder bezahlt wird, soll er die eigenen Kinder nicht mehr erziehen. Auch wenn er Arzt ist, soll er über seine Kinder keine ärztliche Information mehr bekommen und sich nicht mehr um die Gesundheit seiner Kinder kümmern.

Er sieht die Kinder nur, wenn die Frau es will. Es besteht Konsens im System, die Frau zur Einhaltung eines Besuchsrechts nicht zu zwingen. Hingegen wird der Mann auf schnellstem Weg zur Zahlung von Unterhalt rigoros gepfändet. Einem kranken oder ältereren Mann kann es so passieren, dass er unter das Existenzminimum gedrückt wird und somit schlechtere Behandlung erfährt als ein Krimineller. Er ist Freiwild gegenüber Vorwürfen der Gewalttat und des Kindesmissbrauchs (Psychiater Friedrich vor 200 ExpertInnen im Justizministerium im Oktober 1995). Solche Vorwürfe gehören zur Routine von AnwältInnen.

Ein Verhalten in Richtung Ausgrenzung des Vaters wird durch Broschüren früherer Frauenministerinnen und kirchlich beeinflussten Werke empfohlen. Die Katholische Frauenbewegung fordert die verpflichtende Männerkarenz und bekämpft noch heute die in Österreich ohnehin nur eher symbolisch installierte „gemeinsame Obsorge", die es den Frauen wenigstens erlaubt, dem Mann nicht die Obsorge zu nehmen.

Vom Karenzvater zum Besuchsvater

Eine Bitte an die etablierten MännerforscherInnen und SoziologInnen:

Verbinden Sie Ihren Einsatz für eine stärkere Präsenz der Männer in der Familie mit der Forderung nach Schutz dieser Vaterrolle! Lassen Sie die oben geschilderte „Verwandlung" nicht weiter zu.

Es gibt reale Fälle von Männern, die in Karenz gingen und sich dann als Besuchsvater wiederfanden mit Kontakt alle zwei Wochen zu ihrem vorher rund um die Uhr von ihnen betreuten Kleinkind.

Es gibt auch Väter, die als sehr engagierte Berufsmänner geschieden wurden und nach der Scheidung besonderes Engagement für ihre Kinder zeigten. Wir sollten sie dieses Engagement leben lassen.

Ist es nicht paradox, dass einerseits verstärktes Engagement der Männer in der Familie gefordert wird, andererseits aber ein Mann, der dieser Forderung entspricht, in gleichem Ausmaß dem Risiko der Ausgrenzung aus der Familie ausgesetzt ist, wie einer, der sich vielleicht nie um die Kinder gekümmert hat. Oder ganz geschlechtsneutral ausgedrückt: Liebe und Zuwendung von Menschen für ihre Kinder sollen nicht mit Scheidung oder Trennung der Eltern enden.

Sehen Sie daher bitte die Problematik der Forderung nach „Anerkennung der Alleinerzieherfamilie" als völlig normale, jederzeit von Müttern frei wählbare Lebensform. Wo bleiben da die Kinder, wo die Väter, was haben die mitzureden? Wie nennen wir den Menschen, der im Scheidungsfall nicht „Alleinerzieher" wird, obwohl er/sie sich um diese Rolle beworben hat, warum haben wir für diesen nicht einmal einen Namen? Irgendetwas stimmt da fundamental nicht. Geschlechterdemokratie müsste doch genau das heißen: Kein Geschlecht bestimmt einfach über das andere.

Wenigstens im katholischen Einflussbereich sollen Bestrebungen unterbunden werden, die „Alleinerzieherfamlie" als jederzeit nach freiem Ermessen zu wählende Lebensalternative zu fördern – auf Kosten der Kinder, des anderen Elternteils und der Gemeinschaft (zur Vermeidung von Missverständnissen: Ich meine keineswegs die „unfreiwilligen Alleinerzieher", z. B. Verwitwete, denen die Unterstützung der Gesellschaft natürlich gebührt).

Wer erzeugt die „Schieflagen"?

Die Studie verwendet Worte wie „Männer delegieren/überlassen Haushaltstätigkeiten". Es entsteht damit der Eindruck, dass die Männer aktiv die von den Männerstudien bemängelte Rollenverteilung erzeugten. Andererseits klingt in der Studie von 1994 (Seite 106: „Mütter zeigen Widerstand gegen die Aufteilung der Bemutterung") und bei anderen Männerforschern der Gedanke an, dass Frauen dazu tendieren, Männer nicht in ihre Haushaltsdomäne hineinzulassen, ihnen Kinderkompetenz abzusprechen.

Hätte das Männergeschlecht bei solchen Studien einen Pflichtverteidiger, würde dieser fragen: „Was können Sie denn überhaupt, was wollen Sie noch lernen, hat man Sie diese Tätigkeiten auch lernen bzw. machen lassen, wollte die Frau das überhaupt, haben Sie es je probiert und wie wurde das aufgenommen …?" Ohne Verteidigung, bitte keine Verurteilung.

Welches Gesellschaftsmodell setzt sich durch oder überlebt auch nur, welches stirbt?

Seit einigen Jahren sieht es für unser Modell (nach 30 Jahren Frauenministerinnen und 2 Jahren einer von deren AnhängerInnen heftig angefeindeten kleinen Männerabteilung) nicht gut aus: viel zu wenige Kinder, die Horroraussicht der Relation „ein Pensionist kommt auf einen Erwerbstätigen" ist real.

Mir persönlich macht das heraufdämmernde Ende unserer aufgeklärten, europäischen Gesellschaftsordnung Angst und Sorge, denn ich bin darin aufgewachsen und habe mich wohl gefühlt. Geradezu unfassbar erscheint daher die Realität, dass wir jetzt – in einer Phase nie dagewesenen Wohlstands und Friedens – das alles mangels Nachkommenschaft zu verlieren scheinen. Denn ob es uns gefällt oder nicht (mir nicht, denn ich bin nach fünf Jahren USA gerne zurückgekehrt) lassen sich beispielsweise zwei Gesellschaftsordnungen beobachten, die nicht aussterben:

Die kapitalistischen USA mit wenig Sozialstaat, unter Industrieländern einzigartiger Religiosität, extremem Selbstbehauptungswillen und einer bunten Gesellschaft mit konservativen Familien und auch vielen Machos, die vom Süden einwandern. Das technische Wunderding, mit dem die Dateien für diese Studie in sekundenschnelle kreuz- und quergeschickt wurden, stammt aus dieser Kultur mit vielen Berufsmännern und deren Werten.

Die andere Gesellschaftsform gedeiht auch mitten unter uns in Österreich: das klar patriarchale Modell des Koran (Martina Schmied; Familienkonflikte zwischen Scharia und bürgerlichem Recht, Frankfurt 1999), unverändert und unveränderlich, weil gottgegeben, seit 1400 Jahren – die Unterhaltspflicht alleine dem Mann, dafür Gehorsamspflicht von Frau und Kindern ihm gegenüber, Pflichtmodell zur Erzeugung von Nachkommenschaft, absolut heterosexuell, Familie ganz oben in der Werteskala, Sexualität nur in der Ehe, strengste Körperstrafen für Übertreter.

Noch vor wenigen Jahren riefen Äußerungen in Richtung „wir brauchen mehr Kinder“ überwiegend Empörung hervor (politischer und medialer „Proteststurm“ um den damaligen Minister Fasslabend im Juli 1997, nachdem dieser im Radio gemeint hatte, dass das Pensionssystem nur bei einer Geburtenrate von durchschnittlich 2 Kindern pro Frau gesichert sei). Menschen, die für die Gesellschaft Nachkommenschaft forderten, wurden mit dem „Mutterkreuzargument“ in die Nähe der Nationalsozialisten gerückt. Allmählich entsteht aber ein freieres Diskussionsklima. Auch politische Kräfte, die bis vor kurzem jede Problematik etwa des Pensionssystems angesichts der demographischen Entwicklung leugneten, lenken allmählich ein. Als Beispiel für einen Medienvertreter möchte ich Christian Ortner nennen, der in FORMAT am 4. 4. 2003 darauf hinwies, dass im Jahr 2005 das Durchschnittsalter der Europäer 52 Jahre, das der US-Amerikaner 37 betrage. Als Lösung schlägt Ortner eine „radikal geänderte Einwanderungspolitik der EU“ vor, also wesentlich mehr Einwanderung.

Derselbe schrieb übrigens ein paar Monate vorher im SPECTRUM von DIE PRESSE einen flammenden Artikel gegen den Islam.

Vieles in der öffentlichen Diskussion erscheint also etwas unstimmig.

Meiner Ansicht nach also ist das vorrangige Thema: Wie retten wir unseren europäischen Traum von einer sozial ausgewogenen, demokratischen Gesellschaft, in der auch die Schwächeren, die Kranken und die Alten abgesichert sind, die friedlich ist, technischen und sozialen Fortschritt erlaubt, allen Zugang zu Bildung eröffnet, die Umwelt schont ... und die sich auch reproduziert.

Das ist das Überlebensthema für Frauen und Männer. Alle diesbezüglichen Ressourcen sind zu fördern. Mütter und Väter sollen auch dann nicht als „unmodern“ oder in anderer Weise abwertend tituliert werden, wenn sie den Vorstellungen der Genderforscher nicht entsprechen. Männer (gerade die unbestritten vielen, die sich in Machtpositionen befinden) und Frauen sind aufgerufen, vorrangig das Überleben unserer Gesellschaft zu fördern und gleichzeitig die Lebenschancen für beide Geschlechter anzugleichen.

Das wäre meiner Ansicht nach die über alle Männerforschungs- oder Genderthemen zu stellende Grundfrage. Und nicht, losgelöst von der Überlebensfrage, „Wie schaffen wir (koste es was es wolle) Geschlechtergerechtigkeit?“

Schlusswort

Ich wollte etwas von der kontroversen Diskussion der ersten Vorbereitungsrunde in die Studie retten. Ich weiß selbst nicht, was die besten Wege in die beste Welt sind. Was sicher nicht funktioniert, weiß ich besser: Die Ausgrenzung des Mannes aus den Familien und die Abwertung von Menschen, die Kinder haben, ist ganz bestimmt ein Mittel, wie man eine Zivilisation ruiniert. Das muss sofort aufhören.

(Quellen und Zitatangaben liefere ich auf Wunsch genauer: pree@vait.com)

Luise Gubitzer/Christa Schnabl

„FRAUENBLICK"
Ein Kommentar zur Studie MÄNNER 2002©

Einleitung: Frauen - Von „drinnen" nach „draußen"

Friedrich Schiller siedelt in seinem Gedicht „Vernunft und Schönheit" die Männer „draußen" und die Frauen „drinnen" an. Modern würde man sagen, dass nach Schiller die Frauen für die unbezahlte Reproduktionsarbeit wie Putzen, Waschen, Kindererziehung zuständig sind und die Männer für die bezahlte Arbeit, die Erwerbsarbeit. Die Frauen für die Versorgungsökonomie, die Männer für die Marktökonomie. Frauen für „Heim und Herd", Männer für den „Broterwerb".

Das hat sich gewandelt. In Österreich sind ca. 62% der Frauen erwerbstätig. Die Frauen sind auch nach „draußen" gegangen. Das hat verschiedene Gründe:

- Die industrielle Entwicklung brauchte mehr Arbeitskräfte, als Männer vorhanden waren. Außerdem waren die Fertigkeiten, die Frauen mitbringen, gefragt.
- Frauen leben heute länger als zu Schillers Zeiten und haben andere Lebensverläufe.
- Allein Erziehende und Single-Frauen müssen ein eigenes Erwerbseinkommen erzielen.
- Ein Einkommen ist für viele Familien zu wenig.
- Frauen möchten sowohl „drinnen" wie „draußen", in familiärer Welt und Erwerbswelt leben.
- Erwerbstätigkeit macht Frauen ökonomisch unabhängig, wie in der Studie 83% der Frauen und 74% der Männer angeben.

Die Studie MÄNNER 2002©[45] zeigt, dass das nach draußen Gehen der Frauen, ihre Erwerbstätigkeit, im Jahr 2002 auch von Männern zunehmend akzeptiert wird: 59% der Männer und 65% der Frauen finden, dass Mann und Frau zum

[45] Wie Paul M. Zulehner in der Einleitung zur Studie unter dem Stichwort „Phänomenologie" hinweist, handelt es sich bei allen angegebenen Werten um Einstellungen. Es sagt nichts darüber aus, ob und wie sehr diese das faktische Handeln einer Person prägen. Manches wird weniger das wiedergeben, was der/die Einzelne wirklich denkt und lebt, sondern kann lediglich eine sozial erwünschte, aber folgenlose Antwort darstellen.

Haushaltseinkommen beitragen sollen. 47% der Männer (61% der Frauen) sehen, dass die Erwerbstätigkeit von Frauen zu einem sinnvollen Frauenleben beiträgt und nur mehr 11% der Männer (15% der Frauen) stimmen der Aussage zu, „Hausfrau zu sein ist für eine Frau genauso befriedigend wie eine Berufstätigkeit“ mit „sehr richtig“. 43% der Männer (und 53% der Frauen) stimmen zu, dass eine berufstätige Frau „ihrem Kind genauso viel Wärme und Sicherheit“ geben kann wie eine Mutter ohne Erwerbsarbeit (vgl. Berufswelt. Berufstätigkeit von Frauen).

Für Männer, vor allem moderne, ist es eine Selbstverständlichkeit geworden, in der Erwerbsarbeit gleich qualifizierte Frauen anzutreffen und sie auch als Konkurrentinnen zu akzeptieren. Für 41% aller befragten Männer würde eine gleich qualifizierte Kollegin als Vorgesetzte „völlig annehmbar“ sein, für 33% „annehmbar“ und nur für 6% „völlig unannehmbar“ (vgl. Berufswelt: Wenn Arbeitsplätze knapp werden). Die Akzeptanz ist bei männlichen und weiblichen Vorgesetzten gleich. Ein Vergleich zwischen 1992 und 2002 ergibt, dass Männer hinsichtlich der Verteilung der Erwerbsarbeit zwischen den Geschlechtern partnerschaftlicher geworden sind. Nur mehr ein Viertel der befragten Männer hält Erwerbsarbeit für ein Männerprivileg. Diese Männer finden, dass sie eher ein Recht auf Erwerbsarbeit haben als Frauen. Frauen seien daher bei Arbeitsplatzknappheit an den Herd bzw. in die industrielle Reservearmee zurückzuschicken. Insbesondere traditionelle Männer finden, dass Frauen noch vor allen anderen Gruppen wie Ausländern, unterhaltspflichtigen oder allein stehenden Männern sowie Behinderten entlassen werden sollen.

Frauen und Männer verändern sich: Typologien

Die Stellung zur Erwerbsarbeit der Frauen ist einer der wichtigsten Indikatoren für die Zuordnung zu den Geschlechtertypen. Dabei ist die Zustimmung zum modernen Typus bei Frauen deutlich ausgeprägter als bei Männern und in den letzten zehn Jahren von 20 auf 37% und damit fast auf das doppelte angestiegen (vgl. Männer-Typologie). Die Zustimmung zum traditionellen Typus hat sich demgegenüber halbiert auf 11%. Die Tendenz ist bei den Männern ähnlich, allerdings weniger stark ausgeprägt.

Die starke Zunahme des modernen Typs bei Frauen hängt vermutlich auch mit dem subjektiven Empfinden und der Erfahrung zusammen, dass sich Freiheitsgrade entscheidend erweitern. Moderne Frauen schätzen die Erhöhung ihres eigenen Freiheitsspielraums zwischen 1992 und 2002 sowohl im Privaten (von 58 auf 72%) wie in der Berufswelt (von 18 auf 36%) erheblich größer ein als traditionelle Frauen, wenngleich fast alle Frauen das moderne Geschlechterarrangement als anstrengender empfinden als das traditionelle. Für moderne Männer sind die Anreize der Freiheitserweiterung nicht im selben Maße greifbar. Moderne Männer bezeugen zwar einen geringfügig erweiterten Freiheitsspielraum in der Berufswelt (von 38 auf 40%), für die Privatwelt allerdings diagnostizieren sie eine Abnahme, nämlich von 65% auf 56%. Dies kann damit zusammenhängen, dass bei modernen Männern der Anteil an partnerschaftlichen Tätigkeiten und Entscheidungen im Privaten stark zugenommen hat (vgl. Familienwelt: Wer wofür in der Partnerschaft zuständig ist). Solche Entscheidungen bedeuten allerdings nicht unbedingt einen Verlust an Freiheit, sondern eine neue Qualität von Gemeinsamkeit und Kooperation.

Parteipräferenzen als Grundlage der Männer- und Frauenpolitik

Die Verteilung der verschiedenen Typen in Bezug auf die jeweilige Parteipräferenz lässt auffällige Unterschiede zwischen Männern und Frauen erkennen (vgl. Männer-Typologie: Soziale Landkarte der Männertypen. Geschlechtertyp und Parteipräferenz). Zunächst zu den Grünen: Die Zustimmung zum modernen Typ ist bei den Männern, die Grün wählen, wesentlich höher (51%) als bei den Frauen (34%). Demgegenüber zählen sich 31% der Grünwählerinnen zum pragmatischen Typus, aber nur 9% der Männer. Dies könnte damit zusammenhängen, dass die Grünen insgesamt eher als frauenfreundliche Partei gelten. Mehr Frauen als Männer wählen „grün". Wenn sich nun Männer für die Grünen entscheiden, so lässt sich in diesem Zusammenhang vermuten, gehören sie zu jenen, die entschieden für moderne Lebensformen zwischen den Geschlechtern eintreten.

Im Blick auf die beiden Großparteien ÖVP und SPÖ liegt die Verteilung der Typen bei den Männern im Bereich der gängigen Zuteilungen und Erwartungen. Bei den ÖVP-Wählern ist der Anteil der traditionellen Männer mit 20% etwas höher als der Anteil der Männer mit modernem Männerbild (17%). Demgegenüber tendieren bei SPÖ-Wählern weniger zu den Traditionellen (14%) und eindeutig mehr zu den Modernen (21%).

Auffallend anders – und dies ist überraschend – optieren jedoch die Frauen. Unter den ÖVP-Wählerinnen stimmen 34% dem modernen Typus zu. Das heißt, dass die modernen Frauen bei der ÖVP doppelt so häufig anzutreffen sind wie die modernen Männer. Dies bedeutet auch, dass der moderne Typ bei Grün- und ÖVP-Wählerinnen gleich hoch vertreten ist. Überraschend ist auch das Ergebnis im Blick auf die SPÖ-Wählerinnen: Es ordnen sich nur 23% dem modernen Typ zu. Dies ist gegenüber den 34% bei den ÖVP-Wählerinnen deutlich weniger. Auch im Blick auf den traditionellen Typus ist bei ÖVP- und SPÖ-Frauen der Trend umgedreht. Die Zustimmung zum traditionellen Typ ist bei SPÖ-Frauen höher (17%) als bei ÖVP-Frauen (11%).

Dieses Ergebnis, das auf signifikante Unterschiede zwischen Männern und Frauen in den Großparteien hinweist, ist insofern überraschend, als es gerade bei Frauen gegenläufige Verteilungen in doppelter Hinsicht sichtbar macht; gegenläufig zu den Männern und gegenläufig zu den Zuordnungen in der politischen Alltagsdebatte. Während in der politischen Programmatik die SPÖ eher mit einem modernen, an der Berufstätigkeit der Frauen orientierten Politikprofil und die ÖVP eher mit dem traditionellen Geschlechterverhältnis operiert, das an der Ermöglichung einer zumindest temporären Familienphase der Frauen ausgerichtet ist[46], sind die Geschlechterrollenvorstellungen bei den ÖVP- und SPÖ-Wählerinnen selbst geradezu umgekehrt. Das traditionelle Geschlechterverhältnis findet bei SPÖ-Frauen höhere Zustimmung als bei ÖVP-Frauen und die moderne Sicht ist bei ÖVP-Wählerinnen dominant. Diese erheblichen Unterschiede zwischen den Geschlechtern bzw. zwischen Programmatik und Überzeugungen an der Basis sind in der politischen Diskussion allerdings noch nicht entsprechend wahrgenommen worden. Für Männer- und Frauenpolitik sind dies auf jeden Fall relevante Informationen.

„Drinnen" und „draußen": Stellung und Wertigkeit

Männer haben eine starke Erwerbsorientierung und reihen sowohl bei „Wunsch" als auch „Wirklichkeit" Erwerbsarbeit an erster Stelle, das Beisammensein mit Kindern an vierter Stelle (vgl. Männliche Lebenswelten. Ideal und Wirklichkeit). Frauen reihen bei „Wunsch" das Zusammensein mit Kindern an erster Stelle, bei „Wirklichkeit" Erwerbsarbeit.

Auffallend ist nun bei einem Vergleich zwischen Männern und Frauen die weit gehende Kohärenz zwischen Wunsch und Wirklichkeit in der Rangfolge der Bereiche bei Männern und die auffallend große Inkohärenz bei Frauen. Die Unterschiede zwischen Wunsch und Wirklichkeit sind bei Männern graduell, d. h. sie würden gerne weniger/mehr Bedeutung verteilen, ohne jedoch die Rangfolge der Lebensbereiche (1. Erwerbsarbeit, 2. Partnerschaft, 3. Freundeskreis, 4. Kinder) zu verändern. Frauen dagegen wünschen sich in Bezug auf ihr Leben grundsätzlich auch eine andere Gewichtung. Sie wünschen sich Kinder an die erste Stelle; in der Wirklichkeit nehmen sie aber den vierten Platz ein. Die Partnerschaft würden Frauen gerne an zweiter Stelle sehen, in Wirklichkeit ist es der dritte Platz. Erwerbsarbeit nimmt dem Wunsch nach die dritte Stelle, der Realität nach die erste Stelle ein und der Freundeskreis entgegen dem Wunsch (4. Platz) den zweiten Platz. Bei Frauen gibt es hier keine Entsprechung zwischen Wunsch und Wirklichkeit.

Offensichtlich sind also Männer mit der faktischen Gewichtung der Lebensbereiche zufriedener als Frauen. Interessant ist, dass sich die Abweichungen in erster Linie bei den Wünschen der Frauen dokumentieren. Die realen Verteilungen sind bei Frauen und Männern wieder sehr ähnlich. Diese Konvergenz in der Realität deutet nun auf äußere, strukturelle Vorgaben hin, die sowohl Frauenle-

[46] Vgl. Rosenberger, Sieglinde Katharina: Politik mit Familie: Debatten und Maßnahmen, Konflikt und Konsens, in: Zur Situation von Familie und Familienpolitik in Österreich (4. Österreichischer Familienbericht 1999), Band 1, hg. v. Bundesministerium für Umwelt, Jugend und Familie, 754-777; 771.

ben wie Männerleben bestimmen. Diese Strukturen wiederum orientieren sich ihrerseits überwiegend an männlichen Lebensmustern. Hier zeigt sich eine an Männerwelten und an Männerwünschen ausgerichtete institutionelle Schwerkraft, die die Umsetzung der Frauenwünsche behindert. Die Wünsche von Frauen stehen offensichtlich zu den strukturellen und institutionellen Wirklichkeitsvorgaben in Spannung.

Weiter waren nach Wunsch und Wirklichkeit die vier Lebenswelten „ehrenamtliche Tätigkeit im Freizeitbereich", „ehrenamtliche Tätigkeiten im Sozialbereich", „Zeit für religiöse Gemeinschaften (Kirchgang etc.)" und „politische Tätigkeiten" zu reihen. Bei Männern stimmen Wunsch und Wirklichkeit überein, und sie ordnen die Lebensfelder in der oben angeführten Reihenfolge. Frauen ordnen die ehrenamtliche Tätigkeit im Sozialbereich dem Wunsche nach an der fünften Stelle, während sie in der Wirklichkeit die sechste Stelle einnimmt.

Die ehrenamtliche Tätigkeit wird generell in großem Abstand zu Erwerbsarbeit und Privatheit gereiht. Auch in der ehrenamtlichen Tätigkeit findet sich eine geschlechtsspezifische Arbeitsteilung. Frauen engagieren sich vor allem im Sozialbereich, der haushaltsnahe und wenig prestigeträchtig ist. Männer bevorzugen ehrenamtliche Tätigkeiten in Freizeitvereinen wie Sport und Feuerwehr, die mit großem Ansehen und öffentlichen, medienwirksamen Auszeichnungen, z. B. in der Hofburg durch den Bundeskanzler, verbunden sind.

Die Reihung von „Zeit für religiöse Gemeinschaften" an vorletzter Stelle könnte darauf hinweisen, dass möglicherweise die religiös motivierte soziale ehrenamtliche Tätigkeit von Frauen abnimmt.

Die Reihung der Lebenswelt „politische Tätigkeit" an letzter Stelle sollte für Männer- und Frauenpolitik bezüglich ihrer demokratiepolitischen Konsequenzen zum Nachdenken anregen. Aber auch für jene, die auf zivilgesellschaftliche Gruppen als demokratiepolitische AkteurInnen hoffen, ist diese Reihung informativ.

Der Wert der Welten: Zur Hermeneutik der Schieflagen

Die oben beschriebene erhöhte Akzeptanz der Frauenerwerbstätigkeit bei den Männern hat nicht dazu geführt, dass die Männer sich in einem für Frauen akzeptablen Ausmaß auch an der Haus-, Erziehungs-, Beziehungs- und Pflegetätigkeit beteiligen. Dies zeigen die „Schieflagen". Damit ist eines der zentralen individuellen und gesellschaftlichen Probleme entstanden, das einer Lösung bedarf. Individuell, weil es vor allem Frauen sind, die die Doppelbelastung zu tragen haben. Gesellschaftlich, u. a. weil die Geburtenraten sinken und sich Frauen den männlichen Lebenswelten tendenziell annähern; aber auch weil die Care-Tätigkeiten als lebens- und gesellschaftlich notwendige Arbeit zunehmend ortlos werden.

Die Schieflagen stellen in gewissem Sinn ein systematisches Herzstück der Studie dar. Abgesehen von der Frage zu den Männer- und Frauenbildern thematisieren die drei Bereiche familiale Lebenswelt, Vaterschaft, Haushaltsarbeiten von Männern Fragen der individuellen und der gesellschaftlichen Gestaltung bzw. Organisation von Erwerbsarbeit und Care-Tätigkeit. Festgestellt wird in der Studie, dass gerade in diesen Bereichen eine erstaunliche Kontinuität über den Untersuchungszeitraum hinweg vorliegt. Männer sind nach wie vor überwiegend für das Einkommen zuständig, beschäftigen sich zwar mit den Kindern, v. a. in ausgewählten Sparten (Freizeit eher denn Pflege) und überlassen die meisten der Haushaltstätigkeiten den Partnerinnen. Gerade in diesen Bereichen, die den Kern des Privaten bilden, hat sich nicht viel verändert, soweit das Fazit.

Dieses Ergebnis lässt sich in eine ganze Reihe von anderen Studien einfügen, die der Tendenz nach ähnlich ausfallen, wie Jan Künzler in seiner Untersuchung zur Beteiligung der Männer an der Hausarbeit[47] herausgearbeitet hat.[48] Er resümiert: „Alle Studien kommen zu dem Ergebnis, dass Hausarbeit in den Kernbereichen nach wie vor überwiegend von den Frauen verrichtet wird. Das gilt auch für neuere Untersuchungen, und es gilt auch für die Familien, in denen die Frau erwerbstätig ist – und selbst dann, wenn sie vollzeiterwerbstätig ist, selbst in Dual-Career-Familien und selbst in Stichproben von Familien mit einer Arbeitsteilung, die nach Einschätzung der Familien selbst egalitär ist."[49]

Hier stellt sich allerdings die Frage, wie man diese Tatsache interpretiert und bewertet. Paul M. Zulehner schlägt in seiner Darstellung eine Interpretation vor, die von den nicht erfüllten Erwartungen hinsichtlich einer fortschreitenden Angleichung der Geschlechterrollen ausgeht. Die Schieflagen werden dabei als widerständiges Element im Prozess der fortschreitenden Angleichung der Geschlechterrollen bzw. der geschlechtsspezifischen Lebenswelten interpretiert, da die Aufrechterhaltung der Differenzen das Leben bereichert.[50] Darüber hinaus werden die Schieflagen als Indizien für die partielle Unangleichbarkeit der Geschlechterrollen gewertet. Sie sind Hinweise auf das „Vorfindbare" in den Geschlechterrollenvorstellungen. „Vielmehr bleiben ‚männer- und frauenspezifische' Anteile trotz der beobachtbaren Entwicklung erhalten: in den Tätigkeiten mit Kindern, in der Beteiligung an Haushaltsarbeiten, in der Rolle innerhalb der familialen Lebenswelt und nicht zuletzt in den Frauen und Männern zugewiese-

47 Gängiger Sammelbegriff für Tätigkeiten im privaten Bereich, die sich auf Haushalt, Familie und Kinder beziehen. In manchen Studien werden auch Freizeittätigkeiten, Aktivitäten, die der persönlichen Regeneration dienen, oder auch nachbarschaftliches Engagement dazu gezählt.

48 Vgl. dazu besonders die Arbeit von Jan Künzler, der eine Meta-Analyse empirischer Untersuchungen, die sich auf die familiäre Arbeitsteilung beziehen, vorgenommen hat. Künzler, Jan: Familiale Arbeitsteilung. Die Beteiligung von Männern an der Hausarbeit, Bielefeld 1994.

49 Künzler 1994, 64. Künzler bezieht sich in seiner Studie überwiegend auf Zeitbudgeterhebungen, die ihrerseits den Vorteil haben, die Realität der Zeitaufwendungen für verschiedene Tätigkeiten zu erheben.

50 Vgl. Einleitung zum Kapitel: „Schieflagen – oder: was ist ein Mann, was eine Frau".

nen Eigenschaften." (Einleitung zu „Schieflagen") Auch hat die Differenz zwischen den Geschlechtern an Bedeutung gewonnen. Dabei werden diese Differenzen von Paul M. Zulehner nicht als biologisches, sondern als anthropologisches Faktum gedeutet. Auch lässt er eine gewisse Sympathie dafür erkennen, diese Schieflagen als Indizien für die bleibende Differenz bzw. Andersheit der Geschlechter zu interpretieren, wenngleich es ein Rätsel bleiben müsse, worin sie eigentlich besteht (vgl. Deutungsversuch).

Neben dieser anthropologischen Betrachtung können die Schieflagen aber auch in einen historischen, sozialen und gesellschaftlichen Kontext gestellt werden. Eine historische Analyse der gesellschaftlichen Wertigkeit von Tätigkeiten und jener, die sie verrichten, weist auf wichtige Zusammenhänge hin. Der Naturwissenschafter René Descartes untermauerte und vertiefte am Beginn der Neuzeit die Trennung in Geist und Materie, in Geist und Gefühl, in anorganische und organische Natur-Körper. Diese Trennung wurde auch hierarchisch geordnet, wobei Gefühl und Körper den Frauen zu- und dem Geist der Männer untergeordnet wurden. Diese Hierarchie wurde auch in die Ökonomie übernommen. Adam Smith formulierte 1776 in „An Inquiry into the Nature and Causes of the Wealth of Nations" das Warenwohlstandsprojekt. Darin ist die Hierarchie der Tätigkeiten angelegt, die dazu führte, dass die Lohnarbeit der Männer, die technisch-produktive Tätigkeit, das Herstellen des Warenwohlstands in der neuzeitlichen Tätigkeitshierarchie die obersten Ränge einnimmt. Die „nichtproduktive" (Haus-)Arbeit der Frauen war (und ist) für die Erwerbsarbeit der Männer eine Grundvoraussetzung, galt aber als unproduktiv und geistlos. Sie bekam den dementsprechend niedrigen sozialen Platz zugewiesen und mit ihr die Frauen, die sie verrichten. Neben der Hausarbeit zählen dazu auch die Kindererziehung, Pflegetätigkeiten und die seelische Aufrichtung der Männer, damit sie in ihrer Lohnarbeit erfolgreich sein können. Es zählen aber auch Dienstleistungen dazu, die vor allem von Frauen in Lohnarbeit getätigt werden. Die noch heute geringe Entlohung in vielen Dienstleistungsbereichen und die Geringschätzung dieser Arbeit – von beiden sind auch Männer betroffen, wenn sie diese Tätigkeiten verrichten – hängen mit dieser frühen „männlichen" Wertsetzung zusammen. Diese Wertsetzung findet sich auch darin, dass über Geld, über Bezahlung Wert beigemessen wird. Demgemäß wird das, was nicht in Geld gemessen wird, wie Haus- und Erziehungstätigkeit, gering bewertet, es gilt nicht als ökonomisch rational.

Diese Dualitäten und Hierarchien führten auf der Systemebene zu einer Zweiteilung der Welt. Auf der einen, gesellschaftlich höher bewerteten Seite befinden sich die öffentlichen, die bezahlten Tätigkeiten, die überwiegend Männern zugänglich sind. Auf der anderen Seite befinden sich die unbezahlten privaten Tätigkeiten, die überwiegend Frauen verrichten, die aber für Wohlstand, Wohlbefinden, für menschliches Leben unentbehrlich sind.

Die Studie MÄNNER 2002© (siehe Schieflagen) bestätigt, dass diese Hierarchie bei den meisten Männern noch immer vorfindbar ist. Diese Wertung spiegelt sich in dem, was Männer im Haushalt und mit Kindern tun, sowie in der Zeit, die sie dafür verwenden. Sowohl bei den Haushalts- als auch den Tätigkeiten mit Kindern meiden sie jene, die auch gesellschaftlich gering geachtet werden. Bei den Haushaltstätigkeiten meiden sie Putzen, Waschen, Bügeln, bei den Tätigkeiten für/mit Kindern die leibbezogenen, die versorgenden und die in der Regel konfliktträchtigeren. Obwohl sich das Zeitpensum für Tätigkeiten im Haus und mit Kindern gegenüber 1992 erhöht hat, bleibt die Auswahl der Tätigkeiten relativ gleich. Männer bevorzugen nach wie vor die öffentlich sichtbaren Tätigkeiten, die Spaß machen und für die es auch gesellschaftliche Anerkennung gibt. Bei Haushaltstätigkeiten sind dies z. B. Reparaturen, Autowaschen, bei Tätigkeiten mit Kindern z. B. Sport betreiben.

Vor diesem Hintergrund lassen sich nun *weitere Deutungsmöglichkeiten der Schieflagen* aufzeigen. Zu diesem Zweck muss zunächst ausgeholt und auf die Forderungen der zweiten Frauenbewegung, wie sie seit den 70er Jahren des 20. Jahrhunderts vorgebracht werden, Bezug genommen werden. Diese zielten nämlich auf Veränderungen sowohl im privaten wie im öffentlichen respektive beruflichen Bereich. Dabei sind v. a. bei Ausbildung und Berufstätigkeit der Frauen große Veränderungen in den vergangenen Jahrzehnten zu beobachten. Öffentliche Diskussionen und politische Maßnahmen zur Gleichstellung und Förderung von Frauen haben Früchte getragen, wenngleich dieser Weg eher als angestoßen, keinesfalls aber als abgeschlossen betrachtet werden kann, wie z. B. die Lohndiskriminierung zeigt. Begründet wurden die Maßnahmen im öffentlichen Bereich vor allem mit dem Prinzip der Gerechtigkeit, das sich an der Gleichheit der Menschen in Bezug auf Lebenschancen und Möglichkeiten orientiert. Während traditionelle Vorstellungen mit einer geschlechtercodierten Sphärentrennung zwischen dem Öffentlichen und dem Privaten operieren, wird im Rahmen einer an Geschlechtergerechtigkeit orientierten Position diese Verteilung hinterfragt und aufgebrochen. Praktisch stehen wir heute an dem Punkt, dass sich ein größerer Teil von Frauen auch im Feld des Öffentlichen und des Beruflichen bewegt – „draußen" –, während diese Frauen nach wie vor überwiegend auch für die praktische Bewältigung des privaten Alltags – „drinnen" – zuständig sind.

Das lange Zeit selbstverständlich männlich dominierte Feld des Öffentlichen und des Beruflichen konnte durch die Präsenz von Frauen angereichert werden, ohne dass es zugleich zu einer entsprechend komplementären Bewegung seitens der Männer im Feld des Privaten gekommen wäre. Nur vereinzelt ergreifen Männer Verantwortung für alltägliche Tätigkeiten im Privaten, wie Haushaltsführung, Kindererziehung und das beziehungsbezogene Auskommen miteinander. Der Pluralisierung von weiblichen Lebens- und Aufgabenfeldern auf der einen Seite (Stichwort: Familie *und* Beruf) steht eine relativ starke Kontinuität männlicher Hauptorientierung auf den Beruf und Sekundärorientierung auf das Private und Familiäre gegenüber, wenngleich sich v. a. bei modernen Männern großes Potenzial für eine Veränderung abzeichnet.

Diese Entwicklung weist nun aber erhebliche Gerechtigkeitsdefizite auf. Denn der Anteil an unbezahlter Arbeit ist bei Frauen erheblich größer als bei Männern. Der Vierte österreichische Familienbericht (1999) weist z. B. darauf hin, dass die Verteilung von Erwerbsarbeit und unbezahlter Arbeit bei Frauen etwa 30% zu 70% beträgt, während er bei Männern genau umgekehrt ist. In diese Richtung weisen auch die Ergebnisse der Studie MÄNNER 2002© (vgl. Familienwelt). Dabei umfassen diese unbezahlten Tätigkeiten gesellschaftlich gesehen bedeutende Aufgaben, wie die Sorge für die nachwachsende Generation, für die kranken Menschen, für die alten Menschen. Fürsorge und Pflege werden in Zukunft zu den bedeutendsten sozialen Problemfeldern gehören.

Menschen, die diese Fürsorge leisten, haben Nachteile zu gewärtigen, weil sie nur eingeschränkt am öffentlichen und beruflichen Leben teilnehmen können, weil ihre Verfügbarkeit im Beruf auf vielfache Weise eingeschränkt ist und damit Gehaltseinbußen, mittelfristig geringere Aufstiegschancen und langfristig geringere Pensionen in Kauf genommen werden müssen.[51] Es kann sein, dass sie in der Sicherung der eigenen Lebensgrundlagen und die der ihnen Anvertrauten auf andere angewiesen sind. Vor diesem Hintergrund wird deutlich, dass die private Form der Arbeitsteilung in sich und von sich aus politische Dimensionen enthält.

Der Spagat zwischen „drinnen" und „draußen"

Die Hauptzuständigkeit von Frauen für private Care-Tätigkeiten führt zu einem Problemdruck, der als Problem der Vereinbarkeit von Familie und Beruf beschrieben wird, und der von Frauen deutlich stärker (47%) empfunden wird als von Männern (26%), (vgl. Berufswelt: Berufstätigkeit von Frauen. Facetten). Die Existenz des Problemdrucks verneinen nur mehr 11% der Männer und 8% der Frauen.

Eine Form des Umgangs mit diesem Spagat ist die partielle Zurückweisung privatisierter Fürsorgeaufgaben durch Frauen, welche auch im Rückgang von Geburtenzahlen greifbar wird. Damit bricht aber für moderne Gesellschaften eine Fragestellung *gesellschaftlicher* Art neu auf: Wer trägt Sorge und Verantwortung für Menschen, die auf andere angewiesen sind, wie Kinder, Alte, Behinderte, Kranke? Wie werden jene Menschen gesellschaftlich behandelt, die

[51] Vgl. dazu auch: Schnabl, Christa: Fürsorgearbeit in modernen Gesellschaften – Eine sozialethische Reflexion, in: Die Zwei-Verdiener-Familie. Von der Familienförderung zur Kinderförderung? Hg. v. Bernhard Emunds, Heiner Ludwig, Heribert Zingel, Schriften zur christlichen Gesellschaftsethik, Bd. 8, Münster 2003, 52-86.

sich (meist unbezahlt[52]) um andere kümmern und damit selbst ein Stück Abhängigkeit von anderen in Kauf nehmen müssen, weil sie im Beruflichen eingeschränkt verfügbar sind, über kein oder geringeres Einkommen verfügen und zur eigenen Lebenshaltung und der ihnen Anvertrauten die Ressourcen anderer brauchen? Kurz lautet die Frage: Wer sorgt für wen unter welchen Bedingungen?

Im Unterschied zur bürgerlichen Ordnung der Sphärentrennung lässt sich diese Frage heute nicht mehr durch einen Verweis auf die „natürliche" Ordnung des Geschlechterverhältnisses beantworten. Diese Frage ist als komplexe Gerechtigkeitsfrage zu begreifen. Eine wesentliche Schwierigkeit besteht sicherlich darin, dass hier Themen wie Abhängigkeit, Fürsorge und Asymmetrie zur Sprache gebracht werden, die in Widerspruch zur modernen Semantik von Freiheit und Autonomie stehen.

Die soziale und politische Kontextualisierung der so genannten „Schieflagen" weist auf die Notwendigkeit eines Umdenkens in Bezug auf das Private hin. Das Prinzip der freien Wahl findet gerade im Privaten eine maximalistische Interpretation. Diese soll auch gewahrt und geschützt werden. Dabei kann leicht übersehen werden, wie sehr die Ordnungen des Privaten die Freiheitsmöglichkeiten nicht nur sichern, sondern auch einengen können. Insofern müssen gerechtigkeitsorientierte Reflexionen sich auch auf Bereiche des Privaten beziehen. Denn ein Grund für die „Unfähigkeit der liberalen Theorie, ihrer normativen Idee der gleichen Freiheitssicherung für alle Personen gerecht zu werden und damit auch die Gerechtigkeit des Geschlechterverhältnisses zu konzeptualisieren" liegt darin, „dass sie nicht in angemessener Weise auf die Organisation des traditionellen Bereichs des Privaten reflektiert".[53] Das Private ist eben nicht ein Ort der Freiheit oder der Liebe jenseits der Gerechtigkeit, sondern ein Ort, wo Gerechtigkeitsvoraussetzungen formuliert und geschaffen werden.

Optionen zur Vereinbarkeit von „drinnen" und „draußen"

Die Vereinbarkeit von „drinnen" und „draußen" ist demnach nicht nur ein individuelles, sondern ein strukturelles und politisches Problem. In der Studie MÄNNER 2002© sind Lösungsmöglichkeiten angelegt, von denen einige, die sich auf politische Maßnahmen sowie auf Möglichkeiten von Betrieben beziehen, herausgegriffen werden.

[52] Strukturelle Diskriminierungen von Fürsorgearbeit zeigen sich auch in den professionellen Pflege- und Erziehungstätigkeiten, die allesamt überwiegend von Frauen geleistet und im Vergleich mit anderen Berufsfeldern gering bezahlt werden.

[53] Rössler, Beate: Der Wert des Privaten, Frankfurt 2001, 55.

Politische Ebene

Die Reduzierung der Erwerbsarbeit: Die Studie belegt, dass 70% der Frauen dazu bereit wären; bei den Männern sind es mit 45% deutlich weniger (vgl. Berufswelt: Berufstätigkeit von Frauen. Verbindung). Dass beide die Erwerbsarbeit zugunsten von Familienarbeit einschränken sollen, finden 28% der Frauen sehr richtig, aber nur 18% der Männer.

Weitere Informationen bietet die Befragung zur Karenz (vgl. Familienwelt: Tätigkeiten mit Kindern. Karenz). Hier sei hervorgehoben, dass die in Zukunft sehr bedeutende Pflegekarenz von alten und kranken Menschen mit abgefragt wurde. Frauen sind mit 75% wesentlich stärker der Ansicht als Männer mit 54%, dass auch Männer Pflegedienste von Kindern, Alten, Kranken leisten sollen. Moderne Männer bejahen dies zu 73%; moderne Frauen sind dazu weniger bereit als traditionelle. Studien[54] zeigen, dass in Zukunft ein hoher Pflegebedarf gegeben sein wird.

Vor diesem Hintergrund wird *Arbeitszeitpolitik* in Zukunft ein Anliegen von Männer- und Frauenpolitik sein. Männer bevorzugen flexible Arbeitszeitmodelle (44%), gefolgt von einer 35-Stunden-Woche (37%), Jahresarbeitszeit (10%) und Lebensarbeitszeit (5%). Fast nicht gewünscht ist Teilzeit mit 4%. Auch Frauen bevorzugen flexible Arbeitszeit (47%), gefolgt von einer 35-Stundenwoche (27%) und Teilzeit mit 23%. Jahresarbeitszeit und Lebensarbeitszeitmodelle sind mit 5% und 2% eher nicht gewünscht. Auffallend ist erstens, dass von über 40% der Frauen und Männer keine Arbeitszeitreduzierung gewünscht ist. Zweitens, dass es einen großen Einstellungsunterschied zwischen Männern und Frauen zur Teilzeit gibt (vgl. Familienwelt: Tätigkeiten mit Kindern. Karenz).

Die Gründe, die gegen eine Verringerung der Arbeitszeit zugunsten von Pflegearbeit angeführt werden – wie Angst vor beruflichen Nachteilen (Männer 53%, Frauen 50%), insbesondere die Gefährung der Karriere, was vor allem von modernen Männern (26%) und modernen Frauen (23%) gesehen wird – weist auf die Notwendigkeit hin, gesetzliche Rahmenbedingungen zu schaffen (vgl. Familienwelt: Tätigkeiten mit Kindern. Karenz).

Außerfamiliäre Einrichtungen: Diese werden in hohem Maß favorisiert. Dass gute Einrichtungen wie Kinderkrippen, Kindergärten, Pflegeheime, Hospizeinrichtungen Pflegedienste besser erfüllen würden, meinen 34% aller Frauen, insbesondere moderne (35%) und 27% aller Männer (vgl. Familienwelt. Tätigkeiten mit Kindern. Karenz). Männerpolitik kann damit die frauenpolitischen Forderungen nach ausreichenden Institutionen mit qualifizierten Dienstleistungen unterstützen.

---

[54] Vgl. Österle, August: Equity Choices and Long Term Care Policies in Europe, Wien 2001, Habilitationsschrift.

Bezahlung der Familienarbeit: Dass, um das Vereinbarkeitsproblem zu mildern, „Familienarbeit ebenso bezahlt werden sollte wie Erwerbsarbeit", meinen 67% der Frauen, aber auch 54% der Männer (vgl. Berufswelt: Berufstätigkeit von Frauen. Verbindung). Nur 17% der Männer und 10% der Frauen lehnen das ab. Allerdings müsste die Bezahlung hoch sein, damit der Einkommensverlust durch das verringerte Erwerbseinkommen kompensiert wird. In der Literatur wird die Bezahlung von Familienarbeit als problematisch bewertet, da sie – auch aufgrund der faktischen Lohnunterschiede zwischen Männern und Frauen – doch vor allem weiterhin von Frauen getan werden würde und damit Frauen in ihrer Rolle fixiert und ein Wiedereinstieg in die Erwerbsarbeit nach der Familienarbeitsphase erschwert ist. Interessant wäre zu fragen, wie weit diese hohe Akzeptanz der Bezahlung von Familienarbeit zur Einführung eines existenzsichernden Grundeinkommens ausbaubar wäre. Denn dieses würde sowohl für Männer wie Frauen neue Optionen eröffnen.[55]

Lohn- und Einkommenspolitik: Eine zentrale Aufgabe für Männer- und Frauenpolitik ist Einkommenspolitik, denn insbesondere moderne Frauen (16%) und moderne Männer (27%) meinen, dass bei Teilzeit das gemeinsame Einkommen nicht mehr ausreichen würde. An anderer Stelle meinen das 40%. Hier wird vor allem der große gesellschaftliche Missstand der Lohndiskriminierung, dass Frauen bis zu einem Drittel weniger verdienen, wirksam. Bei größerer Beteiligung von Männern an Kindererziehung, Pflegetätigkeit und Hausarbeit, wie sie vor allem moderne Männer signalisieren, kann dies zur Falle werden. Bei großen Lohnunterschieden zwischen den Geschlechtern können sich Familien Teilzeit oder Karenz von Männern nicht leisten. Einkommensunterschiede blockieren hier die Umsetzung des Wunsches von Männern, mehr Zeit mit Kindern zu verbringen.[56] Wenn nun auch verstärkt Männer in der familiären Welt aktiv sein und leben wollen, wäre die Zeit gekommen, die strukturellen und kulturellen Voraussetzungen dafür zu schaffen. Vieles von dem, was Frauenpolitik anstrebte, damit Frauen den Spagat zwischen den beiden Welten – „drinnen" und „draußen" – mit weniger Kosten bewältigen können, wäre dann auch für Männerpolitik relevant. In dem Anliegen, Beruf und Familie für Männer und für Frauen möglichst konfliktarm ausbalancieren zu können, konvergieren Männer- und Frauenpolitik.

---

[55] Vgl. Gubitzer, Luise: Grundeinkommen oder Grundsicherung als Konkretisierung der Menschenrechte, in: Appel, Margit/Blümel, Markus (Hg.): Soziale Grundrechte – Kriterien der Politik, Thaur 1998, 67-73.

[56] Die Aussagen der Männer zum Stellenwert von Familie sind widersprüchlich. Einerseits reihen Männer das Zusammensein mit Kindern gemäß Wunsch und Wirklichkeit erst an 4. Stelle (vgl. Männliche Lebenswelten: Ideal und Wirklichkeit), andererseits meinen 77% der Männer, dass Kinder das Leben von Männern „bereichern" (vgl. Familienwelt: Tätigkeiten mit Kindern. Karenz).

Familienfreundliche Betriebe

Neben politischen Maßnahmen haben Betriebe eine zentrale Aufgabe für die konfliktfreiere Ausbalancierung zwischen Erwerbsarbeit und familialer Welt. Bei Erwerbsarbeit in nicht familienfreundlichen Betrieben führen die Verpflichtungen aus der familialen Welt zu einem auch in der Studie MÄNNER 2002© geäußerten Problemdruck (von Frauen), sodass 60% der Frauen und 58% der befragten Männer der Aussage zustimmen „Die Wirtschaft ist nicht familienfreundich". Moderne Frauen und Männer finden das noch in stärkerem Ausmaß (64% und 61%). Nur 5% der Männer und 4% der Frauen halten diese Aussage für „ganz falsch" (vgl. Berufswelt – Familienwelt).

Es gibt seit ungefähr zehn Jahren in fast allen Bundesländern Österreichs die Initiative der Familienreferate, familienfreundliche Betriebe auszuzeichnen. Es werden gewinnorientierte, öffentliche und Non-profit-Unternehmen, Industrie, Mittel- und Kleinbetriebe prämiert. Sie übernehmen im Gegensatz zu den Shareholder-Unternehmen eine Stakeholder-Funktion, indem sie ihre Unternehmensziele unter Berücksichtigung der Interessen anderer wie der MitarbeiterInnen, Mütter und Väter verfolgen. Sie legen sich diesbezüglich eine Selbstverpflichtung auf.

Warum entscheiden sich Betriebe für solche Maßnahmen? Zum einen ist es die familienfreundliche Einstellung der ChefInnen bzw. der vorgesetzten Personen. Zum anderen erwachsen dem Betrieb durch solche Maßnahmen auch Vorteile, die sich rechnen. So bekommen Betriebe durch ihr Entgegenkommen hochmotivierte und zufriedene MitarbeiterInnen, die sich dem Betrieb verpflichtet fühlen. Das Bewusstsein, eine am Arbeitsmarkt nicht übliche Regelung erhalten zu haben, führt zu Loyalität und starker Bindung an den Betrieb. Dies ist für den Betrieb äußerst wertvoll, da, wie u. a. Richard Sennett[57] zeigte, die Betriebsbindung stark abnimmt und „innere Kündigungen" ausgesprochen werden.

Aus der familialen Welt bringen Mütter und Väter auch für den Betrieb wertvolle Haltungen mit: Die Verantwortung für die Familie führt auch zu einem Verantwortungsbewusstsein gegenüber dem Betrieb; ebenso wird ein hoher Grad an Selbstorganisation und Umsicht sowie eine hohe Leistungsbereitschaft und -gewohnheit mitgebracht. Mütter sind im Betrieb sehr zuverlässig, da sie das auch bei den Kindern sein müssen. Sie achten auf ihre Gesundheit (vgl. Innenwelt: Gesundheit), da sie für die Familienarbeit gesund sein wollen und damit auch für die Erwerbsarbeit gesund sind. Als ökonomische Fähigkeiten bringen sie aus der Versorgungsökonomie u. a. die haushalterischen mit, die sich auch auf den Umgang mit Ressourcen im Betrieb auswirken. Sie bringen Fähigkeiten im Umgang mit Aufgaben, Problemen und Zeit mit sowie soziale Fähig-

---

[57] Sennett, Richard: Der flexible Mensch. Die Kultur des neuen Kapitalismus, Berlin 1998.

keiten für den Umgang mit MitarbeiterInnen, KundInnen, LieferantInnen sowie für den Umgang mit Konflikten.

In der Wirtschaft werden diese sozialen Kompetenzen verstärkt nachgefragt. Mütter bringen diese als Selbstverständlichkeit aus der Versorgungsökonomie mit, während Männer sich solche Qualifikationen – durch Schulungen – erwerben, diese (teuer) verkaufen und auch bezahlt bekommen. Von daher wäre es auch aus ökonomischen Gründen wichtig, das Bewusstsein für die Bedeutung dieser Fähigkeiten bei Frauen zu stärken, um angemessene Löhne und familienbedingte Regelungen mit den Betrieben als gleichrangige Partnerinnen auszuhandeln.

Familienfreundliche Betriebe bekommen für ihre Familienfreundlichkeit sehr viel. Sie tragen aber auch zur Anerkennung der Tätigkeiten von Frauen in der Versorgungsökonomie bei. Betriebe profitieren davon, dass „ein gutes Familienleben Kraft für den Beruf gibt". Dieser Aussage stimmen 64% der Frauen und 59% der Männer zu. Auch helfen Partnerschaften über berufliche Misserfolge hinweg. Das finden 53% der Frauen und 52% der Männer. Umgekehrt kann ein erfüllter Beruf aber auch über Beziehungsprobleme hinweghelfen; das finden 61% der Frauen und 52% der Männer (vgl. Berufswelt: Berufstätigkeit von Frauen. Stützung). Somit stützen sich bei aufeinander abgestimmten Rahmenbedingungen Erwerbsarbeit und Familie, „drinnen" und „draußen", Versorgungsökonomie und Marktökonomie.

Väterfreundliche Betriebe

„Familienfreundlicher" Betrieb heißt heute noch überwiegend „mütterfreundlicher" Betrieb. Obwohl die Länder (u. a. Salzburg) auch spezifische väterrelevante Kriterien anwenden, ist die Väterfreundlichkeit gering. Das Angebot wird von Vätern selten genutzt.

Wo liegen die Hemmnisse? Studien[58] zeigen, dass für die Familienfreundlichkeit der Betriebe die Einstellung der Vorgesetzten entscheidend ist. Dort, wo es bei ChefInnen und Vorgesetzten diese Einstellungen nicht gibt, haben Mütter und Väter große Schwierigkeiten, individuelle Vereinbarkeitsbedingungen auszuhandeln. Erzielte individuelle Kompromisse führen häufig, insbesondere bei Vätern, zu Ängsten, erhebliche berufliche Nachteile hinnehmen und auf Karriere verzichten zu müssen. Dies zeigt sich auch in der Studie.

Diese Angst ist nicht unbegründet, da sich bei Vätern die Einstellung der vorgesetzten Männer noch gravierender auswirkt als bei Müttern. Klaus Peinelt-

[58] Vgl. u. a. Pastner Ulli/Papouschek Ulrike: Im Dornröschenschlaf – Betriebliche Frauenförderung in Österreich. Forba Forschungsbericht 3/1996, Wien.

Jordan[59] zeigt, dass die Entscheidungen der Vorgesetzten nicht durch ökonomische oder betriebswirtschaftliche Gründe beeinflusst werden, sondern v. a. durch die Akzeptierbarkeit der Väterwünsche nach Erwerbsarbeitseinschränkung zum Zwecke der Kindererziehung seitens der Vorgesetzten. Hier ist sowohl von Bund und Ländern, von frauen- und männerpolitischer Seite, aber auch von Kammern und Wissenschaft wichtige Arbeit zur Konzeption von familienfreundlichen Maßnahmen für Väter und Mütter zu leisten. Sie können Anreize schaffen und Einstellungsänderungen anstoßen und befördern.

Es wäre auch wichtig, aus familienfreundlichen Betrieben *karrierefreundliche Betriebe* zu machen. Denn Aufstiegsmöglichkeiten sind noch immer beschränkt und „Führung in Teilzeit" ein neues, aber wachsendes Phänomen, das weiter ausgebaut werden sollte. Dort, wo es Führung in Teilzeit gibt, sind die Erfahrungen für Mütter, Väter und Betrieb überwiegend positiv. Es wird bedauert, nicht schon früher dazu übergegangen zu sein.

Ausblick: Männerpolitik – Frauenpolitik. Gemeinsame Abschnitte der noch getrennten Wege

Männerpolitik und Frauenpolitik teilen viele gemeinsame Anliegen und Ziele. Die Entwicklung männerpolitischer Überlegungen ist daher auch aus der Sicht von Frauen zu begrüßen. Dies betrifft in besonderem Maß die Vereinbarkeitsfragen, welche nicht nur für einen großen Teil der Frauen, sondern auch für den wachsenden Teil der (v. a. modernen) Männer/Väter einen Kernbereich von Lebensqualität und Lebenszufriedenheit darstellen. Bisher wurde die Vereinbarkeitsfrage jedoch stark auf Frauen/Mütter ausgerichtet; Maßnahmen für Männer/Väter („Väterpolitik") müssen gezielt diskutiert und weiterentwickelt werden.

Ziel von Männer- und Frauenpolitik müsste es sein, einen Pluralismus der Möglichkeiten zu schaffen und strukturell zu stützen. Private, informelle Betreuung (durch Väter, Mütter und andere) und Betreuung durch Institutionen sollen in möglichst großem Ausmaß den Bedürfnissen entsprechend kombiniert werden können.

Speziell im Blick auf das Geschlechterverhältnis würde dies ein Abrücken von der überwiegend weiblich konnotierten Hauptverpflichtung zur Fürsorge bedeuten. Frauen leben heute überwiegend in verschiedenen Lebensbereichen, was ihnen allerdings auch Stress und Überlastung einbringt. Dieses Modell der pluralen Lebenswelten und der damit verbundenen Vielfalt von Sinndimensionen,

[59] Peinelt-Jordan, Klaus: Männer zwischen Familie und Beruf. Ein Fall für die Individualisierung der Personalpolitik?, in: Beblo Miriam u. a. (Hg.): Ökonomie und Geschlecht, München 1999, 145-160.

die zum Schwingen gebracht werden, könnte demnach auch für Männer eine sinnvolle Zukunftsvision darstellen. Ansätze dafür zeigen sich bei jenen Männern, die mehr für Familie und Haus leben wollen. Damit würden die traditionell weiblichen Tätigkeiten auch auf Männer ausgedehnt und die fast ausschließliche Orientierung auf Arbeit und Einkommen überwunden werden können. Positive Auswirkungen auf die psycho-physische Gesundheit könnten ebenso erwartet werden wie ein Mehr an Gerechtigkeit zwischen den Geschlechtern.

Eine Entwicklung in diese Richtung könnte auch den Effekt haben, dass es nicht mehr nur Frauen sind, deren private Fürsorgeverpflichtungen auf dem Erwerbsarbeitssektor zu Benachteiligungen führen. Wenn weibliche und männliche Arbeitnehmer grundsätzlich auch in anderen Lebensbereichen indispensable Verpflichtungen haben, erweist sich die Geschlechterdifferenz nicht als die entscheidende, diskriminierende Tatsache in Bezug auf Lohn oder Karriere.

Die Schaffung eines Pluralismus der Möglichkeiten verlangt aber auch Veränderungen seitens der Männer, sowohl im Bewusstsein als auch in den strukturell-politisch-wirtschaftlichen Rahmenbedingungen, die ihren Alltag bestimmen. Solche Umorientierungen können nicht nur von Einzelnen bewirkt werden, sie bedürften gezielter politischer Maßnahmen im Rahmen einer genderdifferenzierenden Politik. Während die frauenpolitischen Forderungen eher dahin gehen, die labile Stellung vieler Frauen im Bereich des öffentlichen Lebens zu verbessern, wären die komplementären männerpolitischen Forderungen auf eine gezielte Verortung von Männern auch im Bereich der privaten Verpflichtungen auszurichten. Maßnahmen, die die Vereinbarkeit von Erwerbsarbeit und Familie stützen, müssten sich demnach sowohl auf Frauen als auch auf Männer beziehen.

Sowohl für die Maßnahmen zur Bewusstseinsveränderung als auch für die Schaffung der gesetzlichen Rahmenbedingungen können zu deren Durchsetzung unterschiedliche Allianzen geschlossen werden. Dies vor allem auch deswegen, weil die Typologisierung von Männern zeigt, dass Mann nicht gleich Mann ist, sondern Männer unterschiedliche Lebensgestaltungen verfolgen. Frauen haben ihre Unterschiede schon früher erfahren. Allianzen ergeben sich auch zwischen den Parteien, wie die zu Beginn des Kommentars analysierten Parteipräferenzen zeigen.

Mögliche Allianzen für Frauen- und Männerpolitik

Allianzen zwischen Männern und Frauen: Manche Veränderungen, wie z. B. flexible Arbeitszeiten, mehr Zeit mit den Kindern, wünschen sich über alle Differenzen in den Einstellungen hinweg ein Großteil der Männer und Frauen. Dazu kann es eine gemeinsame Politik geben, ohne in Männer- und Frauenpolitik unterscheiden zu müssen.

Allianzen zwischen Männer- und Frauentypen: Da sich im jeweiligen Typ Frauen und Männer großteils in ihren Einstellungen und Präferenzen gleichen, gibt es typenspezifische Gemeinsamkeiten von Frauen- und Männeranliegen. Daher kann es typenspezifische Allianzen von modernen Frauen und Männern geben; bei Führung in Teilzeit, gendergerechter Einkommenspolitik, ausreichender Infrastruktur von hochwertigen Kinderbetreuungseinrichtungen und Pflegediensten. Dabei können Frauen und Männer PartnerInnen auf typenspezifischen Wegabschnitten sein.

Allianzen von Männern mit Männern: Viele der gewünschten Strukturveränderungen mittels Männerpolitik haben Männer mit Männern „auszumachen", da vor allem Männer jene Positionen besetzen, in denen Strukturen und Rahmenbedingungen für die Lebenswelten bestimmt werden. Von daher müssten veränderungswillige Männer zunächst auch Allianzen unter ihresgleichen suchen. In einem weiteren Schritt könnte dies dazu führen, strukturelle Vorgaben auch gegen die Auffassungen anderer Männer kritisieren und in Frage stellen zu müssen. Männerpolitik könnte damit einen Beitrag zur Sichtbarmachung der unterschiedlichen Positionen unter Männern leisten wie auch dazu, dass sich Verbündete für die eigenen, vielleicht zunächst sehr persönlich erscheinenden Anliegen finden, zusammenschließen und ihre Ziele als gemeinsame, auch politische Ziele durchsetzen.

Allianzen zwischen Frau und Mann: Grundsätzlich hat Politik die Aufgabe, Rahmenbedingungen und Strukturen festzulegen. Insofern unterstützt Politik die individuellen Aushandlungsprozesse zwischen den einzelnen Männern und Frauen, die in einer Partnerschaft zusammen leben. Politik kann somit diese partnerschaftlichen Aushandlungsprozesse erleichtern, allerdings nicht ersetzen.

AUTORINNEN UND AUTOREN

Christine Bauer-Jelinek

Wirtschaftscoach und Psychotherapeutin, zählt zu den Pionierinnen des Coachings, begleitet Top-Karieren in Politik und Wirtschaft, gilt als Expertin für Fragen im Zusammenhang mit „Mechanismen der Macht", insbesondere auch deren geschlechtspezifische Aspekte. www.bauer-jelinek.at

Publikationen: Der Ausweg aus der Entweder-Oder-Falle, Wien 1999. – Die helle und die dunkle Seite der Macht, Wien 2000. – Business-Krieger. Überleben in Zeiten der Globalisierung, Wien/München 2003.

Johannes Berchtold

Leiter der Männerpolitischen Grundsatzabteilung im Bundesministerium für soziale Sicherheit und Generationen. Seine Ausbildung an den Universitäten Innsbruck und Wien galt dem Schwerpunkt Philosophie und einer Fächerkombination Politikwissenschaft, Soziologie und Psychologie. Bundesminister Mag. Herbert Haupt hat ihn 2001 mit dem Aufbau und der Leitung der Männerpolitischen Grundsatzabteilung beauftragt. Im Rahmen des Forschungsschwerpunkts der Abteilung wurde auch die vorliegende Studie vergeben.

Albert A. Feldkircher

Lebens- und Sozialberater, Kommunikationstrainer. Egg/Vorarlberg.
www.albertundmonika.ath.cx

Publikationen: Kraftquellen in Paarbeziehungen, Innsbruck 1998. – Meines Vaters Hände, Egg 2000.

Luise Gubitzer

Außerordentliche Professorin am Institut für Volkswirtschaftstheorie und -politik der Wirtschaftsuniversität Wien.

Ausgewählte Publikationen: Existenzsicherndes Grundeinkommen. Frauenrechte oder Frauenfalle am Beispiel Arbeit, in: Heitzmann, Karin/Schmidt, Angelika (Hg.): Frauenarmut, Frankfurt 2001. – Reichtum ist begehrlich – Zur Orientierung in der Reichtumsökonomie und Reichtumsgesellschaft, in: Die Armutskonferenz u. a. (Hg.): Was Reichtümer vermögen, Wien 2002. – Wa(h)re Bildung. Zur Ökonomisierung von Bildung, in: KSÖ: Wa(h)re Bildung, Dossier 3, Wien 2002.

Markus Hofer

Dr. phil. Mag. theol., Leiter des Männerbüros der Katholischen Kirche Vorarlberg, Erwachsenenbildner und Trainer, Buchautor. www.maennerbuero.info, www.maennernet.at

Publikationen: Franz für Männer. Was uns der Mann aus Assisi zu sagen hat, Innsbruck 2001. – Kinder brauchen Väter, Innsbruck 2001. – Männer glauben anders, Innsbruck 2003.

Erich Lehner

Dr. theol., Psychoanalytiker in freier Praxis in Wien; Theologe; Lehrbeauftragter am IFF (Institut für interdisziplinäre Fortbildung und Forschung der Universitäten Klagenfurt, Wien, Innsbruck und Graz) – Palliative Care und Organisationsethik; Lehrbeauftragter der Universität Klagenfurt; am Ludwig Boltzmann-Institut für Werteforschung gemeinsam mit Dr. Christa Schnabl Leiter des Projektes zur Erforschung der Geschlechterverhältnisse. Arbeitschwerpunkte: Gender in Palliative Care und Gesundheitssystemen, Männer in gesellschaftlichen und institutionellen Gleichstellungsprozessen, Männlichkeit und Gewalt, Männer und geschlechtergerechte Schule, Gender Mainstreaming.

Publikationen: Männer an der Wende. Grundlagen kirchlicher Männerarbeit, Innsbruck 2001. – Brauchen Buben Vorbilder?, in: Bieringer, Ingo/Buchacher, Walter/Forster, Edgar J.: Männlichkeit und Gewalt. Konzepte für die Jugendarbeit, Opladen 2000, 118-124. – Die Organisation als Männerbund, in: Wolf, Michael (Hg.): Frauen und Männer in Organisationen und Leitungsfunktionen. Unbewußte Prozesse und die Dynamik von Macht und Geschlecht, Frankfurt 2002, 19-36. – Väterkarenz und ihre Auswirkung auf die Arbeit. Expertise für die Wirtschaftskammer Wien, Fachgruppe Unternehmensberatung und Informationstechnologie, Wien 2002.

Helmut Pree

Jurist, Betriebswirtschaftsstudium in den USA (MBA), beruflich seit 15 Jahren Leiter der Rechts- und Personalabteilung der Voest-Alpine Intertrading AG in Linz. Engagement zum Männer-Thema nach persönlicher Scheidungserfahrung (2 Töchter, damals 3 und 7). Gespräch und Beratung hunderter Menschen in den letzten 12 Jahren (meist direkt betroffene Männer, aber auch einige direkt betroffene Frauen, viele indirekt betroffene Frauen, oft Mütter betroffener Männer), Kontakt mit Ministern und anderen Politikern, Teilnahme an zahlreichen Veranstaltungen und Diskussionen zu Familienthemen. Dabei stellte sich für Pree der Mainstream („Familienpolitik", „Frauenpolitik" und auch Männerforschung) sehr bald fundamental in Frage.

Herausgeber der Zeitschrift des Vereins „Dialog für Kinder" (früher Aktion Recht des Kindes auf beide Eltern).

Christa Schnabl

Dr. theol., Universitätsassistentin am Institut für Sozialethik der Katholisch-theologischen Fakultät der Universität Wien, derzeit Charlotte-Bühler-Habilitationsstipendiatin des Fonds zur Förderung der wissenschaftlichen Forschung (Wien). Forschungsschwerpunkte: Grundfragen der Ethik, Politische Theorie, Gender-Ethik und Gender-Politik.

Ausgewählte Publikationen: Das Moralische im Politischen. Hannah Arendts Theorie des Handelns im Horizont der theologischen Ethik, Frankfurt 1999. – Gewalt und Männlichkeit, hg. mit E. Lehner (erscheint 2003). – Fürsorgearbeit in modernen Gesellschaften. Eine sozialethische Reflexion, in: Die Zwei-Verdiener-Familie. Von der Familienförderung zur Kinderförderung? hg. v. Bernhard Emunds u. a., Münster 2003.

Hans-Joachim Lenz

Sozialwissenschaftler und Gestalttherapeut. Er betreibt in der Nähe von Nürnberg eine Praxis für Geschlechterforschung, Beratung und Weiterbildung. Zu Beginn der Neunzigerjahre entwickelte er einen der ersten Ansätze zur geschlechtssensibilisierenden Erwachsenenbildung mit Männern. Zahlreiche Veröffentlichungen zu Männerbildung, zu männlichen Gewalterfahrungen und zur Neugestaltung des Geschlechterverhältnisses. Mit seiner bisherigen Forschung schuf er wichtige Voraussetzungen für die Pilotstudie Gewalt gegen Männer des Bundesministeriums für Familie, Senioren, Frauen und Jugend, in der er momentan mitarbeitet. hj-lenz@t-online.de

Publikationen: Spirale der Gewalt – Jungen und Männer als Opfer von Gewalt, Berlin 1996. – Männliche Opfererfahrungen – Problemlagen und Hilfeansätze in der Männerberatung, Weinheim 2002. – Gewalterfahrungen von Männern und Frauen, zusammen mit Carol Hagemann-White, in: Klaus Hurrelmann/Petra Kolip (Hg.): Geschlecht und Gesundheit, Stuttgart-Bern 2002, 460-490. – Die Verletzungen von Männern und die Maske der Scham, in: Lenz, Hans-Joachim/Meier, Christoph (Hg.): Männliche Opfererfahrungen. Dokumentation einer Tagung der Evangelischen Akademie Tutzing vom 1.-3. März 2003. Reihe Tutzinger Materialien Nr. 88, Tutzing 2002, 7-26. – Mann oder Opfer? Kritische Männerforschung zwischen Verstrickung in herrschende Verhältnisse und einer neuen Erkenntnisperspektive, in: Heinrich-Böll-Stiftung (Hg.): „Mann oder Opfer?“ Dokumentation einer Fachtagung der Heinrich-Böll-Stiftung und des Forum Männer in Theorie und Praxis der Geschlechterverhältnisse am 12./13. Oktober 2001 in Berlin, Berlin 2002, 24-60 (Download der Tagungsdokumentation unter http://boell.xima-web.de/de/04_thema/1627.html). – Mann oder Opfer? Kritische Männerforschung zwischen Verstrickung in herrschende Verhältnisse und einer neuen Erkenntnisperspektive, in: BauSteineMänner (Hg.): Kritische Männerforschung, Hamburg 2001 (Neuauflage), 359-396.

Richard Schneebauer

Soziologe, 2½-jährige Tätigkeit in der offenen Jugendarbeit, Dissertation zum Thema „Offene Jugendarbeit" (http://www.jugend-und-freizeit.at/publikationen.htm), zur Zeit in Ausbildung zum Anti-Aggressivitäts-Trainer in Frankfurt/Main. Seit August 2000 Mitarbeiter der Informationsstelle für Männer des Landes OÖ (http://www.ooe.gv.at/beratung/Soziales/index.htm?maenner.htm), Leiter von GALILEO – Institut für Männerforschung und Männerbildung.

Manfred Twrznik

Informatiker und Teamleiter in einem Wiener Bankenkonzern. Diplomierter Erwachsenenbildner, EDV- und Persönlichkeitstrainer. Seit 1994 Leiter von Männerseminaren. www.maennerseminare.at

Publikation: Aufbruch zum Mann, München 2002.

Paul M. Zulehner

Studien der Philosophie (Dr. phil. 1961), der katholischen Theologie (Dr. theol. 1965) und der Religionssoziologie in Innsbruck, Wien, Konstanz und München. Schüler von Johannes Schasching und Karl Rahner. Priesterweihe 1964 (Erzdiözese Wien). Kaplan und Subregens im Wiener Priesterseminar. Alexander-von-Humboldt-Stipendium der Deutschen Bundesregierung: Studien in Konstanz (Thomas Luckmann) und München (Karl Rahner). Habilitierung für Pastoraltheologie und Pastoralsoziologie in Würzburg (Rolf Zerfaß, 1973). Lehrtätigkeit in Passau (1974-1984) und seit 1984 auf dem weltältesten (gegründet 1774) Lehrstuhl für Pastoraltheologie in Wien. Mitglied der Europäischen Akademie der Wissenschaften und der Österreichischen Akademie der Wissenschaften.

Publikationen zum Thema: Gemeinsam mit Andrea Slama: Österreichs Männer unterwegs zum neuen Mann? Wie Österreichs Männer sich selbst sehen und wie die Frauen sie einschätzen. Erweiterter Forschungsbericht, bearbeitet im Rahmen des Ludwig Boltzmann-Instituts für Werteforschung. Österreichisches Bundesministerium für Jugend und Familie, Wien 1994. – (Hg.): Müssen Männer Helden sein? Neue Wege der Selbstentwicklung, Innsbruck 1998. – Gemeinsam mit Rainer Volz: Männer im Aufbruch, Ostfildern ^{2}1999. – Dienende Männer – Anstifter zur Solidarität. Diakone in Westeuropa, Ostfildern 2003.

DER FRAGEBOGEN

Market - Markt- und MeinungsforschungsgesmbH & CoKG

P.Z593.0202.p8.F

1. Ich möchte mich mit Ihnen die Arbeitswelt aber auch über den ganz normalen Alltag außerhalb der Berufsarbeit unterhalten. Ganz spontan; würden Sie sagen, es gelingt Ihnen eher gut, so halbwegs oder eher schlecht, alles unter einen Hut zu bringen. Ich meine , der Berufsarbeit und den Verpflichtungen im Alltag gleichermaßen nachzukommen. Dies gelingt -

eher gut 1
so halbwegs 2
eher schlecht 3

Nicht vorlesen!
Keine Angabe 4

2. Angenommen, bei Ihnen zuhause würde jemand pflegebedürftig bzw. es wird jemand für die Betreuung von Kleinkindern benötigt. Wie weit wären Sie in einer solchen Situation bereit, ihre berufliche Arbeit zu Gunsten von Pflegediensten daheim zu verringern? Wäre Sie bereit, Ihre berufliche Arbeit -

100 Prozent zu verringern 1 Fr.4
auf 75 Prozent zu verringern 2 Fr.4
auf 50 Prozent zu verringern 3 Fr.4
auf 30 Prozent zu verringern 4 Fr.4
bin dazu nicht bereit 5 **Fr.3**

Nicht vorlesen!
Keine Angabe 6 Fr.4

INTERVIEWER übergibt Liste 1!

3. Könnten Sie mir bitten sagen, welcher dieser möglichen Gründe auf der Listen bei Ihnen am ehesten zutrifft, warum Sie nicht zu Gunsten von Pflegediensten Ihre Berufsarbeit verringern möchten? Bitte nennen Sie mir die entsprechende Nummer.

Nur eine Angabe nennen!
1 / 2 / 3 / 4 /

Nicht vorlesen!
Keine davon 5
Keine Angabe 6

4. Stellen Sie sich vor, Sie hätten eine Arbeitskollegin, die das gleiche oder ungefähr das gleiche kann wie Sie. Die Arbeitskollegin soll zu Ihrer Vorgesetzten befördert werden. Inwieweit treffen die einzelnen Festestellungen, die ich Ihnen nun vorlesen werde, auf Sie zu oder nicht. Bitte sagen Sie mir dies anhand einer 5stufigen Skala, wo eins bedeutet trifft völlig zu und 5 überhaupt nicht zu.
Interviewer bitte die einzelnen Feststellungen vorlesen und die entsprechende Ziffer ankreuzen !

Wenn die Qualifikation stimmt, würde ich darin kein Problem sehen .... 1/ 2 / 3 / 4 / 5

Es wäre für mich eine Zurücksetzung .... 1/ 2 / 3 / 4 / 5

Ich würde versuchen, durch Einsatz diese Entscheidung zu verhindern .... 1/ 2 / 3 / 4 / 5

Ich würde mich durch Arbeit selber wieder hinaufarbeiten .... 1/ 2 / 3 / 4 / 5

Ich würde mich für meine Kollegin freuen .... 1/ 2 / 3 / 4 / 5

Es wäre für mich kein Problem .... 1/ 2 / 3 / 4 / 5

Ich würde mir eine andere Stellung suchen .... 1/ 2 / 3 / 4 / 5

Ich würde das Gespräch mit denen suchen, die über Beförderungen entscheiden .... 1/ 2 / 3 / 4 / 5

Seite 1

5. In Ihrer Abteilung sind mehrere Personen darunter auch Sie etwa gleich qualifiziert. Eine Kollegin bzw. ein Kollege wird Ihnen vorgezogen und zum Vorgesetzen der Abteilung befördert. Wie ginge es Ihnen dabei ? Bitte sagen Sie mir dies wieder anhand einer Skala von 1 bis 5. 1 = überhaupt keine Probleme, 5= sehr große Probleme.
Interviewer die zwei Problemstellungen vorlesen und entsprechende Ziffer ankreuzen!

Wie große Probleme hätten Sie, wenn nun ein Kollege
Ihr Vorgesetzter wäre ....1 / 2 / 3/ 4 / 5
Wie große Probleme hätten Sie, wenn nun eine Kollegin
Ihre Vorgesetzte wäre ....1 / 2 / 3/ 4 / 5

6. Ich lesen Ihnen nun einige Aussagen vor und würde Sie bitten, mir zu sagen, ob Sie den einzelnen Aussagen zustimmen oder nicht zustimmen. Sie können dabei wieder auf einer 5stufigen Skala fein abstufen. 1= stimme voll zu, 5=stimme überhaupt nicht zu.
Interviewer bitte die einzelnen Aussagen vorlesen und die entsprechende Ziffer ankreuzen !

Wenn es nur wenige Arbeitsplätze gibt, dann haben –

Männer eher ein Recht auf Arbeit als Frauen .... 1/ 2 / 3 / 4 / 5

Gesunde eher ein Recht auf Arbeit als Behinderte........ 1/ 2 / 3 / 4 / 5

Inländer eher ein Recht auf Arbeit als Ausländer........ 1/ 2 / 3 / 4 / 5

jüngere Menschen eher ein Recht auf Arbeit als ältere........ 1/ 2 / 3 / 4 / 5

Leute aus der Region eher ein Recht als Leute aus anderen

Teilen Österreichs .... 1/ 2 / 3 / 4 / 5

Personen mit Unterhaltsverpflichtungen eher als Alleinstehende........ 1/ 2 / 3 / 4 / 5

Interviewer übergibt Karten 2 und Bildblatt 3, wenn der Befragte in einer Partnerschaft lebt , sonst zur Fr. 8

7. Hier auf diesen Karten finden Sie einiges, was für eine Ehe bzw. Partnerschaft manchmal notwendig ist. Legen Sie bitte die Karten auf das entsprechende Feld am Bildblatt, je nach dem, ob eher Sie, Ihre Partnerin oder Sie gemeinsam dafür Sorge tragen.

Eher ich
1 / 2 / 3 / 4 / 5/ 6 /7 / 8

Das machen wir gemeinsam
1 / 2 / 3 / 4 / 5/ 6 /7 / 8

Eher die Partnerin
1 / 2 / 3 / 4 / 5/ 6 /7 / 8

Interviewer übergibt Liste 4

8. Über die Aufgaben von Mann und Frau in der Familie und in der Kindererziehung gibt es verschiedene Meinungen. Bitte nennen Sie die Nummer jener Aussage, der Sie am meisten zustimmen.

Nur eine Angabe möglich!
1 / 2 / 3 / 4 / 5/
Nicht vorlesen!
Keine Angabe........6

9. Nun zu einem anderen Thema, nämlich der Gesundheit. Wie handhaben Sie es eigentlich mit der Vorsorgeuntersuchung. Ich meine, gehen Sie jährlich, alle zwei Jahre oder gehen Sie nur zum Arzt, wenn Sie krank sind?

jährlich 1
alle zwei Jahre........2
nur, wenn ich krank bin........3

Nicht vorlesen!
Keine Angabe........4

10. Nehmen Sie bzw. müssen Sie Medikamente regelmäßig ,gelegentlich nehmen oder nicht?

regelmäßig........1
gelegentlich 2

Seite 2

nehme keine 3

Nicht vorlesen!
Keine Angabe 4

11. a Trinken Sie Alkohol?

ja 1 Fr.11b
nein 2 Fr.12
keine Angabe 3 Fr.12

11b.

Wenn ja
mehr als 2 Flaschen Wein oder 10 Flaschen Bier pro Woche ... 1
etwa 1 Flasche Wein oder 5 Flaschen Bier pro Woche 2
weniger 3

Keine Angabe 4

12. a Und sind Sie Raucher?

ja 1 Fr.12b
nein 2 Fr.13
keine Angabe 3 Fr.13

12 b.

Wenn ja
mehr als 10 Zigaretten pro Tag 1
5-10 Zigaretten pro Tag 2
weniger 3

Keine Angabe 4

13. Ich lese Ihnen nun einige Aussagen zum Thema Gesundheit vor, und Sie sagen mir bitte wieder anhand einer 5stufigen Skala, wie sehr die einzelne Aussage auf Sie persönlich zutrifft. 1=trifft voll zu, 5trifft überhaupt nicht zu.
Interviewer vorlesen!

Ich bemühe mich um eine um eine gesunde Ernährung .... 1/ 2 / 3/ 4 / 5

Ich schlafe ausreichend .... 1/ 2 / 3/ 4 / 5

Ich betreibe regelmäßig Sport .... 1/ 2 / 3/ 4 / 5

Ich fühle mich körperlich gesund .... 1/ 2 / 3/ 4 / 5

Ich fühle mich seelisch gesund .... 1/ 2 / 3/ 4 / 5

Ich arbeite oft mehr als es für meine Gesundheit zuträglich ist .... 1/ 2 / 3/ 4 / 5

Ich kümmere mich sehr bewusst um meine Gesundheit .... 1/ 2 / 3/ 4 / 5

Männer stellen ihre Arbeit über die Gesundheit .... 1/ 2 / 3/ 4 / 5

Ich gehe regelmäßig zur Vorsorgeuntersuchung .... 1/ 2 / 3/ 4 / 5

Interviewer übergibt Liste 5
14. Hier auf dieser Liste finden Sie verschiedene Reaktionen, wie man auf Unwohlsein bzw. Erkrankungen reagieren kann. Bitte nennen Sie mir jene Nummer, die Sie am besten beschreibt.

Nur eine Angabe!
1 / 2 / 3 / 4 /
Keine Angabe 5

Interviewer übergibt Karten 6 und Bildblatt 7
15. Man kann mit Problemen sehr unterschiedlich umgehen. Wie ist das bei Ihnen? Bitte legen Sie die Karten auf das entsprechende Feld.

Mache ich üblicherweise!
1 / 2 / 3 / 4 / 5/ 6
Mache ich gelegentlich!
1 / 2 / 3 / 4 /5 /6
Mache ich eher nicht!
1 / 2 / 3 / 4 / 5/ 6

16. Würde Sie wieder bitten, bei den nachfolgenden Aussagen anhand einer Skala von 1 bis 5 mir zu sagen, wieweit sie

diesen Aussagen zustimmen? 1=völlig zustimmen, 5= überhaupt nicht zustimmen.
Interviewer vorlesen!

Ich kann mit Leid gut umgehen .... 1/ 2 / 3/ 4 / 5

Ich stelle mich den Leiderfahrungen, um sie zu bewältigen .... 1/ 2 / 3/ 4 / 5

Mein Glaube gibt mir die Kraft, Leid zu bewältigen .... 1/ 2 / 3/ 4 / 5

Ich will lieber nicht über Leid nachdenken .... 1/ 2 / 3/ 4 / 5

Ich reiße mich zusammen .... 1/ 2 / 3/ 4 / 5

Frauen könnten mit leid besser umgehen als Männer .... 1/ 2 / 3/ 4 / 5

17. Was empfinden Sie, wenn Sie an Ihren eigenen Tod denken? Inwieweit treffen folgende Aussagen auf Sie zu? Stufen Sie die Aussagen wieder anhand einer Skala von 1=trifft voll und ganz zu bis 5=trifft überhaupt nicht zu ein.
Interviewer vorlesen!

Das macht mir Angst .... 1/ 2 / 3/ 4 / 5

Es macht mich nachdenklich .... 1/ 2 / 3/ 4 / 5

Mein Glaube gibt mir die Stärke, mich dem Tod zu stellen .... 1/ 2 / 3/ 4 / 5

Ich denke überhaupt nicht darüber nach .... 1/ 2 / 3/ 4 / 5

Interviewer übergibt Karten 8 und Bildblatt 9

18. Auf den Karten finden Sie verschiedene Haushalts- und Familientätigkeiten. Bitte legen Sie die Karten wieder auf die entsprechenden Felder.

Übernehme ich regelmäßig!
1 / 2 / 3 / 4 / 5/ 6
übernehme ich ab und zu!
1 / 2 / 3 / 4 /5 /6
überlasse ich Frau/Partnerin
1 / 2 / 3 / 4 / 5/ 6

Interviewer übergibt Karten 8 und Bildblatt 10

19. Bitte gehen Sie diese Karten nochmals durch legen Sie diese wieder auf das entsprechende Feld.

Übernehme ich zu 100 Prozent!
1 / 2 / 3 / 4 / 5/ 6
Übernehme ich zu 66 Prozent!
1 / 2 / 3 / 4 /5 /6
Übernehme ich zu 33 Prozent
1 / 2 / 3 / 4 / 5/ 6
Übernehme ich zu 25 Prozent
1 / 2 / 3 / 4 / 5/ 6

20. Welche der folgenden Tätigkeiten, die ich Ihnen nun vorlesen werde, verrichten Sie mit Ihren Kindern bzw. haben Sie mit den Kindern gemacht, als diese nochklein waren? 1=regelmäßig, 2=selten und 3=nie

	regelmäßig	selten	nie
spielen	1	2	3
Sport betreiben	1	2	3
Spazieren gehen	1	2	3
Waschen, aufs Klo setzen, Babypflege	1	2	3
ins Bett bringen	1	2	3
mit Kindern beten	1	2	3
sie pflegen, wenn sie krank sind	1	2	3
Elternsprechtage besuchen	1	2	3
Schulfeste u.ä. Veranstaltungen besuchen	1	2	3
Hausaufgaben machen, lernen	1	2	3
Mit ihnen zum Kinderarzt gehen	1	2	3

Seite 4

Interviewer grünes Abreißblatt zum selbst ankreuzen!

21. Welche der folgenden Eigenschaften halten Sie für typisch männlich? Kreuzen Sie bei jedem Gegensatzpaar auf dieser Karte an, ob eher die linke Eigenschaft (=1)oder die rechte Eigenschaft (=5) zutrifft.

Interviewer blaues Abreißblatt zum selbst ankreuzen!

22. Welche der folgenden Eigenschaften halten Sie für typisch weiblich? Kreuzen Sie bei jedem Gegensatzpaar auf dieser Karte an, ob eher die linke Eigenschaft (=1)oder die rechte Eigenschaft (=5) zutrifft.

INTERVIEWER übergibt Liste 11

23. Hier auf dieser Liste stehen Aussagen zum Glauben an Gott. Welcher können Sie am ehesten zustimmen? Nennen Sie mir bitte die entsprechende Nummer.

Nur eine Angabe möglich
1 / 2 / 3 / 4 / 5 /

Nicht vorlesen!
Keine Angabe 6

24. Gehören Sie derzeit zu einer der nachfolgenden Religionsgemeinschaften?
Interviewer die Religionsgemeinschaften vorlesen!

katholisch 1 Fr.26
evangelisch 2 Fr.26
islamisch 3 Fr.26
andere Religionsgemeinschaft 4 Fr.26
zu keiner 5 Fr.25

Nicht vorlesen!
Keine Angabe 6 Fr.26

25. Haben Sie früher zu einer Religionsgemeinschaft gehört?

katholisch 1
evangelisch 2
islamisch 3
andere Religionsgemeinschaft 4
habe nie einer Religionsgemeinschaft angehört 5

Nicht vorlesen!
Keine Angabe 6

26. Einmal angesehen von Hochzeiten, Beerdigungen, Taufen usw.; wie oft gehen Sie zum Gottesdienst in die Kirche? Jeden Sonntag, monatlich, an hohen Festen bzw. besonderen Anlässen oder fast nie? Man geht zum Gottesdienst in die Kirche-

jeden Sonntag 1
monatlich 2
an hohen Festen bzw. bei bes. Anlässen 3
fast nie 4

Nicht vorlesen!
Keine Angabe 5

Interviewer übergibt Karten 12 und Bildblatt 13!

27. Für viele Menschen sind religiöse Inhalte Teil Ihrer Weltanschauung. Inwieweit stimmen Sie den folgenden Aussagen zu? Bitte legen Sie die Karten auf das entsprechende Feld, je nach dem, ob Sie der jeweiligen Aussage sehr, eher, eher nicht oder gar nicht zustimmen?

Stimme sehr zu!
1 / 2 / 3 / 4 / 5 /6/ 7/ 8/9/ 10/

Stimme eher zu!
1 / 2 / 3 / 4 / 5 /6/ 7/ 8/9/ 10/

Stimme eher nicht zu!
1 / 2 / 3 / 4 / 5 /6/ 7/ 8/9/ 10/

Stimme gar nicht zu!
1 / 2 / 3 / 4 / 5 /6/ 7/ 8/9/ 10

28. Manche Männer treffen sich regelmäßig in Gruppen und männerspezifischen Seminaren, um sich über ihre Erfahrungen, Probleme in der Ehe bzw. Partnerschaft, im Beruf und in der Freizeit auszutauschen. Dabei überlegen sie auch, wie sie sich und ihr Leben verändern könnten. Wäre es für Sie vorstellbar, in einer solchen Gruppe mitzutun? Würden Sie sagen -

ich mache bereits in einer Gruppe mit 1
ja, sicher kann ich mir das vorstellen 2
ja, vielleicht 3
nein, eher nicht 4
nein, auf keinen Fall 5

Nicht vorlesen!
Keine Angabe 6

Interviewer übergibt Konzeptblatt 14!

29. Bitte lesen Sie sich den Text durch und sagen Sie mir dann, wo auf dieser Skala Sie sich einreihen würden?

Nur eine Angabe!
1 / 2 / 3 / 4 / 5 /6/ 7/ 8/9/ 10/

30. Eine Frage Ihre Lebensweise in Bezug auf die Partnerschaft betreffend. Leben Sie -

immer allein 1
zeitweise allein –zeitw. mit jemanden anderem zusammen 2
in gemeinsamen Haushalt mit einer Partnerin 3
in gemeinsamem Haushalt mit einem Partner 4

Nicht vorlesen!
Keine Angabe 5

31. Eine Frage Ihre Lebensweise in Bezug auf die Partnerschaft betreffend. Leben Sie -

immer allein 1 Fr.33
zeitweise allein –zeitw. mit jemanden anderem zusam. 2 Fr. 32
in gemeinsamen Haushalt mit einer Partnerin 3 Fr.32
in gemeinsamem Haushalt mit einem Partner .... 4 Fr. 32

Nicht vorlesen!
Keine Angabe 5 Fr.33

32. Wie würden Sie diese Partnerschaft bezeichnen? Würden Sie sagen, kurzfristig, eine gewisse Dauer erwarte ich schon oder auf Dauer angelegt?

kurzfristig 1
eine gewisse Dauer erwarte ich schon 2
auf Dauer angelegt 3
Nicht vorlesen!
Keine Angabe 4

Interviewer übergibt Karten 15 und Bildblatt 16

33. In unserem alltäglichen Leben bewegen wir uns in verschiedenen Feldern. Diesen verleihen wir ein unterschiedliches Gewicht. Bitte reihen Sie Karten nach ihrer persönlichen Wichtigkeit, so wie es Ihrer Meinung sein sollte. 1=oberste Wichtigkeit bis 8= geringste Wichtigkeit.
Interviewer bitte die vorgenommene Platzierung ankreuzen!

Erwerbsarbeit .... 1/ 2 / 3/ 4 / 5/ 6/ 7/ 8

Freundeskreis .... 1/ 2 / 3/ 4 / 5/ 6/ 7/ 8

Ehrenamtliche Tätigkeit im Sozialbereich .... 1/ 2 / 3/ 4 / 5/ 6/ 7/ 8

Ehrenamtliche Tätigkeit im Freizeitbereich .... 1/ 2 / 3/ 4 / 5/ 6/ 7/ 8

Zusammensein mit Kindern .... 1/ 2 / 3/ 4 / 5/ 6/ 7/ 8

Zeit mit Partner /Partnerin verbringen .... 1/ 2 / 3/ 4 / 5/ 6/ 7/ 8

Zeit für eine religiöse Gemeinschaft (Kirchgang, etc.) .... 1/ 2 / 3/ 4 / 5/ 6/ 7/ 8

Politische Tätigkeiten .... 1/ 2 / 3/ 4 / 5/ 6/ 7/ 8

Interviewer übergibt Karten 15 und Bildblatt 17

34. Bitte ordnen Sie diese Lebensfelder noch einmal an Hand Ihrer Erfahrung. So wie es in Wirklichkeit bei Ihnen ist. 1=oberste Wichtigkeit bis 8= geringste Wichtigkeit.
Interviewer bitte die vorgenommene Platzierung ankreuzen!

Erwerbsarbeit .... 1/ 2 / 3/ 4 / 5/ 6/ 7/ 8
Freundeskreis .... 1/ 2 / 3/ 4 / 5/ 6/ 7/ 8
Ehrenamtliche Tätigkeit im Sozialbereich .... 1/ 2 / 3/ 4 / 5/ 6/ 7/ 8
Ehrenamtliche Tätigkeit im Freizeitbereich .... 1/ 2 / 3/ 4 / 5/ 6/ 7/ 8
Zusammensein mit Kindern .... 1/ 2 / 3/ 4 / 5/ 6/ 7/ 8
Zeit mit Partner /Partnerin verbringen .... 1/ 2 / 3/ 4 / 5/ 6/ 7/ 8
Zeit für eine religiöse Gemeinschaft (Kirchgang, etc.) .... 1/ 2 / 3/ 4 / 5/ 6/ 7/ 8
Politische Tätigkeiten .... 1/ 2 / 3/ 4 / 5/ 6/ 7/ 8

35. Bitte sagen Sie mir anhand einer 5stufigen Skala, wie frei Sie folgende Lebensbereiche entscheiden können? 1=sehr frei, 5= überhaupt nicht frei.

In der Erwerbsarbeit .... 1/ 2 / 3/ 4 / 5/
In der Familie .... 1/ 2 / 3/ 4 / 5/
Hinsichtlich der Kinder .... 1/ 2 / 3/ 4 / 5/
In der Gestaltung der Freizeit .... 1/ 2 / 3/ 4 / 5/
Wie ich meine Rolle als Mann/als Frau gestalte .. 1/ 2 / 3/ 4 / 5/

36. Wie viele Kinder hätten Sie gern? Eines, zwei, drei, vier und mehr oder keines?

Ein Kind 1
Zwei Kinder 2
Drei Kinder 3
Vier und mehr Kinder 4
Keine Kinder 5
Nicht vorlesen!
Keine Angabe 6

37. Wie viele Kinder hätten Sie gern? Eines, zwei, drei, vier und mehr oder keines?

Ein Kind 1
Zwei Kinder 2
Drei Kinder 3
Vier und mehr Kinder 4
Keine Kinder 5
Nicht vorlesen!
Keine Angabe 6

38. Und wie viele Kinder haben Sie?

Ein Kind 1
Zwei Kinder 2
Drei Kinder 3
Vier und mehr Kinder 4
Keine Kinder 5
Nicht vorlesen!
Keine Angabe 6

39. Welches Arbeitszeitmodell wünschen Sie sich? Eine geregelte Fünfunddreißigstundenwoche, Teilzeitarbeit, flexible Arbeitszeit, Jahresarbeitszeit oder Lebensarbeitszeit?

Geregelte Fünfunddreißigstundenwoche 1
Teilzeitarbeit 2

Seite 7

Flexible Arbeitszeit 3
Jahresarbeitszeit (mit flexiblen Ausgleichmöglichkeiten 4
Lebensarbeitszeit (mit Sabbatzeiten 5
Nicht vorlesen!
Keine Angabe 6

40. Wie würden Sie die folgende Bereiche Ihrer beruflichen Tätigkeit charakterisieren? Bitte sagen Sie mir dies wieder anhand einer 5stufigen Skala, wo 1= ist völlig richtig, 5=ist völlig falsch.

Ich habe viel Freiraum für eigene Entscheidungen .... 1/ 2 / 3/ 4 / 5/
Ich vollbringe ausführende Tätigkeiten, die mir jemand vorgibt .... 1/ 2 / 3/ 4 / 5/
Ich sehe Entwicklungschancen für Aufstieg und Weiterentwicklung .... 1/ 2 / 3/ 4 / 5/
Ich treffe auch Entscheidungen über andere .... 1/ 2 / 3/ 4 / 5/
Ich finde mich ab mit dem, was ich tue .... 1/ 2 / 3/ 4 / 5/

41. Wie hat Ihr Vater und Ihre Mutter gelebt?

	Vater	Mutter
ein Leben lang mit einem Partner/einer Partnerin	1	2
geschieden	1	2
mehrmals geschieden	1	2
nach Scheidung(en) wiederverheiratet	1	2
hat nie geheiratet	1	2
Keine Angabe		3

42. Wie war das bei Ihren Eltern? Ware diese erwerbstätig, zeitweilig arbeitslos, hatten den Beruf wenigstens einmal gewechselt, war in Teilzeitarbeit oder Hausmann/Hausfrau?
Interviewer bitte die einzelnen Bereiche den Befragen nochmals aufzählen!

	Vater	Mutter
erwerbstätig	1	2
zeitweilig arbeitslos	1	2
hatte den Beruf wenigstens einmal gew.	1	2
war in Teilzeitarbeit	1	2
war Hausmann/ Hausfrau	1	2
Keine Angabe		3

43. Trennungen und Scheidungen können auf einer formell –rechtlichen Ebene geschehen, manchmal bleiben bzw. finden sie aber informell statt. Wenn es in Ihrem Leben solche Trennungen/ Scheidungen gab: Von wem ging da die Initiative aus??

	von mir	PartnerIn
Erste Scheidung/Trennung	1	2
Zweite Scheidung /Trennung	1	2
Dritte Scheidung /Trennung.	1	2
Vierte Scheidung/Trennung	1	2
Fünfte Scheidung/ Trennung	1	2
Gab nie eine Scheidung /Trennung		3
Keine Angabe		4

Interviewer weißes Textblatt zum selbst ankreuzen!

Seite 8

44. Wie stehen Sie zu den folgenden Aussagen. Sie haben fünf Stufen zur Verfügung: 1=ich stimme der Aussage voll zu; 5=ich lehne die Aussage voll ab; die drei anderen liegen dazwischen.

45. Sind Sie schon einmal Opfer von Gewalt geworden?

Von einem Mann 1 Fr.46
Von einer Frau 2 Fr.46
Von niemanden 3 Fr.47
Nicht vorlesen!
Keine Angabe 4Fr.47

46. Handelte es sich um sexuelle Gewalt?

Ja 1
Nein 2
Keine Angabe 3

47. Wie würden Sie sich bezeichnen; als heterosexuell, bisexuell, gleichgeschlechtlich orientiert oder asexuell?

heterosexuell 1
bisexuell 2
gleichgeschlechtlich (homosexuell/lesbisch) 3
asexuell 4
Nicht vorlesen!
Keine Angabe 5

Seite 9

Liste 1

1. Weil ich dadurch meine Karriere gefährden würde
2. Weil ich mehr verdiene als mein Partner/meine Partnerin und das gemeinsame Einkommen zu niedrig werden würde
3. Weil ich das nicht als meine Aufgabe ansehe
4. Weil solche Aufgaben durch gute Einrichtungen (Kinderkrippen, Kindergärten, Pflegeheime, Hospizeinrichtungen) besser erfüllt werden können

Karten 2

1. dass es gemütlich ist
2. dass gemeinsam etwas unternommen wird
3. dass es bei einem Streit wieder zu einem Ausgleich kommt
4. dass notwendige Entscheidungen getroffen werden
5. dass über die Partnerschaft gesprochen wird
6. dass über Spannungen oder Probleme gesprochen wird
7. dass die materielle Existenz gesichert ist
8. dass für die Zukunft geplant wird

Bildblatt 3

Eher ich	
Das machen wir gemeinsam	
Eher die Partnerin	

Liste 4

1. Es ist für alle Beteiligten besser, wenn der Mann voll im Erwerbsleben steht und die Frau zu Hause bleibt und sich um Haushalt und die Kinder kümmert.
2. Mindestens so lange die Kinder noch klein sind, ist es besser, wenn die Frau zu Hause bleibt.
3. Grundsätzlich sollten Frauen genauso berufstätig sein können wie die Männer. Männer und Frauen sollten sich deshalb die Arbeit im Haushalt und die Sorge um die Kinder teilen oder sich dabei abwechseln.
4. Es ist für alle Beteiligten besser, wenn die Frau voll im Erwerbsleben steht und der Mann zu Hause bleibt und sich um Haushalt und die Kinder kümmert.
5. Am besten ist es für die Frauen und Männer, wenn die Kinder möglichst bald von außerfamiliären Einrichtungen betreut werden.

Liste 5

Bleiben Sie zu Hause, wenn Sie sich krank fühlen –

1. Ja, auch bei leichten Beschwerden bleibe ich zu Hause, meine Gesundheit ist mir wichtiger.
2. Ja, aber nur bei höherem Fieber bzw. bei stärkeren Beschwerden
3. Ja, aber nur wenn ich wirklich ernsthaft krank bin
4. Ich bin noch nie krank gewesen

Karten 6

1. Ziehe ich mich zurück
2. Suche ich Trost bei einem anderen Menschen
3. Reiße ich mich zusammen
4. Berate ich mich mit Freunden
5. Berate ich mich mit Freundinnen
6. Ich spreche mit meiner Partnerin /meinem Partner
7. Gehe ich in eine Beratungsstelle oder Therapie

Bildblatt 7

Mache ich üblicherweise	
Mache ich gelegentlich	
Mache ich eher nicht	

Karten 8

1. abwaschen
2. aufräumen
3. Auto waschen
4. Blumen pflegen
5. bügeln
6. einkaufen
7. Gartenarbeit
8. Haushaltsreparaturen
9. kochen
10. kranke Angehörige besuchen
11. mit den Behörten verhandeln
12. Müll wegschaffen
13. Neue Möbel kaufen
14. Neues Bild aufhängen
15. putzen
16. sich um Eltern kümmern
17. Staubsaugen
18. Steuererklärung ausfüllen
19. Wäsche aufhängen
20. Wäsche waschen

Bildblatt 9

Übernehme ich regelmäßig	
Übernehme ich ab und zu	
Überlasse ich Frau/Partnerin	

Bildblatt 10

Übernehme ich zu 100 Prozent	
Übernehme ich zu 66 Prozent	
Übernehme ich zu 33 Prozent	
Übernehme ich zu 25 Prozent	

Liste 11

1. Es gibt einen leibhaftigen Gott
2. Es gibt irgend ein höheres Wesen oder eine geistige Macht
3. Ich weiß nicht richtig, was ich glauben soll
4. Ich glaube nicht, dass es einen Gott, irgend ein höheres Wesen oder eine geistige Macht gibt
5. Unentschieden

Karten 12

1. Die höhere Macht: Das ist der ewige Kreislauf zwischen Mensch, Natur und Kosmos (der ganzen Welt).
2. Es gibt eine Reinkarnation (Wiedergeburt) der Seele in einem anderen Leben
3. Ich glaube, dass Ereignisse aus einem vorherigen Leben mein jetziges Dasein beeinflusst
4. Es gibt einen Gott, der sich in Jesus zu erkennen gegeben hat.
5. Die Auferstehung von Jesus Christus gibt meinen Tod einen Sinn.
6. Die Zukunft liegt im von Jesus Christus verkündeten Reich Gottes
7. Ich glaube an einen Gott, aber nicht, wie das Christentum ihn predigt.

Bildblatt 13

stimme sehr zu	
stimme eher zu	
stimme eher nicht zu	
stimme gar nicht zu	

Konzeptblatt 14

Nun noch eine ganz andere Frage: Die Geschlechterrollen (also was weiblich und was männlich ist) sind „ins Gerede“ gekommen, es ist nicht mehr so klar wie früher, was männlich ist und was weiblich. Wie würden Sie sich selbst einschätzen? Sie sehen hier zwei Extremtypen und eine feine Abstufung dazwischen.

1: Ich richte mich nach der Tradition und der natürlichen Ordnung: Es gibt eben Männer und Frauen, so hat es die Natur eingerichtet. Männer sollen sich wie Männer verhalten und Frauen wie Frauen.

10: Ich würde mich als „moderne Frau“ bzw. „modernen Mann“ bezeichnen: Geschlechterrollen sind Erfindungen der Gesellschaft. Zum vollen Menschsein gehört es, dass man sowohl die weiblichen als auch die männlichen Anteile in sich lebt und alle Aufgaben gleichmäßig aufteilt.

1	**2**	**3**	**4**	**5**	**6**	**7**	**8**	**9**	**10**

Karten 15

1. Erwerbsarbeit
2. Freundeskreis
3. Ehrenamtliche Tätigkeiten im Sozialbereich
4. Ehrenamtliche Tätigkeit im Freizeitbereich
5. Zusammensein mit den Kindern
6. Zeit für eine religiöse Gemeinschaft (Kirchgang, ...)
7. Politische Tätigkeiten

Bildblatt 16

Bitte reihen Sie die Karten nach ihrer persönlichen Wichtigkeit, so wie es Ihrer Meinung sein sollte. 1=oberste Wichtigkeit bis 8= geringste Wichtigkeit.

1	5
2	6
3	7
4	8

Bildblatt 17

Bitte reihen Sie die Karten noch einmal an Hand Ihrer Erfahrung, d.h. so wie es in Wirklichkeit ist.. 1=oberste Wichtigkeit bis 8= geringste Wichtigkeit.

1	5
2	6
3	7
4	8

Grünes Abreißblatt

Sagen Sie mir bitte zu jedem Gegensatzpaar auf dieser Karte, ob eher die linke Eigenschaft(=1) oder eher die rechte Eigenschaft (=5) zutrifft. Dazwischen stufen Sie fein ab.

dominierend	1	2	3	4	5	unterwürfig
aktiv						passiv
stark						schwach
gewalttätig						sanft
leistungsbewusst						nicht leistungsbewusst
Selbstvertrauen haben						kein Selbstvertrauen haben
logisch denken						unlogisch denken
willensstark						willenschwach
erotisch						unerotisch
ängstlich						tapfer
gesellig						ungesellig
sicher						unsicher
redet viel						eher ruhig
gepflegtes Aussehen						ungepflegtes Aussehen
selbstständig						unselbstständig
mitfühlend						nicht mitfühlend
gefühlvoll						gefühllos

Blaues Abreißblatt

Welche der folgenden Eigenschaften halten Sie für typisch weiblich? Sagen Sie mir bitte zu jedem Gegensatzpaar auf dieser Karte, ob eher die linke Eigenschaft(=1) oder eher die rechte Eigenschaft (=5) zutrifft. Dazwischen stufen Sie fein ab.

dominierend	1	2	3	4	5	unterwürfig
aktiv						passiv
stark						schwach
gewalttätig						sanft
leistungsbewusst						nicht leistungsbewusst
Selbstvertrauen haben						kein Selbstvertrauen haben
logisch denken						unlogisch denken
willensstark						willenschwach
erotisch						unerotisch
ängstlich						tapfer
gesellig						ungesellig
sicher						unsicher
redet viel						eher ruhig
gepflegtes Aussehen						ungepflegtes Aussehen
selbstständig						unselbstständig
mitfühlend						nicht mitfühlend
gefühlvoll						gefühllos

Weißes Textheft

Wie stehen Sie zu den folgenden Aussagen. Sie haben fünf Stufen zur Verfügung: 1=ich stimme der Aussage voll zu; 5=ich lehne die Aussage voll ab; die drei anderen liegen dazwischen.

Wo strenge Autorität ist, dort ist auch Gerechtigkeit	1	2	3	4	5
Das Wichtigste, was Kinder lernen müssen, ist Gehorsam	1	2	3	4	5
Mitreden und mitentscheiden soll man erst, wenn man durch harte Arbeit eine Position erreicht hat	1	2	3	4	5
Die viele Freiheit, die heute die jungen Menschen haben, ist sicher nicht gut	1	2	3	4	5
Der Sinn des Lebens besteht darin, eine angesehene Position zu gewinnen	1	2	3	4	5
Sicherheit und Wohlstand sind wichtiger als Freiheit	1	2	3	4	5
Der Beruf soll in erster Linie dazu da sein, ein gesichertes Einkommen zu garantieren	1	2	3	4	5
Man muss sich das Leben so angenehm wie möglich machen	1	2	3	4	5
Wichtig ist, dass das Leben so angenehm wie nur möglich machen	1	2	3	4	5
Wichtig ist, dass der Mensch glücklich wird. Wie, das ist seine Sache	1	2	3	4	5
Jeder muss seine Probleme selbst lösen	1	2	3	4	5
Ausländer sollten ihren Lebensstil ein bisschen besser an den der Inländer anpassen	1	2	3	4	5
Wenn Arbeitsplätze knapp werden, sollte man die Ausländer wieder in ihre Heimat zurückschicken	1	2	3	4	5
Man sollte Ausländern jede politische Betätigung im Inland untersagen	1	2	3	4	5
Ausländer sollten sich ihre Ehepartner unter ihren eigenen Landsleuten auswählen	1	2	3	4	5
Man sollte denen, die mehr haben, etwas wegnehmen dürfen, um es an Bedürftige zu verteilen	1	2	3	4	5
Einkommensunterschiede sollen verringert werden	1	2	3	4	5
Wenn wir alle ein bisschen verzichten würden, gäbe es bald keine Armut mehr	1	2	3	4	5
Das Wichtigste, was Kinder lernen müssen, ist das Teilen	1	2	3	4	5
Teilen lernt man am besten in der Familie	1	2	3	4	5
Ohne Familie kann man nicht lernen, Konflikte zu lösen	1	2	3	4	5
Mit dem Tod ist alles aus	1	2	3	4	5
Ich hoffe, dass es ein Weiterleben nach dem Tod gibt	1	2	3	4	5
Die Menschen werden mit Leib und Seele von den	1	2	3	4	5

Toten auferstehen					
Das Leben hat nur Sinn, weil es Gott gibt	1	2	3	4	5
Der Sinn des Lebens ist, dass man versucht, dabei das Beste herauszuholen	1	2	3	4	5
Ich weiß nicht, wozu der Mensch lebt	1	2	3	4	5
Ich hoffe, dass es ein Weiterleben nach dem Tod gibt	1	2	3	4	5
Beten ist für mich wichtig, weil ich dadurch mit Gott in Beziehung treten kann	1	2	3	4	5
In Jesus von Nazareth ist Gott Mensch geworden	1	2	3	4	5
Wir Menschen brauchen Gott nicht	1	2	3	4	5
Die Frau soll für den Haushalt und die Kinder da sein, der Mann ist für den Beruf und für die finanzielle Versorgung zuständig	1	2	3	4	5
Wenn ein Mann und eine Frau sich begegnen, soll der Mann den ersten Schritt tun	1	2	3	4	5
Männer können einer Frau ruhig das Gefühl geben, sie würden bestimmen, zuletzt passiert doch das, was er will	1	2	3	4	5
Der Beruf ist gut, aber was die meisten Frauen wirklich wollen, ist ein Heim und Kinder	1	2	3	4	5
Partnerschaft und Familie bedeuten mir nicht viel	1	2	3	4	5
Eine Frau muss ein Kind haben, um ein erfülltes Leben zu haben	1	2	3	4	5
Hausfrau zu sein ist für eine Frau genauso befriedigend wie eine Berufstätigkeit	1	2	3	4	5
Frauen sind von Natur aus besser dazu geeignet, Kinder aufzuziehen	1	2	3	4	5
Am besten ist es, wenn der Mann und die Frau beide ihre Erwerbsarbeit einschränken und sich beide gleich um Haushalt und Kinder kümmern	1	2	3	4	5
Frauenemanzipation ist eine notwendige und gute Entwicklung					
Beide, Mann und Frau, sollten zum Haushaltseinkommen beitragen	1	2	3	4	5
Eine berufstätige Frau kann ihrem Kind genauso viel Wärme und Sicherheit geben wie eine Mutter, die nicht arbeitet	1	2	3	4	5
Ein Kleinkind wird wahrscheinlich darunter leiden, wenn die Mutter berufstätig ist	1	2	3	4	5
Ich bin bereit, meine Berufstätigkeit zu Gunsten der Familie zu reduzieren	1	2	3	4	5
Auch Männer sollen Pflegedienste (Kinder, Alte, Kranke) leisten.	1	2	3	4	5
Kinder bereichern das Leben von Männern	1	2	3	4	5
Gutes Familienleben gibt Kraft für den Beruf	1	2	3	4	5
Partnerschaft hilft über berufliche Misserfolge hinweg	1	2	3	4	5

Ein erfüllender Beruf hilft auch über Beziehungsprobleme hinweg	1	2	3	4	5
Frauen können einem Mann ruhig das Gefühl geben, er würde bestimmen, zuletzt passiert doch das, was sie will	1	2	3	4	5
Männeremanzipation ist eine notwendige und gute Entwicklung	1	2	3	4	5
Der Mann erfährt in seiner Arbeit seinen persönlichen Sinn	1	2	3	4	5
Ein Mann ohne Erwerbsarbeit hat kein gesellschaftliches Ansehen	1	2	3	4	5
Arbeitslosigkeit bedroht den Lebenssinn von Männern mehr als jenen der Frauen	1	2	3	4	5
Wenn ich in Karenz/Pflegekarenz (Kinder, Alte, Sterbende) gehe, habe ich Angst, berufliche Nachteile hinnehmen zu müssen	1	2	3	4	5
Wieviele Kinder eine Familie haben will, sollen Mann und Frau gemeinsam bestimmen	1	2	3	4	5
Für die Verhütung sorgt die Frau, da sie mehr Möglichkeiten hat	1	2	3	4	5
Auch Männer sollen sich mehr um die Verhütung kümmern	1	2	3	4	5
Sexuelle Belästigung sind ein Mittel, um Macht auszuüben	1	2	3	4	5
Männer tun sich schwer, über Sexualität mit ihrer Partnerin zu sprechen	1	2	3	4	5
Ohne Sexualität wäre ich mit meinem Leben sehr unzufrieden	1	2	3	4	5
Bei sexuellen Begegnungen geht es mir vorrangig um Triebbefriedigung					
Sexuelle Begegnung ist für mich ein vorzüglicher Weg zur Person des anderen	1	2	3	4	5
Nur ein sexuell aktiver Mann ist ein richtiger Mann	1	2	3	4	5
Ich nehme die Wünsche des anderen beim sexuellen Vollzug wahr	1	2	3	4	5
Manchmal muss man Kinder einen Klaps oder eine Ohrfeige geben, damit sie zur Vernunft kommen	1	2	3	4	5
Ein Mann muss sich vor den anderen auch durch Kraftakte erweisen	1	2	3	4	5
Ein Mann muss sich unter Männern auch notfalls mit Gewalt durchsetzen	1	2	3	4	5
Wenn eine Frau vergewaltigt wird, hat sie wahrscheinlich den Mann provoziert	1	2	3	4	5
Männern fällt es schwer, sanfte Gefühle auszudrücken	1	2	3	4	5

Frauen fällt es schwer, Macht offen zu zeigen	1	2	3	4	5
Ich gestalte gern das Zusammenleben von Menschen und übe auf diese Weise bewusst Macht aus	1	2	3	4	5
Ich übernehme in Gruppen oder bei Entscheidungsvorgängen oft die Führung	1	2	3	4	5
Macht ist Männersache	1	2	3	4	5
Es fällt mir schwer, die Leitungsrolle	1	2	3	4	5
Wenn die Frau stark provoziert, ist es durchaus verständlich, dass ein Mann auch einmal zuschlägt	1	2	3	4	5
Frauen üben Gewalt auf psychischer Ebene aus	1	2	3	4	5
Männer fällt der Zugang zu ihren Gefühlen schwer	1	2	3	4	5
Männer leiden unter Scheidung/Trennung mehr als Frauen	1	2	3	4	5
Männer drücken ihre Gefühle anders aus als Frauen	1	2	3	4	5
Ich brauche es nicht, über Gefühle mit anderen zu sprechen	1	2	3	4	5
Ich kann gut darüber reden, wie es mir wirklich geht	1	2	3	4	5
Ein richtiger Mann muss bereit sein, viel zu riskieren	1	2	3	4	5
Wer viel riskiert, muss auch mit dem Scheitern leben können	1	2	3	4	5
Manchmal mache ich mir oft Gedanken über die Zeit, in der ich einmal alt sein werde	1	2	3	4	5
Ich habe auch schon versucht, mir Möglichkeiten zu überlegen, wie ich mich in der Pension auch ohne Berufstätigkeit sinnvoll beschäftigen kann	1	2	3	4	5
Wenn ich alt und pflegebedürftig bin, hoffe/wünsche ich , dass meine Familie mich pflegen wird	1	2	3	4	5
Es ist für Frauen und Männer heute mit großen Schwierigkeiten verbunden, Erwerbsarbeit und Familienarbeit (m. Kindern)zu vereinbaren	1	2	3	4	5
Die Wirtschaft ist nicht kinderfreundlich	1	2	3	4	5
Kinder stören heute die Lebensinteressen von Männern	1	2	3	4	5
Familienarbeit sollte ebenso bezahlt werden wie Erwerbsarbeit	1	2	3	4	5
Familienfreundliche Betriebe sollen steuerlich entlastet werden	1	2	3	4	5
Erwerbstätigkeit macht Frauen von ihren Partnern unabhängiger	1	2	3	4	5
Die neuen Geschlechterrollen sind anstrengender als die traditionellen	1	2	3	4	5
Das Leben in einer Familie ist einfacher, wenn ein Elternteil nicht arbeitet und zuhause bleibt	1	2	3	4	5
Erwerbstätigkeit ist für ein sinnvolles Leben für Frauen heute unbedingt notwendig	1	2	3	4	5

Wir können es uns finanziell nicht leisten, wenn nur ein Elternteil arbeitet und der andere beim Kind(ern) bleibt	1	2	3	4	5
Kinder stören heute die Lebensinteressen von Frauen	1	2	3	4	5
Mit dem Tod ist alles aus	1	2	3	4	5
Ich hoffe, dass es ein Weiterleben nach dem Tod gibt	1	2	3	4	5
Die Menschen werden mit Leib und Seele von den Toten auferstehen	1	2	3	4	5
Das Leben hat nur einen, weil es Gott gibt	1	2	3	4	5
Der Sinn des Leben ist, dass man versucht, dabei das dabei das Beste herauszuholen	1	2	3	4	5
Ich weiß nicht, wozu der Mensch lebt	1	2	3	4	5